플랫폼법·밸류업·슈링크플레이션·사적제재 등
최신 시사 키워드를 한큐에!

편저 시사상식연구소

신문 으로 공부하는 말랑말랑
시사상식

청소년

신문이 술술 읽혀야 상식이 쌓인다

신문은 36페이지에서 40페이지 정도의 지면으로 이루어져 있습니다. 이를 한 권의 책으로 옮겨본다면 몇 페이지 정도 될까요? 하루의 신문 내용을 책으로 옮겨보면 약 200페이지 정도라고 합니다. 얇고 가벼운 신문이 이렇게 방대한 양의 정보를 담고 있었다니 참 놀랍지 않은가요? 게다가 책과는 다르게 신문은 여러 분야의 다양한 지식을 다룹니다. 하루치 신문은 책과 비교할 때 질적으로 전혀 뒤떨어지지 않는 다양한 내용들을 전해준다는 것을 알 수 있죠. 신문을 읽으면 전 세계 사회현상과 흐름, 전망, 관련된 역사, 문화 등을 배울 수 있습니다. 가장 저렴하게 지식을 습득할 수 있는 방법인 셈이죠.

밸류업

밸류업이란 대상의 가치를 높이거나 향상시키는 행위를 말합니다. 경영에서는 기업 가치를 제고하는 것을 의미하죠. 밸류업이 경영계의 화두가 된 것은 고질적인 '코리아 디스카운트'를 극복하기 위합입니다. 우리나라 금융위원회는 기업 밸류업 프로그램을 발표했는데요. 기업들의 자발적인 기업가치 제고 노력과 주주환원정책을 통해 만성적 저평가를 해결하겠다는 것입니다.

슈링크플레이션

슈링크플레이션은 가격은 그대로 두거나 올리면서 제품용량을 줄이는 꼼수 인상을 말합니다. 영국 경제학자 '피파 맘그렌'이 제시한 용어로 '줄어들다'라는 뜻의 '슈링크(Shrink)'와 '인플레이션(Inflation)'의 합성어입니다. 기업들이 자사제품의 가격은 유지하고, 대신 수량과 무게·용량만 줄여 사실상 가격을 올리는 전략인데요. '패키지 다운사이징'이라고도 부릅니다.

시대에듀

신문으로 공부하는 말랑말랑

시사상식

청소년

시대에듀

청소년 여러분, '참 예쁘구나', '잘생겼구나'라는 칭찬과 '참 센스 있어'라는 칭찬 중 어떤 말이 더 듣기 좋은가요? 요즘은 외모에 대한 칭찬보다 센스 있다는 칭찬이 더 기분 좋다고 말하는 학생이 많습니다. 이상형을 물어봐도 잘생기고 예쁘기보다 센스 있는 사람이라는 답변을 많이 들을 수 있습니다.

센스가 있다는 건 그만큼 세상과 쉽게 소통해 사람들이 원하는 포인트를 잘 짚는다는 말과도 일맥상통합니다. 주변 사람을 즐겁게 만드는 센스는, Common Sense 즉 상식을 바탕으로 할 때 나온다고 할 수 있는데요. 다방면에 상식이 많은 사람은 센스 있는 유쾌한 사람으로 인정받기 마련입니다.

그런데 일상과 밀접한 관련이 있는 상식들을 책상에만 앉아 머리를 싸매고 공부한다고 해서 내 것으로 만들 수 있을까요? 더욱이 요즘은 시험에서 서술형 평가 문항이 갈수록 확대되고, 대입 논술·구술에서도 배경지식이 점점 중요시되고 있지요. 때문에 꾸준히 상식을 쌓아두지 않으면 어려움을 느낄 수밖에 없습니다. 〈신문으로 공부하는 말랑말랑 시사상식 − 청소년〉은 어려운 상식을 쉽고 가볍게 쌓을 수 있도록 도움을 줍니다.

〈Chapter1. 생각이 자라나는 인문학〉에서는 동서양의 철학부터 역사, 미술까지 차근차근 배우면서 인문학의 맥을 짚어 드립니다. 본문에서는 청소년 눈높이에서 정치·경제·사회·문화 등의 어렵고 딱딱한 용어들을 말랑말랑한 설명과 신문기사로 더욱 쉽게 이해할 수 있도록 구성했습니다. 이 책으로 기초부터 차근차근 쌓아가다보면 어느새 자신의 생각을 논리적으로 술술 풀어낼 수 있는 눈이 생길 것입니다. 센스 있는 인기인은 물론이고, 토론과 서술형 평가에 강한 논리적인 청소년으로 거듭나도록 도와드리겠습니다.

이 책의 특징

첫 째 ㅣ 청소년을 위한 폭넓은 시사상식으로 수능·수시·면접·토론을 대비하는 최적의 도서!

둘 째 ㅣ 청소년 시각에 맞는 분야별 최신 시사를 더욱 쉽고, 재미있게 정리

셋 째 ㅣ '생각이 자라나는 인문학'으로 상식의 수준을 더욱 UP! UP!

왜 상식을 쌓아야 할까?

💬 상식은 시민사회의 기본 소양

우리는 사회를 살아가며 '상식적', '비상식적'이라는 말을 흔히 사용합니다. 이는 상식이 사회 구성원들이 매끄럽게 소통하게 하는 수단이 된다는 의미입니다. 상식이 없다면 어떤 주제로 대화하면서 맥락을 잘못 이해해 쉽게 다투거나 제대로 된 의견교환을 할 수 없을 것입니다. 상식은 우리가 시민사회를 살아가면서 갖춰야 하는 기본 소양인 셈입니다.

💬 문해력은 상식에서 나온다

최근 우리사회에서는 학생과 성인을 막론하고 '문해력'이 현저히 떨어진다는 분석이 잇달았습니다. 기본적으로 문해력은 글의 구조와 그 안에 담긴 어휘를 이해하는 능력을 뜻하지만, 더 나아가 어떤 사회현상을 스스로의 기준을 갖고 사고하는 것을 뜻하기도 합니다. 그러기 위해서는 상식이 필요합니다. 상식이라는 대상에 대한 기본적인 이해인 상식 습득이 선행되어야, 더 확장되고 심화된 사고도 나올 수 있는 것이죠.

💬 기업은 상식이 있는 사람을 원한다

상식은 그 사람이 살아오며 축적해온 교양의 정도를 의미합니다. 공기업과 공공기관에서는 이미 인재채용 때 상식 필기시험을 치러 보통 이상 정도의 상식을 갖춘 지원자를 선발하고 있습니다. 또한 기업의 채용면접에서는 흔히 사회 현안과 트렌드를 묻는 질문이 나옵니다. 지원자가 얼마나 이슈에 기민하게 반응하고, 이에 발맞춰 사고하고 행동할 수 있는지 심사하는 것이죠. 이런 센스 있는 사람을 기업은 원합니다.

💬 대입구술 · 면접에서도 상식이 필요해

상식이 많다는 것은 아는 것이 많다는 뜻이고, 많이 아는 사람은 할 수 있는 말도 많습니다. 대입논술과 구술 · 면접전형에서는 예상치 못한 질문에 즉흥적으로 사고하고 이를 정리해 언어로 풀어내는 능력이 필요합니다. 기본상식이 있다면 무엇보다 유리하겠죠? 이를 위해 평소 다방면의 상식을 쌓는 것뿐 아니라 해당 상식에 관해 스스로 생각을 정리해두는 것도 필요합니다. 그런 바탕이 있어야 비판적이고 창의적인 안목이 나올 수 있습니다.

💬 그렇다면 왜 <말랑말랑 시사상식>일까요?

신문 읽는 법부터 차근차근

이 책은 신문 읽기를 바탕으로 하고 있습니다. 상식의 '보물창고'인 신문 읽는 법을 먼저 살펴보고, 기사의 정보를 습득하여 정리하는 법부터 상세히 알려줍니다.

꼭 알아야 하는 키워드만 쏙쏙

어떤 상식부터 공부해야 될지 모르겠다고요? 광범위한 다방면의 시사상식 키워드를 중요도와 시의성을 바탕으로 쏙쏙 엄선했습니다.

시사상식과 일반상식을 한번에

시사상식과 일반상식의 사전적 정의는 다르지만 꼭 구분해 공부할 필요는 없습니다. 이 책에서는 최신이슈는 아니더라도 늘, 혹은 다시금 화제가 되는 일반상식의 내용도 함께 실었습니다.

말랑말랑, 쉽고 친절한 설명

단순한 설명과 암기 위주로 된 기존의 상식책을 넘어, 읽으면서 정말 쉽고 재미있게 이해할 수 있는 친절한 설명을 곁들였습니다.

시의적절한 기사

상식 키워드가 실제 기사에서 어떻게 사용되는지 알아볼 뿐 아니라, 키워드를 더 깊게 이해하고 관련된 다른 정보는 무엇인지 파악하도록 하는 시의적절한 기사를 골랐습니다.

이해를 돕기 위한 시각자료

말랑말랑한 설명과 함께 이해를 돕는 그림 · 사진 · 도표 등의 시각자료를 넣었습니다. 풍부한 정보를 한눈에 파악할 수 있습니다.

한 번 더 이해하기 위한 퀴즈

키워드마다 읽은 내용을 한 번 더 복습하기 위한 다양한 유형의 퀴즈를 곁들였습니다. 실제 상식 시험에 출제되는 내용을 바탕으로 해 기출유형도 엿볼 수 있습니다.

이 책의 구성과 특징 FEATURES

철학 · 미술 · 역사
기본지식을 한큐에!

① **생각이 자라나는 인문학**

동서양 철학의 시초부터 역사, 미술
까지 차근차근 배우면서 인문학의
맥을 짚어 드립니다. 옛 성현들의
말씀과 인류의 지혜가 녹아있는 인
문학을 읽으면서 상식의 폭을 넓혀
보세요.

센스 넘치는
지성인의 비결은?

① **시사이슈 정리법 공개**

신문을 술술 읽으며 쉽고 빠르게
스스로 시사상식을 쌓아갈 수 있는
핵심 노하우를 대방출합니다.

② **시사용어 키워드 정리**

꼭 알아야 할 용어, 모르는 용어의
정리법을 알려줍니다. 신문 읽기와
병행해 빠짐없이 키워드를 정리
하면 효과가 두 배가 되어 상식이
더욱 풍성해집니다.

상식 키워드를 습득하는 효과적인 방법

❶ 말랑말랑한 설명

당신에게 꼭 필요한 설명! 말랑말랑하게 풀어 쓴 해설로 상식을 쉽고 재미있게 공부해보세요.

❷ 뉴스 속 상식

쉽고 말랑말랑한 설명을 읽어봤다면 관련 상식들이 어떻게 활용되고 있는지 직접 확인해보면 이해가 훨씬 쉽겠죠? 뉴스 속 상식은 여러분이 공부한 상식용어들이 뉴스 속에 어떻게 언급됐는지 보여줍니다.

❸ 기초 쌓는 OX퀴즈

확률은 반반! OX퀴즈를 풀어보며 상식에 대한 흥미를 늘리고 개념을 마무리해보세요.

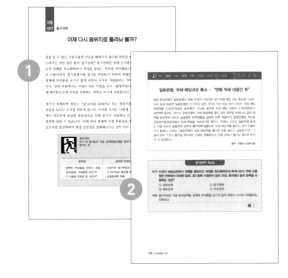

지식을 풍성하게 하는 다양한 통로

❶ 설명을 돕는 그림과 도표

한눈에 보는 그림과 도표를 추가해 여러분의 이해를 돕고자 합니다. 더욱 생생하게 머릿속에 기억될 것 같죠?

❷ 상식 UP! 객관식 퀴즈

객관식 퀴즈를 풀어보면 조금 더 깊이 있는 상식을 쌓아갈 수 있습니다. 정답을 맞힐 확률이 줄어들었지만 상식의 깊이는 두 배로 늘어났습니다. 말랑말랑한 해설과 함께 공부하면 배경지식은 보너스!

이 책의 목차 CONTENTS

이 책의 목차 CONTENTS

Chapter4 사회 · 교육

Chapter5 국제 · 외교

이 책의 목차 CONTENTS

Chapter8 Hot People

Chapter9 말랑말랑 토막상식

말랑말랑
신문읽기

신문이 술술
읽혀야 상식이 쌓인다

국내 대기업의 한 인사 담당자는 강연 때마다 이런 이야기를 한다고 합니다. "채용 면접관의 마음에 들고 싶다면 스펙을 쌓기보다는 종이신문을 읽으며 종합적 판단력을 키워라" 바로 신문읽기의 중요성을 강조한 말입니다. 세계적인 투자자 워렌 버핏도 하루에 7가지 신문을 정독한다고 합니다. 그는 "나처럼 돈을 많이 벌려면 신문을 많이 읽어라"라고 조언했습니다.

신문은 36페이지에서 40페이지 정도의 지면으로 이루어져 있습니다. 이를 한 권의 책으로 옮겨본다면 몇 페이지 정도 될까요? 하루의 신문 내용을 책으로 옮겨보면 약 200페이지 정도라고 합니다. 얇고 가벼운 신문이 이렇게 방대한 양의 정보를 담고 있었다니 새삼 놀랍지 않은가요? 게다가 책과는 다르게 신문은 여러 분야의 다양한 지식을 다룹니다. 하루치 신문은 책과 비교할 때 질적으로 전혀 뒤떨어지지 않는 다양한 내용들을 전해준다는 것을 알 수 있죠. 신문을 읽으면 전 세계 사회현상과 흐름, 전망, 관련된 역사, 문화 등을 배울 수 있습니다. 가장 저렴하게 지식을 습득할 수 있는 방법인 셈이죠. 또 종이신문은 타이틀 크기, 지면 배치 등만 봐도 해당 이슈가 어느 정도 중요한지 그 중요도까지 파악할 수 있어 신문을 읽는 것만으로도 상황 판단력과 논리력을 키우는 훈련을 할 수 있습니다.

전 분야의 지식을 모두 섭렵할 필요는 없지만 자신에게 필요한 부분을 쏙쏙 뽑아 내 것으로 만드는 데는 신문만큼 좋은 도구가 없습니다. 한 기업 사장은 바빠서 업무 중에는 짬을 내 신문을 볼 시간이 없기 때문에 새벽 출근길에 반드시 신문을 읽는다고 합니다. 그것도 두 가지 신문을 말입니다. 짧은 시간 동안 신문을 읽어야 하다 보니 나름대로 신문을 읽는 방법이 있다고 하는데요. 그는 경제, 사회, 정치면 순으로 읽고 그 다음에 문화, 스포츠면을 읽습니다. 자신에게 필요한 정보가 담겨 있는 곳을 먼저 읽는 것이죠. 자신의 필요에 따라 각 분야의 지식을 빠르게 얻을 수 있다는 점이 신문의 가장 큰 매력입니다.

① 나도 기자다. 내가 기사를 쓴다면?

자신이 독자가 아니라 기자라는 생각으로 신문을 읽어야 합니다. 전문가들은 이러한 방법이 최소의 시간을 들여 최대 효과를 내는 방법이라고 말합니다.

◈ 신문읽기 3단계

　1단계 : 1면에서 마지막까지 쭉 훑어보면서 큰 제목과 작은 제목의 내용만 간략하게 읽습니다. 5분에서 10분 동안 신문을 넘겨 보며 대략적인 이슈들을 파악하는 과정입니다.

　2단계 : 주요한 기사들을 파악하면, 자신이 생각하는 중요도의 경중에 따라 어디에 초점을 둬서 읽을 것인지 결정합니다.

　3단계 : 정독하며 필요한 부분은 스크랩합니다. 이때 사건 속에 담긴 의미와 미래의 전망을 파악하며 읽으려는 노력을 기울여야 합니다.

② 신문에서 이것만은 꼭 놓치지 말자.

◈ 글자만 보지 말자.

• 신문을 읽을 때는 글자만이 아니라 사진도 글의 내용만큼이나 중요합니다.
• 꼼꼼히 글자 하나하나에만 집중해서 읽기보다 속독으로 내용을 파악하는 것에 주력해야 합니다.
• 중요한 내용은 스크랩하며 흐름을 파악해야 합니다.

◈ 연재기사, 특집기사는 꼭 읽자.

• 기사의 기획의도를 생각해봅니다.
• 사건의 흐름을 파악하고 경험, 사고의 범위를 넓히는 데 도움이 됩니다.

◈ 경영을 배우고 싶다면 CEO의 사생활까지도 살피자.

• 경마장에 가면 무턱대고 말을 고르지 않고 말을 연구하며 신중에 신중을 기하는 사람들이 많습니다. 이와 마찬가지로 경영에 대해 알고 싶다면 신문에서 다양한 기업의 CEO에 대한 정보를 파악해 보기 바랍니다.

- 그리고 점차 범위를 넓혀가면 좋은 정보가 축적됩니다. 해당 기업의 파트너, 진출한 국가와 관련된 정보들로 하나하나 범위를 넓혀 간다면 경제·경영에 대한 지식이 쌓일 것입니다.

✿ 세계 석학, 포럼 등을 다룬 기사들도 놓치지 말자.

- 신문의 가장 큰 장점은 시공간을 초월한 다양한 경험을 선물해준다는 것입니다. 세계 석학들, 전문가들은 우리가 쉽게 만나볼 수 없으며, 이들의 해박한 지식은 우리가 단시간 내에 따라잡기가 어렵습니다.
- 이들의 글을 읽는 것은 우리가 시간과 비용을 들이지 않고 고급 정보를 축적할 수 있는 효율적인 방법입니다.

✿ 경제기사를 읽으면 성공이 보장된다.

- 처음에는 경제기사가 무슨 말인지도 모르겠고, 이해는커녕 써있는 말만 암기하려고 해도 도통 잘 되지 않습니다. 하지만 경제기사는 처음에는 어렵지만 자주 보면 금세 친숙해집니다.
- 경제 분야의 기사를 읽을 때는 먼저 경제의 흐름을 파악하고 경기의 움직임을 읽어야 합니다. 그리고 금융시장의 동향을 살피고 난 후 적절한 재테크 계획을 세워보기도 합니다.

✿ 1단짜리 단신도 소홀히 보지 말자.

- 가장 가볍게 보고 넘길 수 있으면서도 중간중간 중요한 정보들이 있을 수 있기 때문에 주의를 기울여야 합니다.
- 특히 짤막한 해외 단신에 주목하고, 기업 홍보기사의 경우 모두 믿지는 말도록 합시다.

쉽고, 빠르게
시사상식을 쌓는 공부법을 공개한다

신문을 이해하는 기본상식과 신문의 중요성을 깨달았다면, 이제는 어떻게 하면 쉽고 빠르게 시사상식을 쌓을 수 있을지 알아봐야겠죠. 우선 매일 조금씩이라도 신문을 읽고 정리하는 습관을 기르는 것이 좋습니다. 읽기만 하고 정리를 하지 않으면 지식을 쌓는 데 한계가 있을 수밖에 없기 때문입니다. 하루에 신문을 다 읽고 정리한다고 했을 때 기본적으로 두 시간, 속성으로 한다면 한 시간 정도는 시간을 들여야 합니다. 만약 그 정도의 시간도 짬을 내기 어렵다 싶은 날에는 하루 30분 정도, 중요한 기사만 읽고 지나가더라도 반드시 정리하는 시간을 가져야 합니다.

어떻게 공부를 해야 할지 구체적으로 알아볼까요?

① 읽고자 하는 신문을 자유롭게 선정합니다. 논조, 기자의 성향, 중립성 등을 고려하는 것도 중요하지만 우선 시사상식을 쌓고 싶다면 이는 크게 중요하지 않습니다. 신문을 읽을 때는 노트와 펜도 함께 준비해야 합니다. 그래서 신문을 다 읽고 한꺼번에 정리할 것이 아니라 신문을 읽으며 메모하고 필기하는 습관을 기르는 것이 좋습니다.

② 먼저 신문의 1면을 읽은 후 뒷부분으로 넘겨 사설을 읽습니다. 신문의 1면은 그날의 가장 중요한 사건·사고들을 한 눈에 보여주는 곳이고, 사설은 이슈가 되는 논쟁들이 무엇인지를 보여주는 곳이기 때문에 신문에서 가장 주목해야 할 부분입니다. 이렇게 신문의 1면과 사설을 읽으며 노트에 정리를 합니다.

```
2024.△△.△△ ○요일 〈○○일보〉

  1면
  • 부모 · 자식 더블케어 '젊은 노인' 등골휜다
  • 이스라엘, 헤즈볼라 선제타격 … 중동 확전 우려
  • 나라 · 가계 빚 3,042조 … 한은 '피벗 딜레마'

  사 설
  • 금융당국, 은행 탓 앞서 신관치 논란 해소부터
  • 의료 현장 '총체적 난국' … 정부는 무슨 대책이 있나
  • 방송 정쟁에 과학은 실종 … 상임위 분리해야
```

이렇게 정리하면 됩니다. 정말로 간단하죠? 하지만 하루, 이틀, 일주일, 오랜 시간 쌓이고 나면 이때 쯤에는 어떤 일이 있었는지, 사건의 흐름이 어떻게 바뀌어 왔는지를 파악할 수 있게 됩니다.

이것이 상식을 쌓는 첫 걸음이며 논술시험, 면접시험 등 각종 입사시험에서 시사이슈, 찬반 논쟁에 대한 답변 시에도 많은 도움이 됩니다.

③ 다음에는 기사 하나하나를 주의 깊게 읽고 정리해봐야겠죠. 기본적으로 신문을 읽고 정리하는 데 2시간 정도는 투자한다고 생각하면 됩니다. 하지만 시간이 부족하다 싶으면 1면에 나와 있는 제목과 관련된 기사들만 찾아 깊이 있게 읽는 것을 권유합니다. 하루씩 빼먹으면 이슈의 흐름이 끊긴다는 점에서도 그렇지만, 무엇보다 공부가 습관이 되지 않으면 매일매일 업데이트되는 상식을 공부할 수 없기 때문입니다. 하루에 2시간, 바쁘면 30분이라도 반드시 신문을 읽고 정리하는 습관을 들이시길 바랍니다.

④ 그렇다면 어떻게 정리해야 할까요?

기사 읽기 → 모르는 용어 적기 → 용어 설명 찾아서 내용 적기 → 관련되는 내용이 있다면 참고 사항으로 적기 → 각 용어 정리마다 마지막에는 〈관련 기사〉 내용을 한 줄로 요약 또는 제목만이라도 적기

이렇게 정리하면 됩니다. 그렇다고 너무 욕심 부리지는 말고, 하루에 5~10개 이내의 용어를 정리하는 것이 적당합니다. 정리할 때는 기사 하나를 읽고 정리를 끝내고, 다음 기사를 읽고 또 정리하고 이런 식도 좋지만 이 방식은 쉽게 지칠 수가 있습니다. 그렇기 때문에 기사를 읽고 생소하고 중요한 용어는 노트에 관련 기사의 제목과 함께 필기해둔 후에, 신문을 다 읽고 나서 적어둔 용어 설명도 찾아보고 하나하나 살을 붙여 정리해나가는 것도 좋은 방법입니다.

시사상식 키워드 정리

1. 인구절벽(사회)

한 세대의 소비가 정점을 찍고 다음 세대가 소비 주역이 될 때까지 경기가 둔화하는 것을 가리킨다. 이는 경제 예측 전문가인 해리 덴트가 자신의 저서 〈인구절벽(Demographic Cliff)〉에서 사용한 용어로 청장년층의 인구 그래프가 절벽과 같이 떨어지는 것을 비유한 것이다. 그에 따르면 한국 경제에도 이미 인구절벽이 시작됐다.

관련기사   '인구절벽' 도래 … 2024년부터 일손 부족

국내 인구가 감소세로 돌아섰다. 이른바 '인구절벽'이 기어코 현실화한 것이다. 인구 감소에 따라 2024년부터 '취업자 마이너스 시대'가 도래할 전망이다. 통계청의 장래인구특별추계를 토대로 15세 이상 고용률(60.9%)이 계속된다고 가정하면, 2024년 취업자는 전년보다 1만 9,439명 줄어든다. 취업자 감소 폭은 점차 확대돼 2027년 10만명(10만 1,750명), 2033년 20만명(21만 1,034명), 2040년 30만명(30만 1,589명)을 차례로 넘어선다. 한국 사회에서 처음 맞게 될 취업자 감소 시대는 인구 구조의 변화 때문이다. 취업자 마이너스 시대 사회의 모습은 고령자 비중이 28.1%에 달하는 '세계 1위 고령국가' 일본의 현재를 보면 능히 짐작할 수 있다. 한 해 일손 부족으로 문을 닫은 일본 중소기업이 수백 곳에 달한다. 대기업까지 구인난을 겪는 상황이다 보니, 상대적으로 임금·복지 경쟁력이 약한 중소기업은 말할 것도 없는 상황이다. 고령화 속도가 세계에서 가장 빠른 한국에도 곧 닥칠 현실이다. 65세 이상 고령자에게 지급하는 기초연금 제도를 유지하기 위해 2045년에 만 18세 이상 납세자는 1인당 연 240만원을 부담해야 할 것으로 예상된다.

참 고   **저출산·고령화 현상**

저출산 현상은 태어나는 아이의 수가 감소하여 사회의 출산율이 낮아지는 현상이며, 고령화 현상은 전체 인구 가운데 만 65세 이상 노년 인구가 차지하는 비율이 높아지는 현상이다.

2. 칩4(국제)

미국이 한국, 일본, 대만과 함께 안정적인 반도체 생산·공급망 형성을 목표로 제안한 반도체동맹으로 미국에서는 '팹4(Fab4)'라고 표기한다. '칩(Chip)'은 반도체를, '4'는 총 동맹국의 수를 의미한다. 이는 미국이 추진하고 있는 프렌드쇼어링 전략에 따른 것으로 중국을 배제한 채 반도체 공급망을 구축하겠다는 의도로 풀이됐다. 미국은 반도체 설계가 전문화된 유명 팹리스업체들이 있고, 한국과 대만은 설계한 반도체를 생산·공급하는 파운드리 분야에서 1, 2위를 다투고 있다. 일본 역시 반도체 소재시장에서 큰 비중을 차지한다.

관련기사 '중국의 반격' 삼성전자·SK하이닉스 영향은?

미국으로부터 반도체 수출통제 압박을 받고 있는 중국이 역으로 미국 최대 메모리반도체 기업 '마이크론 테크놀로지' 규제에 전격 나서, 전 세계 반도체 공급망에 긴장감이 고조되고 있다. 수세에 몰린 중국의 반격이 본격 시작됐다는 '신호'로 읽히면서 미중 갈등이 극단으로 치닫는 양상이다. 특히 미국 주도의 '칩4 동맹'에 한국도 참여하고 있어 중국에 대규모 생산기지를 둔 국내 반도체 기업들은 이번 중국 조치 후속으로 국내 기업들도 제재 영향권에 들어설지 예의주시하고 있다.

참 고 프렌드쇼어링

코로나19와 러시아의 우크라이나 침공, 중국의 봉쇄정책 등이 촉발한 글로벌 공급망 위기로 세계경제가 출렁이자 미국이 동맹국 간 공급망을 구축하기 위해 전략적으로 움직이는 것을 말한다. 이를 통해 '믿을 만한 동맹국끼리 뭉쳐 상품을 안정적으로 확보'하겠다는 목적이지만, 중국과 러시아를 공급망에서 배제하려는 의도가 반영됐다는 분석도 있다. 이에 따라 미국은 유럽연합(EU), 호주정부 등과 협력을 강화하고 있으며 기업들도 자발적으로 프렌드쇼어링에 나서고 있다.

3. 허준이(인물)

허준이는 한국계 미국인 수학자로 미국 프린스턴대 교수 겸 한국 고등과학원(KIAS) 수학부 석학교수다. 2022년 한국계 수학자로서는 처음으로 수학 분야의 노벨상이라는 '필즈상'을 수상해 화제가 됐다. 미국 캘리포니아에서 태어난 그는 두 살 때 가족과 함께 한국으로 돌아와 초등학교부터 대학 학부와 석사과정까지 마쳤다. 2007년 서울대학교 수리과학부·물리천문학부를 졸업했고, 2009년 같은 학교 수리과학부 석사학위를, 2014년 미국 미시간대학교에서 박사학위를 받았다. 박사과정을 위해 미국으로 유학길을 떠난 이후에는 '리드추측'과 '로타추측' 등 오랜 수학 난제들을 하나씩 증명하면서 수학계에 명성을 떨쳤다. 그는 뛰어난 연구업적과 왕성한 연구활동으로 사이먼스 연구자상, 삼성 호암상, 뉴호라이즌상, 블라바트닉 젊은과학자상 등을 받은 바 있다.

정부, '제2의 허준이' 길러낼 수학자 지원 프로그램 추진

정부는 수학 분야 우수 연구자의 자유로운 연구를 장기간 지원하는 내용의 '허준이 펠로십'을 추진하기로 했다. 허준이 미국 프린스턴대 교수의 필즈상 수상 쾌거를 재현할 신진 연구자를 양성하기 위한 프로젝트로 대상자의 소속 기관도 국내로 제한하지 않기로 했다. 과학기술정보통신부는 만 39세 이하 청년 수학자를 대상으로 최장 10년 동안 매년 1억원 안팎을 지원하는 펠로십을 신설할 계획이다. 5년 차 중간평가만 한 차례 두어 자유로운 연구를 보장할 방침으로, 우선 6명을 시범지원한 뒤 확대 여부를 검토한다. 이와 함께 중고등학생과 대학생, 대학원생 20명가량을 별도 선발해 수학 분야 연구지도 등도 지원할 예정이다. 펠로십 추진은 "단기 목적으로 연구하지 않고 즐겁게 장기적인 큰 프로젝트를 할 만한 여유롭고 안정적인 환경을 마련했으면 한다"는 허 교수의 의견이 반영된 결과로 알려졌다.

참고 필즈상

수학계의 노벨상으로 불리는 필즈상은 매 4년마다 시상식이 열리며, 1924년 세계수학자대회 조직위원장이었던 '존 필즈'가 국제적 수학상 제정을 제안한 것으로 시작됐다. 새로운 수학 분야 개척에 공헌한 40세 미만의 젊은 수학자에게 수여된다.

⑤ 정리는 노트에 해도 좋고, 컴퓨터 문서로 해도 좋습니다. 대신 3일에 한 번, 또는 일주일에 한 번은 꼭 정리한 내용들을 학습하고, 계속 내용들을 축적해나가야 합니다. 상식용어들을 정리하다보면 반복 등장하는 중요한 단어들이 눈에 띄고, 시대상을 대변하는 중요한 신조어들도 알게 될 것입니다. 이러한 용어들을 정리해두면 나도 모르는 사이에 상식이 쌓여 각종 시험, 수능, 논·구술, 토론 대회에서 좋은 성적을 거두는 밑거름이 될 것입니다.

신문으로 공부하는 청소년
말랑말랑 시사상식

CHAPTER 01

생각이
자라나는
인문학

❶ 철 학

01 서양철학

서양사상의 원류, 그리스 철학

흔히 그리스 철학을 '과학하는 마음'이라고 표현합니다. 하지만 사실 고대 그리스인 들도 모든 사물의 이치를 신화로 풀려고 하던 때가 있었습니다. 이러한 관점에 서 서히 제동이 걸리기 시작한 것은 과학에 바탕을 둔 자연철학이 기원전 6세기 무렵 부터 이오니아 지방을 중심으로 전개되면서부터였습니다. 자연철학은 우주와 인간 의 탄생이라는 대명제를 헤브라이즘처럼 천지창조로 설명하는 것이 아니라 과학적 이론으로 풀어나갔는데, 그리스 철학을 '과학하는 마음'이라 표현하는 것은 이 때문 이죠. 그리스 철학은 자연철학기 → 소피스트 학파의 시기 → 고전철학기라는 세 단계로 발전했습니다.

처세·웅변 전문학원과 소피스트

소피스트가 등장했다는 것은 철학적 관심의 변화를 의미합니다. 이는 민주정치가 정착되어 가던 기원전 5세기 무렵에 웅변과 변론, 수사학을 가르치는 전문적인 직업교사가 등장하여 '자연에서 인간'으로 철학의 관심이 옮겨졌음을 뜻하기 때문입니다. 페르시아 전쟁에서 승리한 그리스인들, 특히 아테네인들은 델로스 동맹의 맹주로서 최대의 황금기를 구가하고 있었으며 여러 분야에서 최고의 절정기를 맞이하여 인간 중심적 사고가 널리 퍼져 있었습니다. 이러한 배경 속에서 일반 시민들 사이에 배움의 욕구가 생겨나 지적 수요를 충족시킬 지식의 공급자로서 소피스트가 등장했던 것입니다.

소피스트들은 청소년들에게 전반적 계몽과 교양을 통한 진리 자체보다는 임기응변식 처세술을 가르쳤습니다. 그러나 말만 잘하는 사람들을 양성했다는 비판적인 시각에도 불구하고 훗날 로마의 정치가이며 웅변가였던 키케로(Marcus Tullius Cicero, 기원전 106~43)가 말한 것처럼 "철학을 하늘로부터 땅으로 끌어내려 놓아 철학 대중화에 기여한 소피스트들의 공로는 부정할 수 없을 것"입니다.

소피스트의 교육이 '궤변'으로 전락하고 민주정치가 후퇴하자(기원전 5세기 말부터) 시민 여론을 선동하는 '데마고그'를 낳음으로써 '중우정치'로 이어지게 되었습니다. 이렇게 그리스 민주정치가 추락하고 있을 때 아테네에 대 철학자 소크라테스가 등장하여 '너 자신을 알라'는 표제를 델포이의 아폴론 신전에 내걸고 젊은이들과의 대화에 나섰습니다. '선량에 의한 과두정치'와 '이상적인 철인정치(哲人政治)'를 주장하면서 보편적 진리와 절대선, 절대미를 인정하고 이에 도달하기 위한 방법으로 분석·비교·변증·종합 등의 방법론을 제시한 것이죠. 이에 당황한 소피스트들은 '악신을 끌어들이고 청소년들을 타락시켰다'는 죄목으로 소크라테스를 법정에 세웠습니다. 소크라테스는 결국 누명을 쓰고 사형을 당했지만, 그의 철학사상은 위대한 제자인 플라톤과 또 그의 제자인 아리스토텔레스로 이어지면서 그리스 고전철학이 탐스러운 열매를 맺게 했습니다.

역사기술의 시초

역사기술은 그리스에서 비롯되었습니다. 역사의 아버지라 하는 헤로도토스는 소아시아 출신의 그리스인이며 페르시아 전쟁에 관한 〈역사(Historia)〉를 저술하였는데, 그리스와 페르시아 사이의 전쟁뿐만 아니라 당시로서는 일종의 세계사를 썼습니다. 하지만 헤로도토스의 역사는 문학적 설화에서 크게 벗어나지 못했습니다. 최초의 과학적 역사기술가인 투키디데스는 저서 〈펠로폰네소스 전쟁사〉를 통해 과거 사실에서 역사적 교훈을 얻는 데에 중점을 두었습니다.

그리스 고전문명을 계승하여 완성한 로마

그리스는 펠로폰네소스 전쟁, 즉 폴리스 간의 세력 다툼 때문에 함께 망하는 결과를 초래하여 기원전 4세기 이후부터 급속히 쇠퇴했습니다. 그러나 그리스 문화는 마케도니아의 알렉산드로스 3세(알렉산더 대왕)에 의한 대정복 사업에 의해서 인도 북부까지 전파되어 헬레니즘 시대를 열었습니다.

한편, 이탈리아 반도에서는 로마가 발흥하더니 점차 세력을 키워 지중해를 내해(內海)로 삼고 인근 세계를 통합함으로써 유구한 그리스의 문화유산을 고스란히 계승하게 되었습니다. 망해버린 그리스가 정복자 로마를 문화적으로 정복하고 말았던 것이죠. 그 결과 언제나 그리스 다음에 로마가 따라 붙게 되었으며 서(西)로마제국이 멸망한 다음에도 비잔틴제국이 그리스적 요소를 지켜나갔습니다. 대학자 아리스토텔레스가 체계화한 학문은 아라비아 등지에서도 연구할 정도였습니다.

그리스의 문화와 예술은 14세기 무렵 이탈리아에서 시작된 르네상스 시대에 다시 깨어나 그리스도교 문화가 지배적이었던 유럽에서 소생하였기 때문에 서구에서는 그리스 · 로마 문화를 통틀어서 '고전 고대(古典古代)'라 합니다.

이 무렵의 우리 역사는 다른 지역에 비해서 비교적 평온한 시대를 보내고 있었습니다. 중국의 춘추전국시대 550년 동안 중원 세력 그 어느 누구도 고조선을 침범하지 않았고 고조선 역시 중원 사태에 개입하지 않았습니다. 이는 고조선과 중원은 전혀 다른 영역이므로 상호 불간섭으로 일관했다는 뜻이며, 중원의 입장에서 볼 때 외부로 눈을 돌릴 여유도 없었을 뿐만 아니라 당시 막강한 세력으로 중원을 압박하고 있는 고조선을 함부로 건드릴 수 없었습니다. 그리고 〈고구려 역사〉에 나오는 '기원전 3세기 연나라 장수 진개(秦開)가 동호를 침입함으로써 맥족이 멸망했다'는 기록은 당시 광대했던 고조선의 영토를 감안한다면 중원세력의 고조선 침공으로 보기에는 무리가 있으며 오히려 연나라와 국경을 마주해 대립하고 있었다 볼 수 있습니다.

위만조선 시대에는 고조선의 전통을 계승하는 한편, 적극적인 교역을 통해서 부를 축적하고 경제력과 군사력이 균형을 이루는 강대국으로 성장할 수 있었습니다. 고조선과 위만조선은 서로 그 문화적 배경부터 다릅니다. 고조선이 청동기문화에 바탕을 두었다면 기원전 194년 정권교체를 이룬 위만조선은 철기문화 시대였습니다. 또 정치적으로도 차이가 있었는데, 고조선 시대 초기에는 단군이 다스렸고, 기원전 3세기에 이르자 왕권이 강화되어 세습제가 이루어졌으며 상·대부·장군 등 관직을 정비함으로써 행정의 효율화를 꾀하였습니다.

위만조선은 고조선이 착실하게 다져놓은 바탕에서 활발한 정복사업을 전개하여 영토를 더욱 확대하였고, 농업과 상공업의 발달은 교역 사업으로 이어져 중계무역을 담당하기도 하였습니다. 그러나 한(漢)의 침략을 받아 기원전 108년 멸망함으로써 조선 땅에 한나라의 군현이 설치되는 비운을 맞게 되었지요.

02 동양철학

제자백가의 모태가 된 춘추전국시대

춘추전국시대의 중국은 현재 쓰이는 고사성어와 한자숙어의 상당 부분이 생겨날 정도로 사상과 학문의 태동기였습니다. 전국시대에 이루어진 농업혁명은 생산성 향상과 부대산업의 발전으로 상업활동을 촉진시켜 도시가 발달했고, 도시를 거점으로 각국은 활발한 무역활동을 전개하게 되었습니다. 또한 군량미를 비롯한 전쟁물자 조달에서 '물류'도 생겨났고 방어를 위한 성을 쌓는 과정에서 토목기술도 크게 발달하였습니다. 특히 제반 산업을 유통시키는 상업은 이미 춘추시대 제나라의 환공이 중국의 패권을 쥐고 있을 때, 그의 책사였던 관중(管仲)이 중상주의 정책을 부국강병책으로 삼아 활성화시킨 바 있습니다. 농업과 상업, 본격적인 철기문화와 토목기술은 더 이상 중국을 조용한 대륙으로 방치하지 않았죠.

이렇게 중국 사회에 불어 닥친 모든 변화가 '사상의 발달'을 가져왔습니다. 춘추시대부터 시작하여 전국시대를 거치는 동안 수많은 사상가들이 활동했으며, 이 시기에 발전한 여러 사상은 수천 년을 거쳐 현재에 이르는 '동양사상의 뿌리'를 형성했는데, 이를 제자백가(諸子百家)라 합니다. 여기서 '동양사상의 뿌리'라고 표현한 이유는 후대의 학문 또한 사실상 그 당시에 형성된 사상을 시대에 따라 재해석하는 과정이 되풀이되었기 때문입니다.

제자백가 맛보기

‖ 유가(儒家)

춘추시대 말기에 활약한 공자는 경세(經世)의 통치철학(統治哲學)을 폈습니다. 그는 군주권이 쇠약해진 자신의 조국 노나라의 정치개혁을 시도하였으나 실패하고 중원의 여러 나라를 떠돌면서 정치적 이상을 실현하고자 했습니다. 노나라는 주 왕실에 충성하는 전통적인 제후국이었던 만큼, 그의 유가 사상에서는 복고주의적이며 과거 지향적인 향수가 짙게 묻어납니다. 공자 사상을 계승한 대표적인 인물로는 맹자(孟子)와 순자(荀子)가 있는데, 맹자는 공자의 사상을 인(仁)·의(義)·예(禮)·지(知)의 사단(四端)으로 규정하고 공자가 주장했던 '인(仁)'의 이념을 실현할 수 있는 방법을 중점적으로 연구하였습니다. 맹자는 인간의 본성은 착하다는 성선설(性善說)에 입각하여 인간은 누구나 수양에 의해서 성인(聖人)이 될 수 있다고 주장하였으며 인(仁)을 바탕으로 하여 덕치주의에 의한 왕도정치 실현을 주장하였습니다. 맹자가 인(仁)의 이념을 강조하였다면, 순자는 공자의 '예(禮)'의 이념을 중시하였는데요. 그는 인간의 본성이 악하다는 성악설(性惡說)에 근거를 두고 도덕적인 능력은 타고나는 것이 아니라 후천적으로 깨우치고 습득하는 것이라 주장하였습니다.

‖ 도가(道家)

제자백가 중에서 가장 철학적인 사상은 노장사상으로 알려져 있는 도가입니다. 도가사상의 개조로 알려져 있는 노자는 사실 도교이론의 확립보다도 훨씬 이전의 인물이며 공자보다 한 세대 먼저 활동한 것으로 알려져 있습니다. 전국시대에 장자(莊子)가 도가사상을 더욱 발전시켰으므로 〈노장사상〉이라 일컬어지기도 합니다. 도가는 현실정치에 대한 관심에서 시작된 유가사상과 다르게 현실도피적인 색채가 강합니다. 당시 노자는 춘추시대의 혼란이 인위적인 요소가 지나치게 발달했기 때문이라 생각했으며 이러한 혼돈을 극복하기 위해서는 무위자연(無爲自然)으로 돌아가야 하며 욕심 없는 깨끗한 생활을 하면 이 세상 천지와 함께 장수할 수 있다고 설파하였습니다.

‖ 법가(法家)

제자백가 가운데 가장 현실적이며 실천적인 내용을 담고 있는 법가는 전국시대 말기 한비자(韓非子)에 의해서 집대성되었습니다. 애당초 덕치(德治)와는 거리가 멀었으며, 군주의 통치는 왕도정치나 관용과 인(仁) 등이 아니라 권력과 지위에 기반을 두고 법대로 다스리는 것이라는 논리입니다. 한때 진(秦)나라의 상앙이 법가사상을 도입하여 일시적 부국강병에 성공할 수 있었으나 중국을 통일하고 황제가 된 시황제가 이사를 등용하여 더욱 강화된 법가사상을 백성들에게 강요하다가 제국의 멸망을 재촉하기도 했죠.

‖ 묵가(墨家)

묵자(묵적)는 공자의 유가사상을 받아들이면서도 엄격한 신분질서를 주장한 유가와는 달리 무차별적 박애인 겸애(兼愛)를 주장하면서 차별애를 버릴 것을 호소하였습니다. 묵가에서 가장 중요한 것은 사랑이며 묵자의 겸애(兼愛)는 이기적인 사랑인 차별애가 아니라 화해적 사랑이었습니다. 묵자는 '전쟁은 모두 자신의 이익만을 추구하는 차별애에서 나온 것'이라 주장하며 끝이 보이지 않는 전쟁을 끝내기 위해서는 모두가 겸애를 바탕으로 화해해야 한다고 하였는대요. 어찌 보면 예수 그리스도의 메시지와 비슷하지만, 다른 점은 '왼쪽 뺨을 치거든 같이 때려라'는 것입니다. 묵자가 전쟁을 배척하였다고 해서 무저항주의자는 아니었습니다. 방어의 정당성은 인정하였으며 묵자 스스로도 그의 사상에 감명을 받아 몰려든 수공업자와 상인을 중심으로 방위체를 결성하기도 했습니다. 이러한 묵가사상은 봉건질서의 타파와 만인평등을 주장하였으며 선양(禪讓)의 미덕을 칭송함으로써 왕위세습도 부정하였습니다.

구체화되는 한족(漢族) 개념

한나라가 중국을 통일하게 되자 동북아시아는 크게 중원의 농경문화권과 동북방의 유목문화권으로 나뉘어 팽팽하게 맞서게 되는데, 고조선은 동북방의 유목문화권에 속하였습니다. 한나라 시대에 이르자 비로소 '한족(漢族) 개념'이 구체화되었으며 무제시대에는 이를 이론적으로 뒷받침하는 일련의 작업이 진행되었습니다. 중화사관적 역사 정리는 사마천이 맡고, 유교적 이념과의 접목은 동중서와 가의가 맡았습니다. 한족의 탄생 및 구체화와 더불어 주변 민족은 확실히 오랑캐로 정립되었으며, 한족이라는 실체가 역사 전면에 등장하자 동아시아에는 몇 가지 변화가 일어나게 됩니다. 먼저, 중국의 영역이 팽창하기 시작하였는데 이는 곧 주변 민족을 흡수 통합하여 한족화시켰다는 뜻입니다. 또한 한족의 실체가 명확해질수록 이에 비하여 주변 민족은 중국사의 무대에 확실한 오랑캐로 등장했습니다. 즉, 민족적 실체가 불분명했던 민족들이 한족 역사가들에 의해서 정교하게 조작되기 시작한 것입니다. 이는 오히려 고조선의 부흥을 표방한 고구려의 등장과 중국 세력 축출운동 등 주변 민족들의 민족의식을 자극하게 되었고, 나아가 동아시아 민족과 그 민족이 건설한 국가가 역사의 주요 행위자로 등장하는 계기가 됩니다.

❷ 미술

"미술은 시대의 가장 진실한 기록이다"라고 합니다. 모든 예술 작품에는 알게 모르게 그 시대의 상황이 녹아 있습니다. 따라서 당대의 사회상을 충실하게 반영했던 뛰어난 예술 작품은 오랜 세월이 지난 후, 그 스스로 역사가 됩니다. 미술 작품 속에 숨겨진 사회 현실을 파악한다면, 승자에 의해 쓰인 왜곡된 역사가 아닌 진실한 역사를 마주할 수 있을 것입니다.

01 바벨탑(The Tower of Babel)

작가 피터 브뢰겔
연도 1563년 / 매체 패널에 유채 / 크기 114×155cm
소장 오스트리아 빈 미술사 박물관

이 작품의 화가 브뢰겔은 플랑드르 르네상스 회화의 거장이며, 풍경화를 개척한 인물입니다. 그의 대표작인 《바벨탑》은 '구약성경' 중 '창세기'에 나오는 바벨탑 이야기를 그림으로 그린 것입니다. 바빌론에서 사람들은 신에게 오르는 탑을 지어 하늘에 더 가까이 가려고 했는데, 이 모습을 본 신은 건방진 인간들을 벌하기 위해서 하나밖에 없었던 언어를 여러 가지 언어로 바꿔 버립니다. 브뢰겔은 바벨탑의 모습을 통해 인간의 끝없는 욕망과 타락을 보여주고자 했는데요. 브뢰겔은 바벨탑이 지어지는 모습을 그렸지만, 그 배경은 '창세기' 속의 바빌론이 아니라 당시 16세기 플랑드르의 모습입니다. 바벨탑을 짓고 있는 각종 도구들 역시 당시 안트베르펜에서 사용하던 것들을 그대로 묘사했습니다.

세밀한 묘사기법으로 표현된 특색있는 작품

도시 한 가운데 거대한 건물이 높이 솟아 있습니다. 강어귀에 높이 솟아 있는 건물은 나선형의 길을 따라 하늘까지 뻗쳐 있고, 탑 아래에는 도시가 펼쳐져 있으며 강에는 정박 중인 배들이 보여집니다. 탑 위 버팀목들은 건설 중이라는 것을 나타내며 탑 중간에 걸쳐 있는 구름은 탑의 높이를 암시합니다. 건물은 나선형 계단을 따라 위로 갈수록 좁아지는 구조를 가지고 있고, 구름이 걸쳐 있는 꼭대기는 하늘과 맞닿아 있죠. 탑 꼭대기까지 오르는 계단 중간 인부들이 쉴 수 있도록 붉은색 막사가 몇 개 설치돼 있어, 인부들은 건물을 완성하기 위해 기중기를 사용하기도 하고 수레를 이용해 돌을 나르기도 합니다. 발로 밟아 돌을 올리는 기중기는 작품이 그려질 당시 안트베르펜 시장에서 팔고 있었으며, 커다란 건축물을 짓는 현장에는 임시 막사를 설치하고 있었습니다.

이렇듯 브뢰겔은 16세기의 모습을 생생하게 표현했습니다. 또한 브뢰겔은 세밀한 묘사기법을 통해 우측 수평돌기 3단 위에 거대한 기중기를 설치하고, 바퀴 안에 인부 3명이 들어가 무거운 돌을 들어올리는 모습을 통해 과학의 힘으로 신에게 도전하는 사람들의 모습을 특색있게 표현했습니다. 이 바벨탑의 형상은 고대 로마의 원형극장을 바탕으로 한 것으로 알려져 있습니다.

그림 속 다양한 민족들이 암시하는 것

화면 왼쪽 하단에는 크기에 맞게 돌을 자르는 석공들의 모습이 보이고, 석공 가운데 한 사람이 누군가에게 무릎을 꿇고 경배하는 모습이 보이는데요. 이 사람이 바로 당시 바벨탑 건설을 명령한 전제 군주인 니므롯 왕입니다. 전설에 의하면 그는 '하나님의 위대한 사냥꾼'이라는 별칭을 가지고 있었다고도 합니다. 흥미로운 것은 당시 두 무릎을 꿇고 인사하는 석공들의 행동은 유럽의 관습이 아니었다는 것입니다. 이는 작품의 배경이 동방이라는 것을 나타내기 위해 그려진 것입니다. 니므롯 왕은 노아의 후손으로 석공들과 같은 언어를 사용하고 있다는 것을 의미합니다. 하지만 왕 주변의 석공들은 다양한 민족의 모습인데 이는 신의 분노로 각각 다른 언어를 사용하게 된다는 것을 암시합니다.

교역의 중심지 16세기 안트베르펜이 그림 속 배경이 된 이유

브뢰겔은 바벨탑의 전설을 16세기 안트베르펜의 현실로 바꾸어서 묘사하고 있습니다. 당시 안트베르펜은 대서양을 건너 아메리카로 가는 바닷길이 열리면서 교역의 중심지로 부상하기 시작했습니다. 서구 세계의 금융 및 경제의 중심지인 안트베르펜에 중동의 비단과 향신료, 발트해 연안 국가의 곡물, 영국의 양모 등을 교역하기 위해 각국의 상인들이 몰려들기 시작하면서 주민들은 혼란을 겪었죠. 규모가 작고 통제하기 쉬운 지역사회였던 안트베르펜에 언어와 관습이 다른 외국인의 편입은 주민들에게 혼란을 일으켰던 것입니다. 당시 사람들은 외국인과의 의사소통의 문제를 창세기에 등장하는 바벨탑의 이야기에서 찾았고, 브뢰겔은 이런 상황을 바벨탑에 비유한 것입니다.

이 그림의 특징은 높이 114cm의 그림에 거대한 건축물과 함께 세부의 세밀한 묘사를 융합한 점인데요. 바벨탑의 종축이 기울어져 있는 것은 인간의 허영과 허무에 대한 경고의 의미를 지니고 있는 바벨탑 이야기를 반영하고 있습니다. 미완성의 바벨탑은 그 밑의 도시를 눌러버릴 듯한 기세이며 인간은 거대한 우주 속에 존재하는 작은 생명체일 뿐이라는 점이 부각되는 듯합니다. 바벨탑을 생생하게 묘사하고 있는 이 작품은 당시로서는 혁신적인 작품으로 꼽힙니다.

02 이삭 줍는 여인들

작가 장 프랑수아 밀레 / 연도 1857년 / 매체 유화
크기 111.8×83.8cm / 소장 파리 오르세 미술관

아름다운 농촌 풍경에 숨은 처절한 현실을 담은 작품

《이삭 줍는 여인들》은 막바지에 접어든 추수의 현장을 그린 것으로 이삭을 줍고 있는 세 여인들은 수확을 끝낸 보리밭에 떨어져 있는 보리 이삭들을 하나하나 줍고 있습니다. 농촌 풍경의 평화로운 한 장면이라고 여기기 쉽겠지만, 작품을 자세히 살펴보면 여인들의 처절한 현실이 숨겨져 있죠. 여인들의 뒤쪽을 주목해봅시다. 한 해 동안 지은 농사의 결과물이 산더미처럼 쌓여있지만, 이는 여인들과 전혀 관계가 없습니다. 실제로 이 광활한 보리밭의 주인은 이 여인들이 아니기 때문이죠. 작품의 우측 상단에 말을 타고 감독하고 있는 사람이 보이는데 아마도 그가 이 넓은 보리밭의 주인일 겁니다.

19세기 프랑스에서 이삭줍기란 부농이 농촌의 극빈층에게 베풀어주는 일종의 혜택이었습니다. 이삭줍기를 할 수 있는 사람들은 농민 중에서도 극빈자들이었고 이것역시 허가를 받은 사람만 할 수 있었습니다. 굶주린 사람들의 숫자에 비해 남아있는 이삭의 양은 턱없이 부족했기 때문에 이삭줍기는 늘 엄격한 관리 속에서 이루어졌습니다. 작품 속의 여인들은 땅속으로 푹 꺼져버릴 듯한 고된 자세로 열심히 이삭을 줍고 있습니다. 이 여인들은 가족들의 생계를 위해 셀 수 없이 여러 번 허리를 굽혔다 일으키는 수고를 마다하지 않는 것이죠.

"네가 농장에서 수확할 때에는 남이 그 떨어진 이삭을 줍는 것을 막지 말라. 이삭을 주우려는 이들은 가난한 여인과 아이들이니, 그리하면 너의 주님은 네 밭에서더욱 풍성하게 수확할 수 있도록 해주실 것이다"라는 고대 유대교 교리의 영향이프랑스 농경 사회의 풍습으로 굳어진 것으로 보입니다.

작품에 대한 끊임없는 논란과 그 배경

밀레는 1857년 파리의 살롱전에 《이삭 줍는 여인들》을 비롯한 몇 점의 작품들을 출품했지만 밀레의 작품들에 대해 보수적인 평론가들은 농촌의 빈곤을 과장한 위험한 사회주의적 선동으로 의심했습니다. 이삭줍기로 연명하는 빈농의 모습과 황금색으로 빛나는 곡식이 대조되면서 빈부격차를 고발하고 노동자를 암묵적으로 선동한다는 것이었죠. 이러한 논란의 배경에는 시대적 상황이 자리합니다. 밀레가 활동하던 19세기의 프랑스는 1830년의 7월 혁명, 1848년의 2월 혁명 등 수차례 정치적변화를 겪어왔습니다. 기나긴 역사 속에서 단 한 번도 정치의 무대에 드러난 적이없었던 가난한 농민들도 사회의 변혁을 이끌어 내는 권력 집단이 될 수 있음을 보여주었습니다. 이런 혁명들을 겪은 부르주아들이 '고된 농민들의 삶'을 주제로 한작품이 달갑지 않은 것은 당연했죠. 밀레 이전의 작품에서 농민들은 대체로 전원속에 하나의 소도구로 등장할 뿐이었지만, 밀레의 작품에 나오는 농민들은 사회 하류계급의 이미지에 맞지 않게 당당하고 건강했으며 정직하고 진실한 모습이었습니다. 이러한 농민의 모습은 또 다른 사회폭동의 가능성을 경계하던 부르주아 계급에게는 억압된 농민을 대변하는 것처럼 여겨졌던 것입니다.

> **"**
>
> 밀레의 작품에 나오는 농민들은
> 사회 하류계급의 이미지에 맞지 않게 당당하고
> 건강했으며 정직하고 진실한 모습이다.
> 이러한 농민의 모습은
> 또 다른 사회폭동의 가능성을 경계하던
> 부르주아 계급에게는 억압된 농민을
> 대변하는 것처럼 여겨졌던 것이다
>
> **"**

밀레가 그린 고귀한 노동의 가치

돈이 없어 물감을 사지 못할 때도 있을 만큼 밀레의 궁핍한 생활은 계속되었지만, 그는 부르주아들의 비평에 굴복하지 않았습니다. 멸시받고 가난했던, 누구도 눈여겨보지 않는 고된 농민들의 삶을 고귀하게 그려낼 수 있었던 것은 농민의 삶에 대한 밀레의 진정성 때문이었죠. 밀레는 마지막까지 자신은 파리와는 대조적인 시골 출신이라는 것을 완강히 주장했습니다. "나는 파리 사람처럼 우아한 척을 하는 사람이 아닙니다. 나는 파리의 응접실을 장식하는 예술을 만드는 사람이 아닙니다. 나는 농부로 태어났으며 농부로 죽을 것입니다. 나는 어디까지나 땅에 머무를 것이며, 나막신의 폭 만큼도 후퇴를 하지 않을 생각입니다"

03 한국에서의 학살

작가 파블로 피카소 / 연도 1951년 / 매체 패널에 유채
크기 110×210cm / 소장 파리 피카소 미술관

피카소와 한국전쟁

피카소는 20세기 최고의 화가를 넘어 미술의 역사가 시작된 이래로 불멸의 족적을 남긴 대표적인 화가입니다. 독창성과 개성이 뚜렷한 여러 작품을 남기며 현대 미술사 속에 전설화되었죠. 이렇듯 전설적인 화가 피카소가 한국전쟁을 주제로 그림을 그린 이유는 무엇일까요? 1950년에 발발한 한국전쟁은 제2차 세계대전이 끝나고 세계의 정치적 이념이 자본주의와 공산주의로 재편된 상태에서 터진 최초의 전쟁이었습니다. 최초의 이데올로기 전쟁이라는 이유로 그 전황이 연일 세계 뉴스의 탑에 올랐습니다. 피카소는 한국이 어디에 있는지조차 잘 몰랐지만, 신문에서 보도되는 한국전쟁의 처참함과 참혹함을 접하고, 자신의 고향인 스페인에서 벌어졌던 게르니카 폭격사건을 나타낸 작품 《게르니카》에 이어 민족 대학살을 고발하는 또 하나의 작품 《한국에서의 학살》을 완성시키며 전쟁이 가진 잔혹성을 사회에 알렸습니다.

작품이 보여주는 전쟁의 참혹함

이 작품은 그림의 가운데를 경계로 선과 악의 대립이 확연히 드러납니다. 작품 우측의 총을 발사하고 있는 병사들은 로봇처럼 잔인한 모습입니다. 그들의 철모는 모든 감정으로부터 병사들을 격리시켜 냉담하게 의무를 완수하게 합니다. 이들의 가장 오른쪽에 위치한 유일하게 얼굴을 가리지 않은 인물은 병사들에게 발포를 재촉하는 지휘자로서, 병사들의 양심을 조종하고 무감각한 살인기계로 만드는 당시의 이념을 상징합니다. 반면 작품의 좌측에는 병사들과 극명히 대비되는 벌거벗은 여인과 아이들이 서 있습니다. 여자, 노약자, 어린이들은 전쟁 중에 강간 · 처형 · 굶주림 등에 무방비 상태로 노출될 수밖에 없는데 벌거벗은 여성들이 이를 증명해주며, 임산부는 태아와 함께 곧 처형당할 운명임을 보여줌으로써 전쟁의 잔인성을 노골적으로 고발하고 있는 것이죠.

어느 곳에서도 환영받지 못한 작품

1951년 4월, 이 작품이 파리에서 처음 전시되었을 때 두 이데올로기의 진영이나 일반인들의 관심은 냉담했습니다. 프랑스 공산당은 학살의 주체가 선명하지 않다는 데에 불만을 품었고, 미국을 위시한 자유진영은 피카소가 공산주의자들을 대표하여 미국을 한국전쟁의 원흉으로 몰고 간다고 비난했죠. 프랑스의 공산당원으로서 활동했던 피카소의 작품은 정치적인 해석을 피할 수 없었고, 양 진영에서 홀대받았습니다. 이는 우리나라에서도 마찬가지였습니다. 이 작품은 공산주의 세력에 동조하는 '이적 출판물'의 한 유형으로 분류되어 한동안 언론매체나 화집에 소개되지 못했습니다.

전쟁의 불안과 증오에 대한 고발

작품에 대한 해석과 그에 따른 논란으로 환영받지 못한 작품이 되었지만 정작 피카소는 작품에 등장하는 학살의 주체가 미국도 아니고, 구소련이나 북한도 아닌 '전쟁 그 자체'라는 견해를 여러 경로를 통하여 밝혔습니다. 그는 이 작품을 두고 이렇게 말했습니다. "나는 남들처럼 불안과 증오로 가득 찬 전쟁의 위협에 다년간 시달렸고, 이 작품은 그 불안과 증오를 극복하고자 했던 결과로 얻어진 것이다"라고 말이죠. 이 작품이 누구를 겨냥한 것인지는 더 이상 중요한 문제가 아닙니다. 전쟁이 일으키는 잔인성, 약자와 무방비 상태에 있는 사람들을 짓밟는 처참함을 강력히 고발하는 것만으로도 이 작품은 큰 의미를 가지고 있습니다.

04 환전상과 그의 아내

작가 쿠엔틴 마세이스 / 연도 1514년
매체 패널에 유채 / 크기 71×68cm / 소장 파리 루브르 박물관

16세기, 돈과 신앙 사이의 단편

이 그림의 제목은《환전상(Money Changer)과 그의 아내》라고도 하고,《대부업자 (Money Lender)와 그의 아내》라고도 합니다. 이렇게 두 가지 제목이 있는 이유는 그림이 그려질 당시인 16세기에는 환전상이 대부업자를 겸하는 경우가 대부분이었 기 때문입니다. 그림 속 남자는 무표정한 모습으로 부지런하게 각종 금화와 은화, 동전의 무게를 재고 있고, 그 옆에서 성경책을 읽던 부인은 잠시 성경 읽는 것을 멈 추고 남편이 돈을 세는 모습을 물끄러미 쳐다보고 있습니다. 부부의 주변에는 고급 유리병, 귀금속, 책, 이국적인 과일 등 진귀한 물건들이 가득하지만 두 사람의 시 선이 모두 '돈'에 쏠려 있다는 점이 흥미롭습니다.

'고리대금업 = 죄악'으로 불리던 시기

중세와 근대에 이르기까지 고리대금은 곧 죄악이었습니다. 널리 알려진 작품인 《베니스의 상인》에 나오는 샤일록을 비롯해 고리대금업자들은 사형집행인과 함께 가장 나쁜 인간으로 묘사되었죠. 이자를 받지 말라는 성경 구절을 바탕으로, 이자 수취를 금지하는 법이 존재했고, 샤를마뉴 대제는 이자 받는 대금업을 아예 금지하는 칙서를 발표하기도 했습니다. 하지만 중세 후기가 되어 상업과 국제 무역이 발달하면서 대출을 받아 사업을 하는 사람이 많아졌고, 이자를 받는 것이 죄악인가 하는 의문이 퍼지기 시작했습니다. 마침내 1543년에는 영국에서 이자가 합법화되었습니다.

문화예술 면에서 르네상스 시대였고, 또한 종교개혁의 시대였던 16세기는 이자에 대한 뿌리 깊은 부정적 견해와 새로운 긍정적 시각이 혼재하던 시기였습니다.

그림 속 숨겨진 경고의 메시지

단순하게 보자면 이 그림은 활발한 무역 덕택으로 16세기 유럽에서 가장 부유했던 네덜란드 상인들의 일상을 나타낸 작품이라 할 수 있습니다. 그러나 자세히 들여다 보면 작가의 숨겨진 메시지가 담겨있습니다. 남자의 아내는 성모자가 그려져 있는 성경책을 넘기다가, 남편이 하는 일을 넘겨다 보고 있습니다. 이 작품이 소장된 루브르 박물관의 설명에 따르면, 그녀는 지금 '한낱 부질없는' 속세의 재물에 마음을 빼앗기고 있는 것입니다. 그녀의 뒤쪽 찬장에 있는 불꺼진 양초는 그에 대한 경고의 메시지입니다. 불에 타서 줄어드는 양초처럼 인간의 생명이 유한하다는 것, 인간이 죽으면 이러한 세속의 물질적인 일들이 모두 부질없다는 뜻이죠. 또 찬장에 있는 금빛 사과는 최초의 여인 이브가 뱀에게서 받은 사과, 즉 인간이 저지른 원죄를 상징합니다. 이 역시 돈에 눈이 먼 부부에게 경고의 메시지를 보내는 사물입니다.

> 66
>
> 문화예술 면에서 르네상스 시대이며
> 또한 종교개혁의 시대였던 16세기는
> 이자에 대한 뿌리 깊은 부정적 견해와
> 새로운 긍정적 시각이 혼재하던 시기였다
>
> 99

그림에 대한 상반된 견해

앞에서 설명했듯이 일반적으로 이 그림은 사치품과 돈에 눈 먼 신흥 졸부들을 꼬집는 것으로 알려져 있습니다. 하지만 '산토스 마누엘 레돈노'라는 스페인의 학자는 그의 논문에서 이 그림은 도덕적 의미가 과도하게 부여된 것이 아닌, 당시 플랑드르에서 일상적으로 행해지던 경제행위를 묘사한 것일 뿐이라고 해석합니다. 그림 속 환전상과 그의 아내가 특별히 추악하거나 우스꽝스럽게 보이는지 반문하며, 이 그림을 풍자화로 보는 것 자체가 현대사가들의 과도한 해석이고 편견일 수 있다는 것입니다. 부인의 성경책 또한 대부업을 포함한 금융업이 더 이상 그리스도교 교리와 상충되는 것이 아니라 공존할 수도 있다는 것을 나타낸 것이라고 해석합니다.

이 그림의 원래 틀에는 '저울은 정확하고 무게는 같아야 하리라'는 글귀가 있었다고 합니다. 이는 성서의 레위기에 나온 구절인 "너희는 재판할 때나 물건을 재고 달고 되고 할 때에 부정하게 하지 마라. 바른 저울과 바른 추와 바른 힌을 써야 한다"라는 하느님의 경고를 주제로 하고 있음을 확실히 알려줍니다. 이 작품이 풍자화인지, 단순히 시대상을 나타낸 장르화인지 확실히 알 수는 없지만 돈을 다루는 데 있어서 정직해야 한다는 메시지를 전달하고자 했던 것만큼은 확실합니다.

05 튤립 광기에 대한 풍자

얀 브뤼헬 2세 / 연도 1640년경 / 매체 패널에 유채
크기 31×49cm / 소장 네덜란드 프란츠 할스미술관

투기와 광기를 담아

이 그림은 1640년 네덜란드의 튤립 투기를 풍자한 작품으로 튤립 투기자들을 우스 꽝스러운 원숭이들에 빗대어 표현합니다. 그림의 왼쪽 화단에 있는 줄무늬가 있는 붉은 튤립은 당시 가장 값비싼 튤립이었습니다. 그 앞에서 칼을 차고 서류를 보는 원숭이는 귀족 신분이며 값진 튤립의 목록을 뿌듯한 마음으로 읽고 있습니다. 가운 데에는 튤립 투기에 뛰어들까 망설이며 검을 찬 원숭이가 보이고, 튤립 알뿌리의 무게를 달고 있는 원숭이, 금화와 은화를 세고 있는 원숭이들도 보입니다. 한편 그 림의 맨 오른쪽에는 튤립 버블이 붕괴된 뒤의 상황이 펼쳐집니다. 한 원숭이는 한 때는 그토록 비쌌지만 이젠 아무 소용이 없는 붉은 줄무늬 튤립을 향해 적나라하게 소변을 갈기고, 그 뒤의 노란 튤립을 든 원숭이는 손수건으로 눈물을 훔치며 어디 론가 들어가고 있습니다. 소장 미술관의 설명에 따르면 튤립 투기로 빚더미에 앉아 법정에 끌려가는 모습이라고 합니다. 투기 광풍에 휩쓸린 몽매함이 비참한 결과를

가져온다는 교훈이 그림에서 넘쳐흐릅니다.

역사상 최초의 투기

17세기 초반 네덜란드의 경제는 유럽에서 가장 호황이었고 선진적이었습니다. 유럽 대륙의 대규모 자본이 네덜란드로 흘러들어와 다양한 금융자산에 투자되었고, 암스테르담은 단순히 금융 중심지가 아니라 그 자체가 유럽의 금융자본이었습니다. 이러한 네덜란드의 경제 상황은 투기가 나타날 수 있는 아주 좋은 조건이었습니다. 유럽 국가 중 1인당 국민소득이 가장 높았던 네덜란드인들은 경제적 호황을 만끽하며 더 큰 부를 가져올 대상을 찾기 시작했는데, 그것이 바로 '튤립'이었습니다.

왜 튤립이 투기의 대상이 되었을까?

초기 튤립은 귀족과 부유층의 전유물이었는데 당시 네덜란드인들은 색깔에 따라 튤립을 다양하게 분류했고, 위계서열을 매겨 이름을 붙였다고 합니다. 황실을 상징하는 붉은 줄무늬가 있는 튤립은 '황제'로 불렸는데, 이 튤립은 당시 암스테르담의 집 한 채와 맞먹는 값에 거래되었습니다. 꽃이 만개할 때까지 무늬와 색깔을 아무도 예상할 수 없다는 점이 튤립 투기를 극대화해주는 요소였습니다. 튤립 뿌리가 어떤 바이러스에 감염되느냐에 따라 다음해 봄에 필 튤립의 색깔과 무늬가 결정되기 때문입니다.

국제적으로 과열되는 튤립 버블과 붕괴

당시 튤립 시장이 열리는 시기는 뿌리가 채취되는 여름이었습니다. 하지만 튤립의 인기가 올라가자 1년 내내 거래할 수 있는 매매 방법이 고안되었고, 튤립 뿌리는 표준화되어 은행권이나 주식과 같이 취급되었습니다. 프랑스인들도 이에 동참해 파리 근교와 프랑스 북부에 튤립 시장을 열었습니다. 튤립 투기가 국제화된 것이죠. 겨울에는 튤립 뿌리들이 땅 속에 묻혀 있어 거래가 성사되어도 실제 튤립 뿌리를 매매할 수 없었습니다. 그래서 실제 물건을 매매하는 것이 아닌 미래의 가치를 사고파는 선물거래가 이루어졌습니다.

대부분의 거래는 이런 식으로 이루어졌고, 눈에 보이지 않는 튤립 뿌리는 돌고 돌아 결국 실체 없는 거래가 되어 버렸습니다. 대부분의 투기꾼들은 만기에도 튤립 뿌리를 갖고 있지 않았기 때문에 거래가 불가능했고, 돈조차 없어 결제할 수 없는 지경에 이르렀습니다. 마침내 1637년 2월 3일 튤립 시장이 붕괴했습니다. 치솟을 대로 오른 튤립 가격에 더는 살 사람이 없었고, 매매가 이뤄지지 않아 부도가 줄지어 발생했습니다.

66

17세기 초반 네덜란드의 경제는
유럽에서 가장 호황이었고 선진적이었다.
유럽 국가 중 1인당 국민소득이
가장 높았던 네덜란드인들은 경제적 호황을 만끽하며
더 큰 부를 가져올 대상을 찾기 시작했는데,
그것이 바로 튤립이었다

99

튤립 투기를 비판하기보다 투자자들의 합리적 행동으로 봐야 한다는 의견도 있습니다. 하지만 어떤 꽃을 피울지 모르는 튤립 뿌리에 대한 불확실성 속의 과도한 투자라는 특성으로 볼 때 현명한 투자라기보다는 투기에 가깝다고 볼 수 있죠. 당시 사람들은 튤립의 적정가격이 얼마인지를 밝히려는 시도도 거의 하지 않았고, 단지 일확천금을 노리고 튤립을 전매하는 데 열을 올렸을 뿐입니다. 한 사회가 얼마나 쉽게 환상과 집단적 광기에 빠질 수 있는가를 극명하게 보여주는 사건이라 할 수 있을 것입니다.

06 메두사호의 뗏목

작가 테오도르 제리코 / 연도 1819년 / 매체 캔버스에 유채
크기 491×716cm / 소장 파리 루브르 박물관

사실과 작품의 결합

이 작품은 예술을 정치적 저항이라는 민감한 영역으로 끌어들여 새로운 지평을 연
작품입니다. 난파선의 생존자들이 그들을 구출해 줄 범선을 발견한 극적인 순간을
웅대한 스케일로 묘사하고 있죠. 실제 사건을 낭만적 상상력으로 재현하여 극적 효
과를 최고조로 표현한 이 작품은 작가 테오도르 제리코의 상상 속 장면이지만 매우
강한 현장감을 띠고 있습니다.

메두사호의 침몰

1816년 7월, 400여 명의 군인과 소수의 귀족을 실은 '메두사호'가 세네갈로 출항했
습니다. 당시 아프리카의 세네갈은 프랑스의 식민지로 많은 프랑스인들이 이민을

가곤 했습니다. 그런 이민자들을 태운 메두사호가 암초에 부딪쳐 바다 밑으로 가라 앉게 되었습니다. 배에는 400여 명의 사람들을 보호할 수 있는 구명보트가 절대적으로 부족했습니다. 무능한 함장은 배가 난파되자 자신보다 하층 계급이라 여긴 승객들을 버린 채, 돈 많고 힘있는 사람들, 높은 직책의 선원 등과 함께 구명보트에 올랐습니다. 나머지 선원들과 승객들은 구명보트와 연결된 뗏목에 올랐죠. 하지만 구명보트에 탄 사람들은 가혹하게도 그 밧줄을 끊고 그곳을 탈출해 버렸고 그렇게 망망대해를 떠돌게 된 뗏목은 12일 후, 열다섯 명의 승객들만이 살아남은 채 그림 속 멀리 보이는 수평선 위의 배에 의해 구조되었습니다.

사실과 예술의 결합

이 작품에서 사실과 예술은 매력적으로 결합하고 있습니다. 제리코는 작품의 사실성을 높이기 위해 직접 병원을 찾아가 병자들과 죽어가는 이들을 세심하게 관찰했고 생존자를 만나 사건에 대한 설명도 들었다고 합니다. 그림 왼편, 죽은 시신을 한 팔로 잡고 있는 남자의 모든 것을 다 놓아버린 듯한 무표정함은 늘어져 있는 시신들보다 더한 절망감을 줍니다. 구조선을 향해 깃발을 흔드는 사람들의 모습은 그들이 처한 현실을 더욱 드라마틱하게 만들고 있네요.

부패한 사회의 상징적인 사건

제리코는 18개월 만에 이 걸작을 완성했고, 그 후로도 끊임없는 수정 작업을 거쳐 1819년에야 비로소 이 그림을 사람들에게 선보일 수 있었습니다. 사건이 일어난 지 이미 많은 세월이 흘러 출품되었음에도 많은 사람들은 그림 앞에서 전율을 느꼈습니다. 이 작품은 당시 프랑스 사회가 얼마나 부패했는지 보여주는 상징적인 것이었지요. 제리코는 다시는 이러한 비극적인 사건이 일어나지 않기를 바라는 마음에서 최대한 사실적으로 작품을 표현해 역사 속에서 기억되도록 하였습니다. 개인의 행복과 자유를 억압하는 나쁜 정치인들과 지식인들에게 경고의 메시지를 주고자 했죠. 하지만 이런 비극적인 사건은 역사 속에서 계속 반복되었고, 현재도 마찬가지입니다. 이 작품을 보며 한국에서도 있었던 많은 사건들이 떠오릅니다. 비록 되풀이되는 역사를 멈출 수는 없다고 해도, 제리코처럼 사건을 잊지 않기 위해 정확히 사건을 규명하려는 노력을 한다면 거짓이 역사가 되는 비극은 피할 수 있지 않을까요.

07 페스트(The Pest)

작가 아르놀트 뵈클린 / 연도 1898년 / 매체 목판에 템페라
크기 149.8×105.1cm / 소장 스위스 바젤 미술관

그림에 드러난 만인의 공포

한 손에 낫을 든 남자가 날개를 활짝 펼치고 있는 박쥐의 등에 앉아 있고, 바닥에는
흰색 옷을 입고 쓰러진 여성 위로 괴물이 엎어져 있습니다. 박쥐 등에 걸터앉아 있
는 남자의 얼굴이 해골인 것은 그가 악마라는 것을 의미합니다. 남자가 가진 시퍼
런 낫은 죽음을 암시하며, 낫을 당당하게 휘두르고 있는 것은 누구든지 죽음의 손
길에서 벗어나지 못한다는 것을 의미하죠. 이 작품은 흑사병에 대한 유럽인들의 오
랜 공포가 적나라하게 드러난 작품입니다.

14세기 유럽을 휩쓴 공포

인류의 역사를 거쳐 온 질병 중에 흑사병만큼 인류에게 무섭고 커다란 영향력을 끼친 질병도 없을 것입니다. '흑사병'이란 이름이 붙여졌던 이유는 죽은 시체에 검은 반점과 고름이 남기 때문이었습니다. 최초의 흑사병 확산 이후 1700년대까지 100여 차례의 흑사병이 전 유럽을 휩쓸었습니다. 유럽 인구 3분의 1이 사라졌고 도시에서는 반절의 사람들이 목숨을 잃었죠.

세계화가 낳은 예기치 못한 부작용

현대의 의사학(醫史學) 연구자들은 원래 흑사병이 중앙아시아의 토착 질병이었다고 파악합니다. 그런데 중세에 유라시아 동서교역이 활성화되면서 사람·가축·물자의 이동이 빈번해짐에 따라 설치류의 서식 범위도 확산되었죠. 이것이 흑사병이 범유행성 질병으로 재탄생한 배경입니다. 달리 말하면 흑사병은 세계화가 낳은 예기치 못한 부작용인 셈이죠. 당시 세계화의 진전에 큰 기여를 한 몽골제국은 한반도에서 흑해에 이르는 대제국을 건설하여 개방적 대외정책을 실시하였고, 무역진흥에 유리한 인프라를 구축하였습니다. 이러한 동서교역의 확대가 토착 질병을 세계적 질병으로 악화시킨 큰 원인이었죠.

유대인들에 대한 마녀사냥

흑사병이 대유행했던 가장 큰 이유는 당시 국가 간 무역의 활발함과 집들이 빽빽하게 들어찬 상업 도시의 환경 때문입니다. 하지만 중세의 사람들은 유대인 때문에 흑사병이 생겼다고 믿고 그들을 탄압했습니다. 당시 돈을 빌려 주고 비싼 이자를 받는 고리대금업으로 부자가 된 유대인이 많았고, 이 때문에 평소 유대인을 미워하던 사람들이 전염병으로 인한 혼란의 화살을 유대인에게 돌린 것이죠. 당시 유럽인들에게 흑사병은 '신의 벌' 또는 '악마의 저주'라고 인식되었고, 흑사병으로 인한 사회적 혼란은 유대인에 대한 마녀사냥으로 이어졌습니다.

우리나라의 역사 속에서도 전염병에 대한 공포는 지속적으로 이어져왔습니다. 아무리 의학 기술이 발달한다고 해도 인간은 미지의 것에 대한 공포를 느끼기 때문에 잘 알지 못하는 감염병이 발생했을 때 대중들은 막연한 불안감을 가지게 됐었지요. 2019년 말부터 우리를 덮친 코로나19 팬데믹의 공포 역시 사실은 이전부터 계속되어온 전염병 확산의 연장선상이라고 볼 수 있습니다. 2009년 신종플루, 2015년 메르스 사태의 교훈을 통해 우리가 전염병 확산을 방지하는 교훈을 얻었듯이, 지난 코로나19 사태를 통해 일상의 소중함과 감염병 예방을 위한 노력을 배울 수 있었습니다.

❸ 역사

01 서양문명의 요람, 폴리스

동서양은 기록매체의 발명으로 본격적인 문명창조를 위해 발 빠른 행보를 하게 되었습니다. 소아시아에서 페니키아 문자(알파벳)와 함께 고대 오리엔트 문명이 그리스에 전달되어 에게 문명과 고대 그리스 문명을 일으킨 것이죠. 옛 그리스인들의 표현대로 '빛은 동방으로부터 전해진(Lux ex Orient)' 셈입니다.

폴리스의 형성과 발전

그리스 문명의 기본 바탕인 에게 문명은 두 단계로 나눌 수 있습니다. 전기는 크레타 섬이 중심이 된 기원전 3000년에서 기원전 1400년까지의 크레타 문명 또는 미노스 문명이며, 후기는 기원전 1400년부터 기원전 1200년까지의 그리스 본토의 미케네와 티린스 혹은 소아시아 트로이 중심의 미케네 문명입니다. 후기 에게 문명이 가까스로 미케네 문명의 맥을 이었으나, 기원전 12세기 초에 이동한 이오니아인·아카이아인과 달리 가장 늦게 남하한 미케네인들은 도리아인들에게 멸망당했습니다. 도리아인들은 펠로폰네소스를 정복하면서 지중해로 진출, 기존 그리스인들의 문명을 차례차례 파괴하면서 에게 해의 섬들을 차지하였습니다.

펠로폰네소스 반도와 발칸 반도 일대에 흩어진 그리스인들은 기원전 8세기부터 지리적 여건이 유리한 곳을 골라 정착하기 시작했는데, 특히 교통의 요지에 집단거주를 시작하였으며 이렇게 해서 생겨난 도시를 '폴리스'라 하였습니다. 폴리스는 정치와 종교의 중심지로서 아크로폴리스(언덕)와 아고라(광장)가 설치되었고 주위에는 성벽과 농지가 펼쳐져 있었죠. 고대 그리스인들은 소규모 도시국가인 폴리스를 발칸 반도 중심으로 형성하고 고도의 창의성을 발휘하여 서양 최초의 문명을 창조하였지만, 이것은 어디까지나 고대 동방(오리엔트)의 문화적 유산을 계승해서 그들 나름대로 독창적인 문화를 가미한 것이었습니다. 그러나 창의성이 강한 그리스인들은 인간과 사회의 원리를 철학적으로 사고하여 예술·철학·역사·정치 등 각 분야에 활용함으로써 역동적인 문명을 창조할 수 있었습니다.

폴리스는 그리스인들의 정치 · 경제 · 사회생활의 기본적 요소이며 배타적 단위였습니다. 폴리스에는 반드시 언덕 한복판에 아크로폴리스가 만들어졌는데, 이는 유사시에 일종의 피난처(대피소)로 이용하기 위함이었죠. 성 안에는 그리스인들이, 성 밖에는 외지인들이 거주하였으며, 그 수는 그리스 본토에만 100여 개가 넘었고 식민지까지 합하면 1,000여 개는 족히 넘었을 것으로 추정됩니다.

최초의 서양인, 그리스인들의 모험심

▲ 그리스 아테네의 아크로폴리스(Acropolis)

크레타가 에게해를 중심으로 해상권을 장악한 이래, 아테네가 전면에 등장한 기원전 8~7세기 무렵부터 그리스인들은 식민지 확대에 적극적이었습니다. 이는 소수 귀족의 토지 독점으로 인한 영세농민들이 증가로, 귀족들의 토지 독점 포기를 기다리는 것보다 새로운 경작지를 찾아보는 것이 더 빨랐기 때문입니다. 더욱이 폴리스 자체의 성장과 발전이 인구의 집중과 증가를 가져옴에 따라 적절한 인구 이동이 불가피했으며, 도시의 번창과 시장 확대는 각 폴리스에서 생산된 상품을 내다 팔 대상 지역으로서의 식민지를 필요로 했죠. 그리스의 식민지는 기원전 600년대에 지중해와 흑해 연안에 넓게 퍼졌는데, 페니키아인이 세운 식민시(植民市) 카르타고가 유일한 경쟁 상대였습니다.

정치적인 그리스 사람, 폴리스의 정치적 변화

‖ 왕정시대에서 과두정시대로

민주정치의 발상지로 불리는 그리스에서도 처음부터 민주정치가 정착된 것은 아니었는데요. 귀족 · 평민 · 노예의 구별이 있었으며 기원전 8세기부터는 왕정이 행해졌습니다. 그리스 역사에서는 이 시기(기원전 1000~800년)를 '왕정시대', 일명 '호메로스시대'라 일컫습니다. 여기서 유념해야 할 점은, 왕이 있었으나 동방적 전제군주는 아니라는 점과 사법 · 군사 · 종교를 관장했을지라도 실질적 권한은 왕 아래에 선거에 의한 각 촌락의 장로회의에 있었다는 것입니다.

기원전 7세기까지는 귀족들이 군사와 국방의 중심을 떠맡는 집정관(아르콘)으로서 전권을 행사하는데, 이 시기를 과두정시대(기원전 800~550년)라 합니다. 이는 전쟁에 있어서 기병의 역할이 종전보다 강화되었고, 귀족 가운데 일부는 전쟁에서 전리품과 식민활동으로 재물을 끌어모을 수 있었으며 식민지의 건설과 교역, 산업 분야의 발전이 이루어짐으로써 귀족의 발언권이 강화됐기 때문입니다.

‖ 참주정치시대

이후에는 최고의 정치권력을 부당한 방법으로 빼앗은 독재자가 국정을 좌우하는 참주정치시대(기원전 660~500년)가 이어졌습니다. 그 배경으로는 부유한 일반 중산층의 대두와 그로 인한 계급투쟁과 정치·사회적 혼란, 그리고 군사적으로는 기병을 대신한 중무장 보병의 중요성이 커졌다는 점을 들 수 있습니다. 참주 중에는 폭군도 있었지만 대부분 유럽의 18세기 계몽군주와 같았으며, 귀족 출신이 많았고 민심을 얻은 사람도 있었습니다. '참주'라는 말이 부정적 이미지를 주게 된 이유는 그들이 자유시민(평민)과 결탁하여 귀족세력을 억압했기 때문입니다. 아무래도 귀족세력은 평민보다는 의사를 형성할 수 있는 능력이 컸기 때문에 '참주 = 독재자 = 폭군'으로 매도했다는 점도 지나쳐서는 안 됩니다. 최초의 참주는 기원전 6세기 후반 아테네의 페이시스트라토스였는데요. 그는 아테네와 미묘한 관계에 있었던 메가라와의 전쟁에서 명성을 얻어 민중의 지지 속에 기원전 560년 참주가 되었습니다. 민중의 힘을 배경으로 소수 귀족을 억누르니 정권을 빼앗긴 귀족의 입장에서 본다면 비합법적이며 독재였던 것이죠.

‖ 민주정치시대

기원전 7세기, 오리엔트의 첫 통일을 이루었던 아시리아가 붕괴하고 네 나라로 분열되었습니다. 그 와중에 리디아에서 화폐가 발명되자, 상업 활동이 활발하게 이루어지고 있던 그리스의 폴리스에서도 화폐를 주조하여 재산을 축적한 평민이 등장하게 되었습니다. 이때 많은 도시국가들이 민주정의 형태를 취하게 되었는데, 이를 민주정시대(기원전 500년 이후)라 합니다.

재산을 모은 평민들이 자신의 돈으로 무기를 구입하여 중무장 보병부대를 편성하자 그들의 정치적 발언권이 강화되었고 사회 기득권층도 그들의 존재를 인정하지 않을 수 없었죠. 이러한 현상은 활발한 해상활동을 한 아테네에서 가장 전형적이었고, 주로 아테네를 중심으로 하는 아티카 지방과 트로이젠을 비롯한 폴리스 집단에서 이러한 그리스의 정치적 발전과정을 찾아볼 수 있습니다.

02 고대 문명의 두 중심지, 아테네와 스파르타

민주주의의 힘

▲ 기원전 480년 페르시아의 침공으로 파괴되었던 아테네의 '파르테논 신전'

기원전 508년, 아테네 민회가 입법 · 사법 · 행정의 최고기관이 되면서 민주정치의 서막이 올랐습니다. 그 후 여러 단계를 거쳐 페리클레스(Pericles ; 기원전 461~429)시대에 민주정치 체제가 완성되었으나, 당시의 민회는 대의제(代議制)가 아니라 성인 남자 자유시민이 직접 참여하는 직접민주정치로 여성과 노예는 철저하게 배제되었습니다. 결국 아테네의 민주정치도 노예의 피땀 위에 이루어졌고 여성의 침묵 속에서 이루어지고 있었죠. 고대 모계사회의 흔적은 완전히 사라지고 가부장적 부계사회로 넘어온 것입니다. 정치적 중심이 왕도 아니고 귀족도 아닌 가부장적 남성 시민 중심의 도시국가체제가 되자, 그리스인들은 그들의 주신(主神) 제우스를 폴리스의 수호신이자 가부장제도의 수호신으로 설정했고 이를 변개하려는 자는 어느 누구도 형벌을 피할 수 없었습니다. 이러한 남성우월사회에서 당시의 자유 남자시민은 노동과 집안일에 구애받음 없이 정치에 참여하고 여가활동을 즐겼습니다.

아테네의 민주정치는 다른 폴리스에도 확산되어 페르시아 전쟁 때에 그 진가를 톡톡히 발휘하였습니다. 해전에서의 승패는 노꾼들이 지휘관의 명령에 따라 일사불란하게 움직여줌으로써 얼마나 훌륭하게 작전을 수행하고 전술을 펼칠 수 있느냐가 관건입니다. 자신의 돈으로 무기를 살 수 없었던 아테네의 무산계급 시민들은 전투함에서 노 젓는 역할에 자발적으로 자원하여 살라미스 해전에서 승리의 주역이 되었으며, 전쟁이 끝나자 '돈 없다고 우리를 무시하면 다시는 힘든 중노동을 하지 않겠다'고 선언함으로써 발언권을 강화하였습니다. 반면 페르시아 전함은 노예들이 채찍을 맞아가며 비자발적으로 노를 저었기 때문에 숙련도는 낮았고 당연히 질 수밖에 없었던 것이었죠.

아테네의 성차별

민주주의의 원조라 할 수 있는 아테네에서조차 성차별은 심각하였습니다. 당시는 직접민주정치였기 때문에 여성이 정치에 참여할 수 없다는 것은 곧 모든 국가정책이 남성 위주였다는 뜻이었죠. 이뿐만이 아닙니다. 아테네에서는 아버지들이 아이의 양육 여부를 결정하였는데, 만약 아버지가 '이 아이는 키우지 않겠다'고 결정하면 산모의 동의 없이 바로 아이를 버렸습니다. 이렇게 선택받은 아이들은 전적으로 어머니가 맡아 길렀습니다. 또한 남자아이 교육의 중점은 '건강한 신체, 건전한 정신'이었던 반면 여자아이의 교육은 오로지 친정 부모에게 누를 끼치지 않는 '요조숙녀 만들기'에 집중되었습니다.

거꾸로 가는 스파르타, 역사의 기회를 잃다

스파르타는 맨 마지막으로 남하한 도리아인들로 구성된 도시국가로, 그들은 폴리스를 건설하기 전인 기원전 1200년경에 미케네 문명(후기 에게 문명)을 멸망시키기도 하였습니다. 즉, 도리아 일파의 정복에 의해서 탄생한 폴리스가 스파르타였던 것이죠. 이러한 배경 때문에 스파르타는 다른 그리스의 일반적 정치발전 과정과는 전혀 별개의 소수 독재체제를 갖추게 되었습니다. 또 스파르타는 펠로폰네소스 반도의 라코니아 또는 라케다이모니아 지방의 주요 도시로서 지리적으로 고립되어 있었는데요. 북동쪽과 서쪽은 산악지대가 개방을 가로막은 바람에 이러한 지역적 폐쇄성이 결국 보수 과두제적 왕정에 머물러 있게 한 요인으로 작용하여 전제적 군사독재로 일관하게 된 것입니다. 따라서 참정권을 가진 시민은 극히 소수에 지나지 않았으며, 시민들은 어릴 때부터 스파르타식 교육을 받았으므로 국가에 대한 충성심은 상당할지 몰라도 정형화 내지 규격화된 사람들이었습니다.

마치 인도의 카스트제도처럼 스파르타 국민들은 세 가지 신분으로 나뉘어 있었습니다. 정복자의 후손(Spartiatae)만이 정치적 특권을 누릴 수 있었으며 원주민은 노예(Heilotai)로 전락하여 토지경작에 매달렸습니다. 또 하나의 신분인 자유민(Perioikoi)은 다른 도시 사람들로서 자치제를 가지고 주로 상공업에 종사하였습니다. 원래 그 땅에 살았던 다수의 원주민을 노예로 착취하고 언제라도 떠날 수 있는 외지인은 자유민으로 한다는 것은 뭐가 잘못되어도 한참 잘못되었죠. 다시 말해서 스파르타는 지배계급인 시민계급과 피지배계급인 노예들의 부자연스러운 동거였던 것입니다.

스파르타의 사회적 특성은 다수의 자유로운 창의성과 개성의 발휘를 억압하여 시민의 각성과 정치 참여를 위한 대중적 투쟁에 결정적 영향을 끼칠 수 있는 중산계층이 나올 수 없는 환경을 만들었고, 이러한 군국주의적 성향은 문화의 침체로 이어졌습니다. 비록 후에 아테네와의 싸움에서 승리하여 그리스 전체의 패권을 장악하기는 하지만 내부의 분열(민주주의에 길든 폴리스들의 반발)에 시달리다가 패권을 마케도니아에 빼앗기고 결국 역사의 축은 그리스에서 로마로 옮겨지고 말았습니다.

03 동서양의 충돌, 페르시아 전쟁 Ⅰ

한때 9·11 테러사건을 동·서문명의 충돌이라 보는 시각도 있었습니다. 모두가 비극을 겪는 결과를 가져왔죠. 최초의 동서양 충돌이라 할 수 있는 페르시아 전쟁 또한 마찬가지였습니다. 결론적으로 그리스 연합군이 아케메네스 조(朝) 페르시아 의 다리우스 1세의 원정군을 격파, 승리를 거두었지만 전쟁의 후유증으로 아테네 와 스파르타가 대립하여 공멸하는, 승자 없는 전쟁이 되고 말았습니다.

페르시아 전쟁의 원인

오리엔트를 재통일한 페르시아는 리디아와 신바빌로니아를 정복하더니 기원전 525년에는 제26왕조의 이집트도 멸망시켰습니다. 이로써 메소포타미아와 나일강 일대가 모두 페르시아 영토가 되었죠. 최초로 동방과 서방이 영토적으로 마주치게 되어 펠로폰네소스 반도와 발칸 반도에 둥지를 틀고 있던 폴리스 전체가 잔뜩 긴장 하였습니다. 당시 대부분의 폴리스가 대내적으로 정치·경제·사회 각 부문에 걸 친 체제정비를 통해서 성취기반을 확립하면서 식민지 개척에 적극적으로 나서는 입장에서 페르시아라는 존재는 눈엣가시와 같았기 때문입니다. 그것은 페르시아 다리우스 1세도 마찬가지여서 거대한 통일제국을 이룬 여세를 몰아 그리스 원정을 결심하였습니다. 그의 눈에 지중해가 들어오니 바다 건너편에 있는 발칸 반도와 펠 로폰네소스 반도의 폴리스를 평정하지 않고서는 마음이 편할 날이 없었죠.

이렇게 식민지 개척에 열을 올리는 아테네를 비롯한 폴리스와, 흑해-지중해 방면 으로 팽창하려는 페르시아가 만났으니 동서양의 충돌은 예정된 시나리오였을지도 모릅니다. 여기에 설상가상으로 전쟁을 촉발하는 사건이 일어났습니다. 기원전 499년 소아시아 서쪽 해안도시인 밀레토스가 중심이 되어 안티-페르시아 운동을 일으킨 것입니다. 이 사건에 대해 그리스의 여러 폴리스는 소극적인 입장을 보였으 나 해군력이 강한 아테네만이 전함 20척을 파견하였죠. 이 사건은 기원전 494년 진압되었지만 페르시아의 다리우스 1세는 그리스 본토를 침공하여 아예 후환의 싹 을 잘라버릴 계획을 세우게 되었습니다.

다리우스 1세의 착각

페르시아의 정치·외교의 기본 틀을 알아봅시다. 페르시아는 단명으로 그친 아시리아의 경우에서 교훈을 얻어 정복지의 관습을 존중하고 자치를 인정하는 관대한 정책을 폄으로써 민심수습에 성공하였습니다. 안정된 토대 위에 전체 오리엔트 세계를 통치할 수 있었던 것입니다. 그러나 다리우스 1세는 엄청난 착각을 했는데요. 사방을 둘러보아도 자신과 감히 대적할 자가 없다고 생각한 것입니다. 다리우스 1세가 오리엔트에 만족할 수 없었던 이유는 교통망의 정비로 광범위한 교역과 문화 교류가 이뤄지자 지중해와 흑해에 있는 그리스 사람들과 접촉하면서 발동한 그들의 문명에 대한 호기심이 나아가 정복욕으로 이어졌기 때문이죠. 그는 이미 수사(Susa)에서 사르데스에 이르는 '왕의 길'을 닦아 새 도읍지로 페르세폴리스를 건설한 바 있었으므로 자신만만하고 야심만만한 군주였던 겁니다.

다리우스 1세는 첫 번째 군사행동을 시작하였습니다. 오리엔트 통일과정에서와 마찬가지로 전격전술을 구사하기 전에 탐색작전을 편 것이죠. 병력을 소아시아 서안 이오니아 지방의 그리스 식민도시로 보내 전방위 압박을 감행하면서 일단 본국인 그리스 측이 어떻게 나오는지 반응을 기다렸습니다. 적대행위를 하면 그것을 트집 잡아 침략의 구실로 삼겠다는 뜻이었죠.

이렇게 다리우스 1세가 전쟁이라는 모험을 감행하게 된 배경에는 '통일된 그리스'라는 정치적 실체가 없었다고 판단한 데에 있었습니다. 그는 그리스가 폴리스로 분열되어 있었기 때문에 일사불란한 시스템을 가동할 수 있는 페르시아를 감히 대적하지 못할 것이라 믿고 있었습니다. 즉, 그리스의 독립된 폴리스가 지방정부라면 각 폴리스를 전체 그리스 차원에서 통제할 연방정부 내지 중앙정부가 없다고 착각한 것이죠. 그러나 그리스인들에게는 비록 정치적인 그리스라는 존재는 없었을지 몰라도 스스로가 헬레네스(헬렌의 후손)이며, '헬라스(그리스인들의 땅)'는 스스로의 힘으로 지켜낸다는 정신적인 유대를 갖고 있었습니다.

마라톤 대첩

다리우스 1세는 앞서 언급한 기원전 499년 안티-페르시아 운동도 트집거리를 잡기 위한 미끼로 이용했는데요. 그리스 식민도시의 하나였던 밀레토스가 반(反)페르시아 운동을 일으키자 이를 반국가 테러로 규정, 기원전 494년 무력진압하고 밀레토스를 지원한 아테네 및 그리스의 폴리스를 불량집단으로 낙인찍고 페르시아 함대에 발진명령을 내렸습니다. 이른바 '테러와의 전쟁'을 선포한 것이죠.

▲ 마라톤 전투에서 승리한 아테네 영웅들의 모습이 새겨진 항아리(기원전 460년)

우선 페르시아 함대는 트라키아 해안을 경유하여 그리스 본토를 친다는 작전을 세웠으나 폭풍을 만나 페르시아 해군이 궤멸당하면서 실패로 끝나고 본격적인 전쟁은 페르시아의 2차 침공부터 시작됩니다. 마침 페르시아에 나라를 팔아먹은 매국노가 그리스에 있었습니다. 전직 아테네 참주 히피아스가 그 인물로, 독재로 일관하는 바람에 아테네 시민들의 도편추방에 의해서 쫓겨났으나 잘못을 뉘우치기는커녕 엉뚱하게 외세(페르시아 원정군)를 끌어들여 조국에 복수하려고 하였습니다. 히피아스의 길 안내로 페르시아 군은 발칸 반도에 상륙했지만 그리스 측은 밀티아데스를 지휘관으로 하는 아테네의 중무장 보병대를 마라톤 평원으로 보내어 격전 끝에 페르시아 군대를 격파했습니다(기원전 490년). 그리스 지휘관 밀티아데스는 전에 트라키아 지방에서 페르시아 군과 싸운 전투경험이 있어 적을 잘 알고 있었기 때문에 마라톤 평원을 결전의 장소로 삼았습니다. 적의 특성, 다시 말해서 눈앞에 적이 보이면 무조건 돌격하는 페르시아의 전술을 파악하고, 그리스 특유의 중장 보병부대의 작전개념에 따라 대열을 갖추어 차분하게 대응한 것입니다.

마라톤 평원은 그리스 영웅들이 무용을 겨루던 장소로도 유명합니다. 후세의 로마 역사가 플루타르코스(Ploutarchos)는 그의 〈영웅전〉에서 마라톤의 승리를 아테네 시민들에게 전하기 위해서 한 사람의 전령이 아테네까지 쉬지 않고 계속 달려 승전보를 알림과 동시에 숨을 거두었다는 일화를 기록하였는데, 이는 마라톤 경주의 유래가 되었죠. 사실, 아테네에서 마라톤 평원까지의 실제 거리는 39.909km입니다.

마라톤 경기 공식 거리가 42.195km가 된 것은 원저 궁을 출발점으로 삼은 제4회 런던 올림픽을 기준으로 하고 있으며, 1924년 제8회 파리 올림픽 이후부터는 42.195km가 공식거리로 굳어지게 되었습니다.

04 동서양의 충돌, 페르시아 전쟁 ||

세계 4대 해전, 살라미스 해전

▲'테르모필레 전투'를 배경으로 한 영화 《300》

이순신의 한산대첩과 더불어 세계 4대 해전 가운데 그 첫 번째가 페르시아 전쟁 당시에 벌어졌습니다. 첫 번째 침공 (기원전 492년)은 주로 바다를 통한 것이었는데요. 함대가 트라키아 해안을 거쳐 그리스 본토로 가려다가 아토스곳 앞바다에서 풍랑을 만나 큰 손실을 입는 바람에 실패로 돌아가고 그로부터 2년 후인 기원전 490년의 2차 침공은 마라톤 전투에서 페르시아 군이 참패를 당했습니다.

마지막 대대적인 침공은 그로부터 10년 후인 기원전 480년에 있었는데, 페르시아 대군이 필승의 각오로 그리스에 상륙하여 여러 폴리스를 굴복시키면서 파죽지세로 진격하였습니다. 당시 페르시아 군대는 그리스 연합군에 비해서 군사 수도 월등하게 많았고 일견 사기도 높은 듯 보였으나, 이는 물러서면 참수하겠다는 식의 강압적인 지휘로 인한 것이었을 뿐 마음에서 우러난 것이 아니었죠. 크세르크세스 1세는 속전속결로 전쟁을 결말지으려고 하였습니다. 물론 자신의 승리로 말이죠. 만약 이번에도 진다면 아케메네스 왕조가 창업된 이래 지금까지 쌓아왔던 모든 것을 잃게 되는 것이며, 돌아가는 길에 어떤 봉변을 당할지 모른다는 위기감에 사로잡혀 있었습니다. 침략자들에게는 전쟁을 빨리 승리로 종결짓지 못하고 질질 끌거나 패하면 정적들에 의해서 실각하거나 죽거나 마음의 병을 얻어 죽음에 이른다는 공통

점이 있습니다. 고구려를 침공한 수 양제, 당 태종, 조일전쟁을 일으킨 도요토미 히데요시와 나폴레옹 등이 그 예입니다.

기원전 480년 페르시아군은 '테르모필레 전투'에서 그리스 연합육군의 중심이었던 스파르타의 레오니다스 왕이 이끄는 군대와 치열한 싸움을 벌였고 끝까지 결사항전에 나선 300여 명의 스파르타 군을 전멸시켰습니다. 페르시아의 승리가 눈앞에 보였죠. 페르시아 군은 방어선이 뚫린 아테네로 진격하여 도시를 함락시키고 철저한 복수를 하였습니다. 신상을 무너뜨리고 신전을 유린하면서 도시 곳곳에서 철저한 학살극을 자행하였습니다. 그러나 이러한 페르시아 군의 만행은 부메랑처럼 자신들에게 독이 되어 돌아왔습니다. 민주주의와 자유의 소중함을 아는 아테네 시민은 전제적인 페르시아의 압제 하에서는 도저히 살아갈 수 없다고 생각하여 최후의 일전을 벌이기 위해서 살라미스 앞 바다로 필사적으로 탈출하여 아테네를 탈환하기 위한 전선을 구축하였는데요. 이는 현명한 판단이었습니다. 어차피 육상전에 강한 스파르타의 방어선이 무너진 마당에 구태여 아테네를 사수한답시고 아까운 목숨을 버릴 필요가 없었습니다. 해전에 강한 아테네인들은 차라리 적을 바다로 끌어내어 섬멸하겠다는 전략을 세웠던 것이죠. 일순간의 승리에 도취한 페르시아 군은 바다에서 자신을 조롱하는 아테네 해군을 보고 분을 참지 못하고 그만 돌이킬 수 없는 실수를 저지르고 말았습니다. 아테네 시민들은 자발적으로 노를 젓고 전투요원들은 배 위에서 페르시아 함대를 상대로 불화살을 날려 좌충우돌하는 페르시아 함대를 수장시켜 버렸습니다. 이렇게 아테네 시민들과 해군이 살라미스 해전에서 페르시아 함대를 격파하고 대승을 거둔 것은 비록 노예를 기반으로 한 제한적 민주정치이긴 했지만 만약 아테네에서 민주정치가 이루어지지 않았더라면 일어날 수 없는 일이었죠. 결론적으로 아테네의 승리는 동방 전제세력의 침략에 대한 서방 민주주의의 수호였으며 최초의 동·서 충돌이었습니다.

승리의 후유증

페르시아의 침공으로부터 그리스를 구한 아테네는 발언권이 세졌습니다. 따라서 종전의 아티카 계열의 아테네를 중심으로 하는 폴리스와 스파르타를 중심으로 하는 라코니아 계열의 폴리스 간의 힘의 균형이 깨지고 말았죠. 스파르타 계열의 폴리스가 연합 도중 아테네 측의 공금횡령을 규탄하면서 물고 늘어졌습니다. 전쟁이 터지자 그리스는 아테네를 중심으로 '델로스 동맹'을 구축하고 기금을 모아 델로스 섬의 아폴론 신전에 보관했었는데 아테네가 관리 중 착복했다는 것입니다. 살라미스 해전에서 페르시아를 물리친 아테네는 그리스의 맹주가 되어 크게 번영하였으나 공동 출자한 델로스 동맹의 비축자금을 각 도시국가에 돌려주지 않고 그 돈을 아테네로 옮겨 오로지 아테네 해군력 강화에 유용하고 말았습니다. 물론 다른 도시국가도 페르시아 전쟁 이후에 번영하였으나 아테네의 융성을 도저히 따라잡을 수 없었죠. 이를 질투한 스파르타가 반(反)아테네 동맹인 '펠로폰네소스 동맹'을 결성함에 따라 기원전 431년 그리스의 패권을 다투는 펠로폰네소스 전쟁이 일어났습니다.

승자는 없고 패자만 남았습니다. 물론 스파르타가 이겨 일시적 전성기를 누렸으나 자신에게도 독(毒)이 되고 말았습니다. 전체 그리스의 지도자로서의 경영 마인드를 갖추지 못했던 것인데 스파르타식 군국적 보수주의 등이 다른 폴리스는 물론 심지어 동맹국의 반발을 초래한 것이죠. 결론적으로 해양세력인 아테네의 쇠퇴는 그리스 전체의 침체를 가져와 소아시아에 대한 직접적인 지배권을 상실하게 했을 뿐만 아니라 세계사의 주역이 될 수 있는 기회마저 잃게 했습니다.

● 그때 그 시절 우리의 역사

중국이 전국시대의 혼란에 휩싸이게 되자 피난민(유이민)이 고조선의 영역으로 넘어오기 시작했습니다. 마치 훈족에 쫓긴 게르만족이 로마제국의 영토를 침범하여 들어온 것처럼 말이죠. 그러나 '널리 사람을 이롭게 한다(弘益人間)'는 통치이념을 가지고 있던 조선은 이들을 불쌍하게 여겨 서쪽지역에 살게 하였습니다. 특히 진·한 교체기에 위만이 무리 1,000여 명을 이끌고 조선으로 들어왔는데 준왕이 이를 측은하게 생각하여 서쪽 변방을 지키는 책임자로 임명하였습니다.

전하는 바에 따르면 위만이 조선으로 들어올 때 상투를 틀고 조선 옷을 입고 있었다는 데 분명히 서토(중국)에서 살던 조선인이었을 것입니다. 왜냐하면 위만이 왕이 되고나서도 국호가 계속 조선이었고 고위직 관리가 대부분 원래 조선인이었기 때문이죠. '위만조선'이라고 부르는 것은 단지 단군조선과의 시대적 구분을 명확하게 하기 위한 것이라고 생각하면 됩니다.

위만조선 시대의 가장 큰 특징은 철기문화의 본격적 발흥입니다. 철기의 사용은 농업과 무기 생산을 중심으로 수공업이 융성하게 하였고 이에 따라 상업과 무역 또한 활발하였습니다. 위만조선은 이러한 경제력을 바탕으로 군사력을 키워 활발한 정복사업을 전개하여 광대한 영토를 차지함은 물론, 안정된 사회적 발전을 바탕으로 중앙 정치 조직을 갖춘 내실 있는 국가로 성장하여 당시 통일 한나라를 크게 압박하였습니다. 또 요동, 만주, 한반도에 이르는 지리적 이점을 최대한 살려 동방의 예국과 남방의 진이 직접 중국의 한나라와 교역하는 것을 막고 중계무역을 독점하고자 하였으며 직접 활달한 교역을 함으로써 경제적 · 군사적 발전에 박차를 가했습니다.

05 동방을 제패한 영웅, 알렉산드로스

대정복자의 탄생

페르시아 전쟁 이후에 벌어진 폴리스 간의 분쟁이 그리스 세계의 내분이라고 할 수 있는 펠로폰네소스 전쟁으로 이어지고, 승자와 패자 모두 동반 침몰하는 상황이 벌어지는 바람에 그리스는 서양사에서의 패권을 상실하고 말았습니다. 물론 일시적이나마 스파르타와 테바이가 패권을 다투는 등 폴리스의 흥망기가 있었지만, 이 시기에 진정으로 폴리스의 힘이 되었던 시민개병제(市民皆兵制)가 붕괴되고 용병이 등장하였죠. 용병이 다른 나라를 위해 얼마나 충성스럽게 싸워주겠습니까. 이때 발칸 반도 남쪽 펠로폰네소스 반도를 호시탐탐 노리고 있는 세력이 있었습니다. 바로 대정복자 알렉산드로스(알렉산더 대왕)를 배출한 마케도니아였는데요. 마케도니아는 원래 발칸 반도 북방에 위치하던 약소국이었으나 풍부한 광산과 삼림, 목초지 및 농경지를 가지고 서서히 국력을 키웠으며 페르시아 전쟁 이후에는 본격적으로 그리스 문화를 받아들임으로써 그리스화되었습니다.

▲ 알렉산더 대왕의 모자이크화

알렉산더 대왕의 아버지인 필리포스 2세는 부왕 아민타스 3세의 뒤를 이어 왕위에 오르자 상비군을 두고 그리스 전술을 도입하여 강력한 군사력을 바탕으로 마케도니아를 통일하였습니다. 소년 시절에 부모 곁을 떠나 테바이에서 3년 동안이나 인질로 산 뼈아픈 경험을 했던 그는 귀국 후 부국강병을 위한 여러 정책을 시행하여 상당한 성공을 거두었습니다. 당시 국력이 쇠퇴하던 아테네는 떠오르는 신흥국 마케도니아를 경계의 눈으로 바라보게 되었고 대비책을 강구하였으나, 옛날의 기백이 사라진 지 오래였습니다. 필리포스 2세는 이 틈을 타 기원전 338년 케로네아 전투에서 테바이−아테네 연합군을 간단하게 제압하고 헬라스 연맹을 결성하여 그리스 전체의 맹주 자리에 올랐죠. 이에 만족하지 않고 페르시아 원정을 준비하던 필리포스 2세는 기원전 336년 정적에 의해서 암살을 당하고 결국 그의 아들이 20세의 어린 나이로 왕위를 계승하게 되었는데, 이가 바로 알렉산드로스 3세(Alexandros, 기원전 336~323년), 알렉산더 대왕입니다.

알렉산더 대왕은 부왕이 이루지 못한 '페르시아 정복'에 대한 계획을 세우고 우선 후환이 될 가능성이 있는 주변을 정리하기 시작하여 데모스테네스의 아테네 잔당을 소탕하여 원정에 대비하였습니다. 분위기가 완전히 무르익었다고 판단한 알렉산더는 이어 전군에게 출발명령을 내렸습니다. 이로써 무려 12년에 이르는 기나긴 원정이 시작된 것입니다. 그는 마케도니아−그리스 연합군을 이끌고 페르시아 원정길에 올라 시리아 · 팔레스타인 · 이집트 등을 정복하고, 기원전 331년에는 다리우스 3세의 페르시아군을 격파한 다음, 기원전 324년에 북부 인도의 인더스강 편자브 지방까지 진출하였습니다.

▲ 알렉산더 대왕의 주화

청년 대왕 알렉산더는 원정기간 동안 동방 군주제의 현장학습을 톡톡히 하였습니다. 예를 들어 페르시아 원정 당시에는 페르세폴리스의 왕궁을 불태워 거대한 페르시아제국의 상징적 파멸을 즐기며 많은 재화를 노획하고 금·은을 녹여 자신의 주화를 만들었죠. 또한 이집트에서는 자신을 암몬신의 아들이며 파라오라 자칭하는가 하면, 이집트에 자신의 이름을 딴 '알렉산드리아'를 건설하고 정복지 곳곳에 같은 이름의 도시를 건설하였습니다. 알렉산더 대왕은 인더스강에 이르자 '전쟁이라면 신물이 날 지경'이라는 병사들의 하소연에 더 이상의 정복사업을 단념하고 회군하지만, 기원전 323년 바빌론에 이르렀을 때 열병에 걸려 32세의 젊은 나이로 사망하고 말았습니다.

최초의 세계화, 분열된 제국

알렉산더 대왕의 사망 이후, 그의 정복 루트를 따라 보편성을 가진 문화가 상호 교류하는, 이른바 헬레니즘 시대가 개막되었습니다. 알렉산더의 대정복은 결과적으로 문화와 종족의 융합을 가져옴으로써 그리스적 요소가 대부분 상실되고 그리스와 동방의 여러 요소들이 혼합된 헬레니즘 문명을 형성했는데, 이를 고전 그리스 문화와 구별하여 헬레니즘 문화라고 칭합니다. 이 시대는 보통 알렉산더의 죽음부터 시작하여 아우구스투스가 로마의 제정시대를 열 때까지의 약 3세기 동안(기원전 323~30년)의 역사를 말하는데, 알렉산더의 동방원정 개시부터 마지막으로 남은 이집트의 프톨레마이오스 왕조의 멸망까지로 보는 견해도 있습니다.

▲ 헥토르의 석관부조(기원전 2세기)

헬레니즘 시대의 특징은 경제와 문화의 중심지가 동방으로 옮겨졌다는 점에 있습니다. 문화의 중심지였던 아테네를 비롯하여 그리스 본토의 인구는 감소한 반면, 마지막까지 번영한 곳은 제2의 아테네라 일컬어지던 프톨레마이오스 왕조의 수도 이집트의 알렉산드리아였습니다. 결론적으로 알렉산더에 의해서 건설된 헬레니즘 세계는 동서문화를 융합시킨 세계적 문화를 형성하였습니다. 고대 그리스 문화가 폴리스 중심의 폐쇄적 성격을 띠고 있었던 반면, 헬레니즘 문화는 널리 개방된 보편적인 문화가 되었죠. 이 시대의 세계주의는 좀 더 보편적인 인간성에 기반을 둔 사고에 의해서 기존의 플라톤과 아리스토텔레스의 사상체계에 내재되어 있었던 폴리스 중심의 사상 풍조가 밀려나게 되었으며, 특히 기원전 4세기 무렵부터 싹튼 개인주의적 성향은 알렉산더의 그리스 지배에 의해서 더욱 분명해졌습니다.

한편, 알렉산더 대왕의 사망으로 제국은 큰 혼란에 빠지게 되었습니다. 제국은 처음에는 셋으로 분열되었다가 기원전 3세기에는 넷으로 갈라졌습니다. 즉, 셀레우코스의 페르시아−메소포타미아−시리아 권역, 리시마코스의 소아시아−트라키아 권역, 카산드로스의 마케도니아, 프톨레마이오스의 이집트−페니키아−팔레스타인 권역으로 나누어진 후 결국 모두 로마에 예속되었죠.

06 로마의 성장과 군사대국을 향한 진검승부

이탈리아 반도의 주인

▲ 베르길리우스의 《아이네이스》 1권 디도의 죽음

세계사적으로 중요한 역할을 담당한 로마가 서서히 움직이기 시작했습니다. 로마인들은 자신들의 나라가 세계적 보편성을 가진다고 생각하여 세계 통치를 로마판 《용비어천가》에 해당하는 베르길리우스의 《아이네이스》를 통해서 이를 합리화하였습니다. 기원전 2000년경 청동기문화를 가진 인도−유럽계 민족은 중부 유럽 또는 다뉴브를 거쳐서 이탈리아 반도로 이동하였습니다. 제2차 이동은 기원전 1100년부터 1000년 사이에 철기문화를 가진 민족이 다뉴브강 유역을 거쳐 이탈리아 반도에 들어와 계속 남하한 것입니다. 그 일파인 라틴족이 티베르강 남쪽 연안에 정착, 도시국가 로마를 건설하게 되었는데요. 이어 제3차 이동은 기원전 10세기를 전후해서 일어났습니다. 지중해 동부 해안 지대에서 이동한 에트루리아인들이 토스카나 지방과 움브리아주 일대에 이르는 중부 이탈리아 북서부까지 점령하여 막강한 세력으로 라티움 일대를 지배했습니다.

왕정으로 시작된 라티움의 로마, 시민권 강화

로마시의 발상지는 티베르강 남쪽 저지대인 라티움으로 알려져 있습니다. 초기의 로마는 일곱 언덕을 중심으로 형성되었고 발전 속도도 점진적이었으나 인구가 증가하고 사회계급이 분화되자 본격적인 왕정이 시작되었습니다. 왕(Rex)은 신정일치의 최고 권한을 가진 존재로서 군사 · 사법 · 종교의 세 가지 권한을 가지고 있었는데, 전시에는 비상조치권을 가지고 있으나 평상시에는 관습법의 제약을 받고 있었습니다. 또한 약 300여 명의 귀족들로 구성된 원로원(Senatus)은 왕의 위법을 가려내어 탄핵하거나 처벌할 수 있었습니다. 당시에는 전쟁 등에 대한 인준 또는 거부권을 가지고 있었던 로마 시민회(Populus Romanus)가 있었지만, 시민회의 결정사항은 원로원에 의해서 거부될 수 있었기 때문에 시민의 의견은 얼마든지 무력화될 수 있었습니다. 또한 원로원은 각자 개인이 독립된 표결권을 가지고 있는 반면, 시민회의는 구성원 전체의 의견을 모아 최종안을 도출해야 했습니다. 이는 성인 남자라면 각 개인이 표결권을 가지고 있었던 그리스의 경우와 비교되는 차이점이죠.

귀족과 평민(시민)들이 이민족 지배자인 에트루리아 왕을 몰아내고 공화제(Res Publica Romana)를 세웠지만 2세기 동안 평민과 귀족 사이의 알력은 깊어져 갔습니다. 시민들이 의무에 합당한 권리를 강력하게 주장하자, 로마의 팽창 과정에서 시민들의 협조가 절대적이었던 귀족들은 타협안을 제시하였죠. 이로써 '평민회'와 '호민관제도'가 생겨나게 되었습니다. 그러나 기득권을 지키고자 하는 귀족들의 반발도 만만치 않았기 때문에 시민과 귀족 간의 갈등은 계속되었습니다. 시민들이 법적 지위 향상을 주장해 기원전 449년 로마 최초의 성문법인 '12표법'이 공포되었으며, 기원전 367년에는 '리키니우스-섹티우스법(Lex Liciniae-sextiae)'이 나왔습니다. 법안의 주요 골자는 그동안 귀족들이 독점해오던 집정관직을 일반시민에게 도 개방하여 1명의 집정관이 평민 가운데 선출될 수 있도록 규정하고, 그밖에 여러 가지 단계를 통해서 시민의 법적 지위 향상을 이루는 것이었습니다. 특히 평민에 대한 신관직 개방과 공직 취임권의 개방은 로마인들의 신분 향상을 위한 건전한 노력을 유도하였는데, 이것이 바로 로마의 힘이 되었습니다.

반도가 비좁은 로마

로마인들에게 있어서 지중해는 정원의 연못과도 같았습니다. 로마는 개국 초기에 주변의 여러 부족과 싸우고 그들을 지배하고 있었던 에트루리아인의 손아귀에서 벗어나려는 노력을 기울이면서 본격적인 로마 건국에 착수하였고, 그 후 5세기에 걸쳐서 지중해 세계를 지배하였죠. 이와 같은 로마인의 저력은 과연 무엇이었을까요? 앞에서 이야기한 신분상승을 향한 노력 이외의 이유로는 먼저, 로마가 전통적인 농업국이었다는 점을 들 수 있습니다. 즉, 농사를 짓는 농부였으므로 그들에게 땅을 빼앗긴다는 것은 바로 죽음을 의미하는 것이었기에 나라가 위기에 빠지면 죽기 아니면 까무러치기로 중무장 보병으로 활약했던 것이죠. 더욱이 기원전 3세기 전반에 여러 가지 조치에 의해서 법률상 귀족과 평등한 신분이 됨으로써 권리와 함께 국가보위 책임에 능동적 자세로 임할 여건이 조성되었습니다. 전쟁 자체가 바로 나를 위한 것이라는 국민적 공감대를 형성하기에 충분했던 것입니다.

그렇다면 로마인들이 그 넓은 영토를 확장하고 별 무리 없이 통치할 수 있었던 비결은 무엇일까요? 그것은 바로 '분할통치'에 있었습니다. 점령지의 주민들에게 로마 시민권을 미끼로 던져 주민을 분열시키는 한편, 점령한 도시를 불공평하게 다룸으로써 단결을 저해했던 것입니다. 예를 들어 유대인의 경우에는 로마의 속박으로부터 벗어나기 위해 무장투쟁을 벌이는 열혈당원이 있는가 하면, 로마 시민권을 가진 유대인도 많았습니다.

군사대국을 향한 진검승부

로마가 이탈리아 반도를 통일하고 지중해로 본격적인 진출을 시작하자, 카르타고가 잔뜩 긴장하기 시작했습니다. 당시 카르타고는 페니키아 본국이 기원전 6세기 초에 아시리아와 리디아의 협공을 받아 멸망한 후에도 오랫동안 지중해를 무대로 상업과 무역에 종사하면서 세력을 확대하고 있다가 정면으로 로마와 마주치게 된 것입니다. 로마의 대 서사시인 베르길리우스는 《아이네이스》에서 카르타고를 일컬어 '위대한 민족의 적이 될 운명을 가진 나라'라 하였는데 그의 작품이 포에니 전쟁보다 일찍 나왔으면 노스트라다무스의 예언보다 더 유명했을지도 모릅니다.

▲ 프랑스 파리 루브르
박물관의 한니발 석상

반도가 좁다는 로마와 지중해를 주름잡는 카르타고는 공존할 수 없어 3차에 걸친 정면충돌이 벌어졌죠. 특히 제2차 포에니 전쟁(기원전 218~201년)은 카르타고의 선제공격으로 시작되었습니다. 카르타고의 명장 한니발이 알프스산을 넘어 로마 본토를 기습하여 칸네 전투 등에서 승리를 거두었으나 보급물자 때문에 많은 어려움을 겪었습니다. 하지만 무려 16년간을 이탈리아에 머물면서 로마시를 제외한 거의 모든 지역이 황폐화되어 로마의 중소농민들이 몰락하고 말았는데요. 제2차 전쟁은 결국 로마의 사정을 급변시키는 결과를 낳았습니다. 카르타고에게는 치명적인 상처를 남긴 반면, 로마에게는 이탈리아 반도를 넘어 이스파니아(스페인) 및 북아프리카 연안에 이르는 지중해 세계를 지배하는 계기가 되었다는 긍정적인 성과를 주었습니다. 그러나 농토의 황폐는 로마 민주정의 근본을 이루고 있었던 중소농민의 몰락을 초래하여 공화정의 위기를 가져왔죠. 총 세 차례에 걸친 전쟁을 통해 로마는 지중해를 로마의 호수로 삼고 계속 정복사업을 추진하여 기원전 146년에는 마케도니아, 기원전 64년에는 시리아 등을 정복하여 차례로 헬레니즘 국가를 멸망시켜 속주로 편입시켰습니다. 마지막 남은 것은 프톨레마이오스 왕조의 이집트였으나, 이 역시 곧 로마에 예속되고 말았습니다.

07 로마제국의 쇠망과 기독교의 탄생

골병드는 로마제국

초대 황제 아우구스투스의 사후, 로마는 다사다난한 시기를 보내고 있었습니다. 예루살렘을 멸망시킨 티투스가 제위에 오른 그 해에 폼페이를 매몰시킨 베수비오 화산이 폭발하는가 하면, 이듬해에는 역병이 돌고 로마에 대화재가 발생하는 등 민심마저 흉흉하였죠. 로마제국은 제정 초기만 해도 상업과 무역이 번성하여 통상의 범위가 동으로는 인도와 중국, 서로는 브리타니아(영국)까지 이르렀었습니다. 이미 전한시대에 중국의 무제가 장건을 로마로 파견하고, 제정시대에는 마르쿠스 아우렐리우스 황제의 사신이 해로를 통해 중국에 파견되어 기원후 166년 뤄양에서 후한 제11대 황제를 알현하는 등 중국과의 교역도 이루어졌죠.

▲ 로마의 원형경기장 콜로세움

그러나 이미 로마는 곪아 있었습니다. 티투스는 현재 로마시에 있는 원형경기장 콜로세움을 완공시켰으나 집권 기간 동안 자연재해로 인한 이재민 구호에 정신이 없어 황제 노릇을 어떻게 했는지 정신을 차리지 못할 지경이었고, 그의 동생인 도미티아누스 황제는 엄격한 입법과 행정으로 국가의 기강을 바로 잡았으나 황제의 신성(神性)을 강조하여 황제숭배를 거부하는 그리스도교를 무자비하게 탄압하다가 측근의 배반으로 암살을 당했죠. 이로써 다음 황제인 네르바에서 마르쿠스 아우렐리우스까지의 오현제(五賢帝)시대가 열리게 되었는데 오현제 가운데 마지막 황제이며 〈명상록〉으로 유명한 마르쿠스 아우렐리우스의 치세 말기부터 제국에 먹구름이 드리워졌습니다. 한나라의 무제가 흉노를 치자 민족 이동의 도미노 현상이 벌어졌고, 흉노족에게 밀린 게르만족이 로마제국 영토 내로 들어오기 시작하면서 변방 수비군이 차츰 게르만 용병으로 채워지게 되었습니다. 게다가 마르쿠스 아우렐리우스 황제가 죽고 그의 아들 콤모두스가 제위에 올랐으나 폭군적인 기질 때문에 원로원에 매수된 검투사에게 암살을 당했습니다. 이로써 제국은 한동안 무정부 상태가 계속되어 군인들에 의해서 황제의 선출과 폐위가 거듭되는 병영황제시대를 맞이하게 되었습니다. 약 50년 사이에 26명이나 되는 황제가 폐위되면서 중앙권력의 약화가 가속화되었죠.

제국의 난맥상

병영황제시대의 혼란은 디오클레티아누스(재위 284~305)의 즉위로 일단락되었으나 이미 제국은 치명적 상처를 입고 말았습니다. 그는 과감한 정책을 통해 정치와 경제, 국경경비에 주력하는 한편 원로원의 기능을 로마 시의회 정도로 대폭 축소시키고 스스로 태양신을 자칭하는 등 전제 군주적 황제권을 강화하였죠. 이후 그리스도교를 공인한 콘스탄티누스 1세가 전제 군주제를 확립하는 과정에서 신분제를 강화한다는 것이 그만 직업선택의 자유를 제한하는 결과를 초래했고, 이는 제국 붕괴의 원인 중 하나가 되었습니다. 전통적 로마의 힘인 시민의 자유가 상실되었다는 것은 바로 '로마다운 정신'을 잃었다는 것입니다. 더욱이 황제가 제국의 수도를 자신의 이름을 딴 콘스탄티노플로 이전한 것은 이후 제국의 동·서 분열로 이어지게 되었습니다.

공룡이 멸종한 이유 가운데 하나는 먹이가 현실적으로 한정되어 있음에도 불구하고 너무 덩치가 크기 때문에 많은 먹이가 필요했다는 점인데요. 거대해진 로마제국도 마찬가지였습니다. 제국 운영을 위한 유지비가 많이 필요하게 되었고 도시에 중과세를 부과할 수밖에 없었습니다. 물건을 많이 팔면 팔수록 세금을 많이 거두어 가는 상황에서 상인들의 의욕은 떨어질 수밖에 없었고 자연히 상업의 쇠퇴를 가져왔죠. 또한 로마제정시대가 열리고 정복사업이 중단되자, 일할 노예가 부족해져 노예 노동이 주가 되는 산업은 자연적으로 쇠퇴하였습니다.

로마제국과 예수

그리스도교는 로마제국이 멸망한 이후에도 유럽의 전통을 계승·유지하게 되었습니다. 원래 오리엔트에서 시작된 그리스도교는 현실주의적 가치관과 사고방식, 도덕적 질서를 거부함으로써 로마의 정치구조와 충돌하였으나 종교적인 순수성과 세계성은 로마사회에서 강인한 생명력을 얻게 되었죠. 물론 예수가 창시한 그리스도교는 그 뿌리를 유대교에 두고 있기 때문에 두 종교는 많은 점에서 같지만 또 여러 면에서 다릅니다. 그리스도교는 유대교의 경전인 구약성서와, 예수와 그의 제자들의 기록인 신약성서를 경전으로 삼고 있으며, 유대교의 배타적 구원관과는 달리 구원의 전면개방과 세계화를 표방하였습니다.

기원전 약 250년 동안 유대인은 거의 기적적으로 페르시아의 지배에서 벗어나 70여 년 동안 유다 마카베오와 그 후계자들이 독립정부를 유지하면서 그리스계 왕인 안티오코스 에피파네스의 탄압에 항거하여 예루살렘을 중심으로 결속을 다지고 있었는데요. 그 후 로마가 헬레니즘 국가를 정복하고 계속 세력을 확장하자 유대인들은 필사적으로 저항하였지만 결국 폼페이우스의 로마군단에게 패배하고 말았습니다. 특히 아우구스투스는 무자비한 진압을 통해서 3만여 명에 이르는 유대인들을 노예로 만들고 이들을 시리아 총독의 위임통치를 받는 2급 속주로 전락시켜 버렸는데, 이러한 역사적 사건을 배경으로 민중들 사이에서는 영웅 탄생(메시아)에 대한 열망이 고조되고 있었습니다.

신약성서에 따르면 예수는 베들레헴이라는 작은 마을에서 태어났으며 팔레스타인 갈릴레아 지방 나사렛에서 30여 년을 지내다가 요르단강에서 요한에게 세례를 받고 본격적으로 복음전파 활동에 나섰습니다. 기원후 30년경 예수가 예루살렘에 입성하였을 때 이스라엘 민중들은 그를 열광적으로 환영했죠. 당시 로마제국의 통치하에 있었던 유대인들은 예수를 통해서 이스라엘을 재건하려 했기 때문입니다. 그러나 예수는 모든 인류를 구원하기 위한 하늘나라 건설에 주된 목적이 있다면서 물리적 혁명을 거부하였습니다. 마태복음에 따르면 예수는 구약의 모든 약속을 실현하는 메시아였지만 당대 사람들은 자신들을 로마의 지배에서 벗어나게 해주는 '해방자'로서의 정치적 왕만을 기대했습니다. 이 때문에 사람들은 예수에게 실망한 나머지 '십자가형에 처하라'고 외쳐댔습니다. 결국 예수는 신성모독 및 군중선동 등의 죄목으로 십자가형에 처해졌는데, 십자가에는 INRI(유대인의 왕, 나사렛 예수 : Iesus Nazarenus Rex Iudaeorum)라는 팻말이 붙어 있었죠. 결론적으로 예수의 등장은 로마와 그리스 지역에서 숭배되고 있던 전통 종교에 대한 강력한 도전이었습니다.

정치 · 법률

제7공화국, 올 수 있을까?

헌법은 국가의 기틀을 다지는 법으로 우리나라에서는 모든 법의 위에 존재하는 최고(最高)의 규범으로 인식됩니다. 우리나라에 헌법은 1948년 7월 17일 '제헌(制憲)'을 하면서 생겼습니다. 일제에서 해방된 우리나라는 1948년 5월 10일 UN 관리 하에 총선거를 실시하여 제헌국회 의원을 선출했고 이들이 두 달의 과정을 거쳐 나라의 기틀이 되는 헌법을 만들어낸 것이죠.

헌법(현행)에는 우리나라의 기틀이 담겨 있습니다. 우선 대한민국이 어떤 국가인지를 다루는 정체성(1장)과 국민의 권리·의무(2장)를 담고 있습니다. 그 다음으로 국가의 권력 기관인 국회(3장), 정부(4장), 법원(5장)의 설립 근거와 역할을 알려줍니다. 그리고 이를 보조하는 기관인 헌법재판소(6장)와 선거관리기관(7장)의 설립 근거와 역할도 알려줍니다. 이어서 대한민국의 지방자치(8장)와 경제(9장)에 대한 가치관을 규정하고 마지막으로 헌법의 개정(10장)에 대해 설명합니다.

헌법 개정 절차는 우선 충분한 사회적 논의를 거친 후 '개헌 제안'으로 공식적인 첫 걸음을 시작합니다. 현행 헌법상 개헌 제안은 국회 재적 의원 과반수 또는 대통령 발의로 가능합니다. 그 다음 단계인 국회 의결에서는 재적 의원 2/3 이상의 찬성이 필요합니다. 국회 의결일로부터 30일 이내에 국민투표를 실시합니다. 유권자는 국회의원 투표권자와 동일하며, 유권자 과반수의 투표, 투표자 과반수의 찬성으로 개헌안이 최종 통과됩니다. 개헌은 입법 유예기간을 두지 않으며 투표 결과가 나오면 대통령은 즉시 이를 공표하고 개정된 헌법은 발효됩니다.

현재 우리나라는 제6공화국 상태로, 이는 국가 체제와 정부수립 방식이 제헌 후 5번 변화했다는 것을 뜻합니다. 헌정사상 개헌은 여러 차례 있었지만 공화국 명칭의 카운트는 정부수립 방식이 변화할 때에만 이루어졌는데요. 새로운 개헌 논의는 무엇보다 정부 형태의 변화에 초점이 맞춰진 만큼 제7공화국으로 바뀔 확률이 큽니다.

법을 만드는 국회, 올해도 헌법을 위반했다

내년도 정부 예산안 심의가 끝나가고 있으나 언제 의결될지 알 수 없다. 여야의 줄다리기와 특검 등 각종 정치적 현안과 맞물려 있기 때문이다. 그 어느 때보다 비타협적인 여당과 총선을 의식해서 어찌됐든 예산의 판을 바꾸어 보려는 야당의 상황이 타협을 어렵게 하는 이유다. 하지만 **헌법**상 예산의 의결 즉 심의확정은 회계연도 개시일 30일 전인 12월 2일이다. 헌법 제54조와 국회법 제84조의2에 규정되어 있다. 하지만 이날까지 예산이 통과되기 어렵다. 이는 법을 만드는 국회가 헌법도 어기게 되는 셈이다. 하지만 아무도 이 문제를 심각하게 여기고 있지 않은 것 같다. 이미 전례를 봐도 알 수 있다. 2004년도부터 20년 동안 12월 2일에 예산안이 확정 통과된 것은 2015년과 2021년 예산에 불과하다. 둘 다 대통령 선거가 있기 직전 해였다. 대선준비로 국회에 있기 어려웠기 때문으로 보인다. 나머지는 항상 헌법시한을 어겨왔고, 2013년과 2014년 예산안은 해를 넘겨 1월 1일에 통과되기도 했다.

출처 : 오마이뉴스/일부인용

상식UP! Quiz

문제 다음 중 개헌 과정에서 필요없는 절차는 무엇인가?

① 발의   ② 국회 의결
③ 국민투표   ④ 헌법재판소 판결

해설 개헌은 국회 혹은 대통령의 발의와 국회 의결 절차를 거쳐 국민투표로 결정된다. 헌법재판소의 판결은 개헌 과정에서 필요하지 않다.

답 ④

4년이냐, 8년이냐

대통령 임기 제도에는 단임제, 연임제, 중임제가 있습니다. 단임제는 한 사람이 한 번만 집권하는 것이고, 연임제는 연속으로 대통령직을 수행할 수 있는 제도죠. 중임제는 연속이든 아니든 두 번 이상 집권하는 제도입니다. 중임제는 연임제를 포함하는 개념이죠.

우리나라는 1987년 6월 항쟁 이후 9차 개헌을 통해 대통령을 직선제로 뽑게 됐고, 그 임기를 5년 임기의 단임제로 결정했습니다. 이는 오랜 군사독재정권으로 꺾인 민주주의를 바로 세우기 위한 국민투쟁의 결실이었죠. 당시에 대통령 임기를 5년 단임제로 정한 것은 그동안의 독재 콤플렉스의 영향이 컸습니다. 단임제 하에서는 대통령의 장기집권을 막을 수 있고, 연임에 대한 부담이 없기 때문에 대통령이 자신만의 정책을 힘 있게 추진할 수 있습니다.

다만 단임제에서는 대통령의 권한이 막강해지는 제왕적 정치가 행해질 가능성이 있습니다. 또 5년이 지나면 정권이 바뀌다보니 장기적 안목을 갖고 정책을 펼치기 쉽지 않죠. 정책기조가 정권마다 뒤집혀 일관성과 지속성이 흐려질 공산이 큽니다. 이러다보니 정치권에서는 대통령직을 4년 중임제로 바꾸자는 이야기가 계속해서 나오고 있습니다. 최근 제22대 국회에 들어서는 우원식 국회의장이 윤석열 대통령에게 중임제로의 개헌논의를 공식적으로 제안하기도 했죠. 4년 중임제에서는 4년마다 대통령의 재신임 여부가 가려지게 됩니다. 아울러 4년 주기의 국회의원 · 지방선거가 동시에 치러질 수 있어 정부의 중간평가가 제대로 이뤄집니다. 정책기조도 더 오래 유지돼 국정의 혼란을 방지할 수 있습니다.

물론 연임에 실패하면 정책기조가 4년마다 뒤바뀌는 불상사가 있어날 수 있습니다. 대통령도 연임을 신경쓰다보니 자기 정책을 소신껏 강력하게 추진하기 어렵겠죠. 무엇보다 중임제에는 장기집권 우려라는 큰 어둠이 존재합니다. 대표적으로 푸틴 러시아 대통령은 러시아 헌법의 중임제 관련 조항을 여러 번 고쳐 종신집권을 누리게 됐고, 에르도안 튀르키예 대통령도 중임제로 장기집권의 길을 열었습니다. 이렇듯 중임제에서는 대통령이 장기집권을 노리고 여론을 의식한 포퓰리즘 정책을 남발한다든지, 연임에 유리하도록 개헌을 시도하기도 합니다.

🔍 **정치** · 경제 · 사회 · 국제 · 문화 · 미디어 · 과학 · IT · 스포츠

우 의장 "4년 중임제 개헌, 지금이 적기"

우원식 국회의장은 관훈클럽 초청토론회에서 "내가 의장을 맡은 지금이 개헌 적기다. 원 구성이 되는 대로 개헌특위를 구성하겠다"고 밝혔다. 우 의장은 "개헌 필요성에 충분한 사회적 공감대가 있다. 그중 하나가 현행 헌법에 규정된 5년 단임 대통령제에 대한 문제인식"이라며 "5년 단임제가 가진 갈등요소를 없애고 정치적 극한대치의 고리를 끊어야 한다"고 주장했다. 이어 "4년 **중임제**가 되면 대통령도 중간평가를 받아야 해 국민 뜻을 잘 살피게 될 것"이라고 설명했다. 우 의장은 또 "과반의 지지를 받는 정통성 있는 대통령을 위해 결선투표제도 개헌안에 포함돼야 한다"고 말했다. 우 의장은 "중요한 것은 대통령이 개헌 필요성을 얼마나 느끼느냐. 대통령의 결단이 중요하다"며 "이 문제와 관련해 대통령을 직접 만나 충분히 대화하고 토론할 용의가 있다"고 말했다.

출처 : 연합뉴스/일부인용

상식UP! Quiz

문제 우리나라 대통령의 5년 단임제가 정착된 것은 1987년 9차 개헌을 통해서다.

해설 대통령 5년 단임제는 1987년 6월 항쟁 후 실시된 9차 개헌을 통해 시행됐다.

답 ○

다시 긴장감이 감도는 한반도

분단 이후 우리나라와 북한과의 관계는 갈등과 대화가 반복돼왔습니다. 다만 북한 측은 우리의 우호적인 자세에 호응하는 척하면서도 때때로 군사적 도발을 일으켰는데요. 그런 식으로 긴장감을 높여 자신들의 존재감을 부각하고 원하는 것을 얻으려 했죠.

2017년 출범한 문재인정부는 북한과의 관계개선에 노력을 기울였습니다. 2018년에는 세 차례나 남북정상회담을 성사시키며 화제를 모았는데요. 4월 27일 열린 1차 회담에서는 문재인 대통령이 김정은 국무위원장과 손을 잡고 판문점 콘크리트 경계석을 넘나드는 장면이 생중계되기도 했죠. 이 회담에서 6 · 25전쟁의 종전과 한반도의 완전한 비핵화 목표를 확인하는 '판문점 선언'이 채택됐습니다. 그리고 이 선언을 바탕으로 3차 회담에서 '9 · 19남북군사합의'가 이뤄집니다. 남북이 지상과 해상, 공중에서 군사적 충돌의 근원이 되는 일체의 적대행위를 전면 중지하기로 했죠. 비무장지대(DMZ)에 위치한 최전방 경계초소인 'GP(Guard Post)'에서도 병력이 철수했습니다. 경색됐던 남북관계도 비로소 온풍이 부는가 싶었는데요.

그러나 이후 성사된 북미정상회담이 별 성과 없이 끝나면서 분위기가 달라졌습니다. 대남관계 회복을 발판으로 미국을 통해 국제사회의 제재를 풀고 정상국가로 데뷔하고자 했던 북한은 목표달성에 실패했죠. 북한은 이에 불만을 표시하며 도발을 재개했습니다. 미사일을 발사하고, 대북전단(삐라) 살포를 구실로 남북공동연락사무소를 무단으로 폭파시키는 등 군사합의를 흐트러뜨렸죠. 강경한 안보정책을 펴는 윤석열정부에 들어서도 NLL 이남에 연이어 탄도미사일을 발사하는 등 수위 높은 도발을 이어갔습니다. 또 한미일 안보 공조를 강화하려는 우리정부 기조에 대응해, 북한도 전통적 우방인 중국, 러시아와 더 강한 결속을 시도했는데요.

군사합의 위반이 지속되면서 사실상 합의가 유명무실한 것은 아니냐는 평가도 나왔습니다. 결국 2023년 11월 북한이 군사정찰위성을 발사하자, 정부는 합의 일부 조항의 효력을 정지하기에 이릅니다. 그러자 북한은 합의 파기를 선언했고, 남북관계는 다시 2018년 이전으로 완전히 돌아갔죠. 북한 측 GP에 무기와 병력이 투입되자, 우리정부도 GP를 복원하겠다고 밝혔는데요. 한미일과 북중러의 대립구도가 한층 날카로워지면서, 한반도를 넘어 국제사회의 긴장감도 덩달아 고조됐습니다. 2024년 6월에는 정부가 북한의 대남 오물풍선 살포에 대응해 모든 합의 조항의 효력을 정지하고 6년만에 대북 확성기 방송을 재개하기도 했습니다.

🔍 **정치 · 경제 · 사회 · 국제 · 문화 · 미디어 · 과학 · IT · 스포츠**   ⬆ 🗩 ₂가 🖶

국힘, 北 오물풍선 피해 보상법 만든다

추경호 국민의힘 원내대표가 북한의 오물풍선 살포 사태와 관련해 "피해보상의 법적근거 마련을 위한 민방위 기본법 개정을 추진하겠다"고 밝혔다. 현행법 상 북한의 오물풍선 살포 같은 도발로 차량파손 등 피해가 발생하더라도 보상을 받을 수 없다는 점을 고려한 것이다. 추 원내대표는 대통령실이 남북간 상호신뢰가 회복될 때까지 **9 · 19남북군사합의** 전체효력을 정지하기로 결정한 것에 대해 "북한의 오물풍선 살포와 GPS 공격에 대한 불가피한 대응조치로 우리 국민의 안전을 지키기 위한 것"이라고 설명했다. 아울러 "민주당을 비롯한 야당은 북한의 오물풍선에 대한 책임을 정부 탓으로 돌리는데, 합의조항 효력정지에 대해서도 평화를 위협하는 조치라고 강변한다"며 "야당 논리대로라면 북한이 무슨 도발을 해도 조용히 받아들이고 가만히 있으라는 얘기"라며 "국민의 안전에 위협이 오면 즉시 대응하는 것이 제대로 된 정부"라고 강조했다.

출처 : 파이낸셜뉴스/일부인용

상식UP! Quiz

문제 9 · 19남북군사합의는 남북정상의 10 · 4공동선언을 통해 체결됐다.   ○ / ✕

해설 9 · 19남북군사합의는 판문점 선언의 내용을 바탕으로 하며, 2018년 9월 평양공동선언을 통해 체결됐다.

답 ✕

004 입법

권한보다 더 큰 국회의 의무

법치주의 국가에서 입법은 국가시스템을 움직이는 톱니바퀴를 만들고 다듬는 중대한 과정입니다. 법은 국민의 기본적인 생활규범을 규정할 뿐 아니라, 국가공무원의 행위에 공식적인 의미를 부여하고, 국가기관을 구성·설립하는 기본원칙이 됩니다. 입법은 크게 두 가지 경로로 이뤄지는데요. 소속정당과 상관없이 국회의원 10명 이상이 모여 법안을 발의할 수도 있고, 정부에서 직접 국무회의 의결을 거쳐 법안을 국회에 제출할 수도 있습니다. 그리고 입법은 국민의 청원으로도 성사될 수 있습니다. '국민동의청원'을 통해 국민이 어떠한 법을 만들어달라고 청원하고, 이것이 5만명 이상의 국민에게 동의를 받으면 국회에서는 이를 심의해야 합니다.

입법은 크게 '입안-발의-심의-의결(결정)-공포-발효'의 과정으로 진행됩니다. 법안을 내는 것도 중요하지만 역시 가장 비중 있는 것은 법안을 심의하는 절차입니다. 국회에는 법안을 심의하는 기관인 상임위원회(상임위)가 분야별로 나뉘어 있죠. 이곳에 소속된 국회의원들이 치열하게 토론하고 공방을 펼치며 법안 내용에 문제가 없는지, 이 법이 과연 국가발전과 국민생활에 도움이 될지 심사합니다.

심사를 통과한 법안은 상임위 중 하나인 법제사법위원회(법사위)로 올라갑니다. 법사위는 법안의 체계·형식과 자구의 대한 심사를 맡습니다. 체계·자구 심사란 '법안이 헌법에 벗어나지 않고 다른 관련법과 내용상 충돌하지는 않는지(체계)', '법안에 적힌 문구가 적정한지(자구)' 따지는 것이죠. 법안이 본회의에 갈지 말지를 결정하는 법사위의 권한은 매우 막강합니다. 그래서 여당·야당은 이 법사위의 위원장 자리를 두고 갈등을 빚기도 하는데요. 법안이 법사위를 넘어서면 마지막 고비인 국회 본회의로 넘어가 의원들의 투표로 통과여부가 결정됩니다.

꼭 필요한 법안이 모두 순탄하게 제정되면 좋겠지만 항상 그렇지는 않습니다. 여론의 공감대가 충분하고 여야도 정치적으로 합의된 지점이 있다면 비교적 수월하게 제정될 수 있지만, 여야가 첨예하게 대립하는 법안이라면 난항을 겪게 됩니다. 여야는 각자 정치적 셈법을 따져 당론으로 정한 법안을 제정하기 위해 애쓰곤 하는데, 그 과정에서 정쟁이 일어나죠.

지난 제21대 국회에서는 이러한 정쟁이 매우 심했는데요. 정쟁에 밀려 상임위에서 미처리(계류)되다가 폐기된 법안만 1만 6,000건이 넘었습니다. 때문에 2024년 5월 국회가 문을 닫자 '일하지 않는 국회', '빈손국회'였다는 비판이 쏟아졌습니다. 입법은 국회의 대표적 권한이기도 하지만 동시에 가장 중대한 책무입니다. 여야 갈등 때문에 국민에게 꼭 필요한 법안이 뒷전으로 밀리는 일은 없어야 할 것입니다.

🔍 **정치** · 경제 · 사회 · 국제 · 문화 · 미디어 · 과학 · IT · 스포츠   ⬆ 🗩 가 🖨

野 입법 독주, 與 24시간 필리버스터 … '정치실종' 여의도

더불어민주당이 본회의를 열고 '방송 4법', '노란봉투법', '전국민 25만원 지원법' 등 6개 쟁점법안을 통과시키겠다고 압박하자, **입법**을 저지하려는 국민의힘은 '일주일 필리버스터'를 위한 채비에 나섰다. 22대 국회 들어 극한대치가 일상화되면서 '협상'으로 대표되는 '여의도 정치'가 지워지는 모습이다. 이렇듯 채상병 특검법에 이어 한 달도 되지 않아 또다시 필리버스터가 가시화되면서, 국회 안팎에선 필리버스터가 일상화될 것이란 우려가 나왔다. 이미 22대 국회는 헌정사상 처음으로 개원식 없이 국회가 열리면서 '식물국회'라는 타이틀을 얻었다. 전문가들은 대장동 · 명품백 · 해병대원 외압 등 각종 의혹으로 여야가 평행선을 달릴 수밖에 없는 상황에서, 각종 갈등을 사법적 절차로 해결하려는 '정치의 사법화'까지 가속화되고 있어 점차 협상이 어려워지고 있다고 지적했다.

출처 : 뉴스1/일부인용

상식UP! Quiz

문제 **국회 법제사법위원회에서는 법안의 체계 · 자구를 심사한다.**   ○ / ×

해설 법제사법위원회는 법안이 다른 관련법과 내용상 충돌하지는 않는지(체계), 법안에 적힌 문구가 적정한지(자구) 심사한다.

답 ○

대통령과 정부의 강력한 정쟁수단

우리는 미디어에서 여야 정치인들이 싸우는 모습을 흔히 봅니다. 이러한 정쟁 때문에 정치 자체를 혐오하는 사람들도 많은데요. 여야가 협력하지 못하고 갈려 싸우는 이유에는 여러 가지가 있지만, 대개 서로의 정치적 논리와 이득 때문이죠. 국회는 입법기관이기 때문에 보통 입법하거나 법을 개정하는 과정에서 갈등이 잦습니다. 앞서도 이야기했지만 서로 자당에 정치적으로 유리하거나 민감한 법안을 입법하고 심의할 때 자주 다투죠. 여야는 자당의 정치이념을 관철하거나 자당의 지지세를 유지하고 결집하기 위해, 또는 공약을 지키기 위해 입법을 합니다.

그런데 21~22대 국회 같이 여당보다 야당 의석이 많은 '여소야대' 형국에서는 야당이 의석수에 힘입어 자신들의 법안을 밀어붙이는 경우가 있습니다. 여당 입장에선 이를 막아야 하지만 법안이 국회 본회의에 회부되면 사실상 막을 방법이 없죠. 표결로 의결된 법안은 이제 대통령의 재가를 기다리게 됩니다. 그런데 최종적으로 대통령이 이 법안을 막을 방법이 하나 있습니다. 바로 '법률안 재의요구권'이죠.

법률안 재의요구권은 대통령의 고유권한으로 법률안 거부권이라고도 불립니다. 대통령이 국회에서 의결한 법률안을 거부할 수 있는 권리입니다. 한마디로 "국회가 의결한 이 법률안에는 문제가 있으니 다시 논의하라"는 것이죠. 법률안에 대해 국회와 정부 간 대립이 있을 때 정부가 대응할 수 있는 강력한 수단입니다. 대통령은 15일 내에 법률안에 이의서를 붙여 국회로 돌려보내야 하는데요. 국회로 돌아온 법률안은 재의결해서 재적의원 과반수 출석과 3분의 2 이상이 찬성해야 확정됩니다. 더 엄격한 조건 때문에 국회로 돌아온 법안은 결국 폐기되기 십상입니다. 다만 대통령은 이 거부권을 법률안이 아닌 예산안에는 행사할 수 없죠.

재의요구권은 사실 좀처럼 발동되지 않습니다. 왜냐하면 정부·여당과 야당의 갈등이 심해질 수 있기 때문입니다. 정치적 논리 때문에 꼭 필요한 법안까지 무조건 거부해버린다면, 여야 간에 협치는 실종되고 맙니다. 더욱이 그 법안이 민생을 위한 것이라면 결국 국민이 정쟁의 희생양이 되고 마는 것이죠.

중견기업계 "노란봉투법, 활력 쇠락시킬 결정적 방아쇠"

일명 '노란봉투법'으로 불리는 노동조합 및 노동관계조정법 개정안이 국회 본회의를 통과한 가운데 중견기업계가 "산업현장의 활력을 극도로 쇠락시킬 결정적인 방아쇠로 작용할 것"이라고 반발했다. 한국중견기업연합회는 논평을 통해 "기업현장의 실질적인 위기의식에 대한 외면이자, 경제 재도약의 희망마저 꺾어버린 무공감, 무책임의 대표적인 사례로 기록될 것"이라고 전했다. 또한 "노동조합법상 이미 다양한 형사처벌이 가능한 상황에서 책임소재가 모호한 사용자 범위를 과도하게 확대하고, 노조의 과도한 권력행사에 대응할 기업의 저항권을 온전히 박탈한 노란봉투법은 관념적일 뿐인 자본과 노동의 감성적이고 이념적인 분열을 더욱 증폭시킬 것"이라고 내다봤다. 끝으로 "수출을 중심으로 간신히 되살아나고 있는 경제회복의 불씨를 온전히 꺼뜨리지 않도록 기업가 정신의 훼멸을 막아야 한다"면서 윤석열 대통령의 **법률안 재의요구권** 행사를 포함한 대안 마련을 촉구했다.

출처 : 뉴시스/일부인용

상식UP! Quiz

문제 대통령이 국회에서 의결된 법률안을 거부할 때에는 7일 내에 이의서를 붙여 국회로 돌려보내야 한다.

○ / ×

해설 15일 이내에 돌려보내야 한다.

 ×

특히 별일이 생겼을 때

우리나라는 대통령 측근이나 고위공직자 등 국민적 관심이 집중된 대형 비리사건에 있어 검찰 수사의 공정성과 신뢰성 논란이 생길 때마다 특별검사를 도입하여 운용했습니다. 그러나 특별검사제도를 도입하기 위한 근거 법률을 제정하는 과정에서 그 도입 여부 및 특별검사의 수사 대상, 추천권자 등을 둘러싼 여야 간의 갈등이 끊이지 않았습니다. 이를 해결하고자 미리 특별검사제도의 발동 경로와 수사대상, 임명 절차 등을 법률로 제정해 두고 대상 사건이 발생되면 곧바로 특별검사를 임명하여 최대한 공정하고 효율적으로 수사하기 위한 상설특별검사제도를 두게 되었습니다. 도입 근거가 되는 법률은 「특별검사의 임명 등에 관한 법률」이라고 합니다.

주요 내용
- 수사 대상 : 국회가 정치적 중립성과 공정성 등을 이유로 특별검사의 수사가 필요하다고 본회의에서 의결한 사건, 법무부장관이 이해충돌이나 공정성 등을 이유로 특별검사의 수사가 필요하다고 판단한 사건
- 임명 : 대통령이 특별검사후보추천위원회에 2명의 특별검사 후보자 추천을 의뢰하고 추천을 받은 날부터 3일 내에 추천된 후보자 중에서 1명을 특별검사로 임명
- 특별검사 후보 추천위원회 : 위원회는 국회에 두고 위원은 법무부 차관, 법원행정처 차장, 대한변호사협회장, 기타 학식과 덕망이 있고 각계 전문 분야에서 경험이 풍부한 사람으로서 국회에서 추천한 4명 중에서 국회의장이 임명하거나 위촉
- 수사기간 : 준비기간이 만료된 날의 다음 날부터 60일 이내에 담당사건에 대한 수사를 완료하고 공소제기 여부를 결정, 대통령의 승인을 받아 수사기간을 한 차례만 30일까지 연장 가능

최근에 있었던 특별검사 임명 건으로는 2016년의 '박근혜 정부의 최순실 등 민간인에 의한 국정농단 의혹 사건 규명'과 2018년의 '드루킹의 인터넷상 불법 댓글 조작 사건과 관련된 진상규명', 2022년 '성추행 피해 공군 부사관 사망사건 수사'가 있었습니다.

'김건희 여사' 명시된 채상병 특검법 … 어디까지 밝혀낼까

더불어민주당이 두 차례 발의했다가 폐기된 채상병 특검법을 재발의했다. 특검법에는
이종호 전 블랙펄인베스트먼트 대표의 임성근 전 해병대 1사단장 구명 로비 의혹과 관
련해 김건희 여사가 수사대상으로 추가됐다. 수해 실종자 수색 도중 목숨을 잃은 해병
사건이 국회에서 1년 넘게 시간을 끄는 동안 추가제보를 통해 불어난 의혹만큼 밝혀내
야 할 것도 많아진 셈이다. 또 '수사과정에서 인지된 관련사건 및 특별검사 등의 수사에
대한 방해행위' 역시 수사할 수 있도록 규정해 수사범위를 넓혔다. 이 전 대표가 연루된
도이치모터스 주가조작 의혹 사건을 들여다볼 여지가 생긴 것이다. 특검이 20일의 수사
준비기간에도 증거인멸을 막기 위해 증거수집 등 관련수사를 할 수 있도록 한 내용도
추가됐다. 특검 추천권은 민주당 1명 · 비교섭단체 1명씩 갖는 것으로 했다. 한동훈 국민
의힘 대표 등이 제안한 '제3자 추천안'은 반영되지 않았다.

출처 : 시사저널/일부인용

상식UP! Quiz

문제 특별검사제에 관한 설명으로 옳지 않은 것은?
① 특별검사는 법무부장관이 임명한다.
② 국회가 정치적 중립성과 공정성 등을 이유로 특별검사의 수사가 필요하다고 본
   회의에서 의결한 사건은 특별검사의 수사대상이 된다.
③ 특별검사 후보자의 추천을 위하여 특별검사 후보 추천위원회를 구성한다.
④ 최순실 국정농단 사건의 특별검사는 박영수였다.

해설 ① 특별검사는 대통령이 임명한다.

 답 ①

죗값을 다 안 치렀는데 왜 풀어주죠?

3·1절이나 광복절, 성탄절 즈음이 되면 신문에 종종 등장하는 기사가 있습니다. 정부에서 광복절 특사, 성탄절 특사 등 범죄자에 대한 특별사면을 검토한다는 기사죠. 특별사면은 대통령의 고유권한으로 특정 범죄인에 대해 남은 형의 집행을 면제하거나 유죄선고의 효력을 상실시키는 것을 말합니다. 보통 줄여서 '특사'라고도 하는데요. 특별사면은 정부 국무회의의 의결을 거쳐 대통령이 명령해 이루어집니다.

특별사면의 방법에는 가석방 혹은 복역 중인 피고인에게 남은 형기를 면제하는 '잔형집행면제'와 집행유예를 선고받아 유예기간이 지나지 않은 피고인에게 내려지는 '형선고 실효'가 있습니다. 사면에는 일반사면도 있는데 특별사면과 달리 대통령이 사면대상이 되는 범죄의 유형을 지정해 일괄적으로 시행하게 됩니다.

사실 이 특별사면은 이래저래 말이 많습니다. 대통령이 직접 사면 대상을 지정하기 때문에 대개 정치적 목적으로 행해지죠. 국회의 동의도 거치지 않기 때문에 이 특별사면으로 인한 또 다른 정치적 갈등도 종종 벌어집니다. 우리는 수감 중인 정치인들이 특별사면으로 풀려나거나 피선거권이 복권되는 경우를 흔히 볼 수 있습니다. 대통령이 전략적으로 총선 등 선거를 준비하기 위해 여권 인사를 의도적으로 사면하곤 하죠. 또 야권 인사를 사면해 이른바 '국민통합'을 노리는 때도 있습니다. 자신을 지지하지 않는 사람들의 마음을 달랜다는 명목이죠. 또는 경제를 살린다는 명목으로 경제계 총수를 사면해주기도 합니다. 이 같은 조치는 '정경유착'의 시선에서 자유롭지 못하죠.

특별사면의 성격 때문에 이런저런 정치적 논란이 끊이지 않으면서, 이를 제한하거나 차라리 없애버리자는 목소리도 나오고 있습니다. 누구나 '법 앞에 평등하다'는 법치국가로서의 정신에 위배된다는 것이죠. 특정목적으로 이뤄지는 사면권은 결코 남용되지 않아야 하겠습니다.

"사면법 개정, 특별사면권 제한 · 견제가 필요"

민주사회를 위한 변호사모임 권영국 변호사는 대통령의 사면권 제한 필요성을 강조했다. 대한민국 헌법 제79조에서 사면, 감형, 복권은 대통령의 헌법상 권한으로 규정돼있다. 대통령의 사면권은 '일반사면'과 '**특별사면**'이 있으며, 죄의 종류를 정하여 국무회의를 거쳐 국회의 동의를 받아야 하는 일반사면과 달리 특별사면은 법무부 장관이 위원장인 사면심사위원회의 특별사면 적정성 심사를 거쳐 법무부 장관이 이를 대통령에게 상신하고 국무회의를 거쳐 대통령이 재가한다. 대통령의 특별사면권은 그 행사에 대해 아무런 제한이 없어 권한이 남용될 수 있다는 지적과 비판이 꾸준히 제기되고 있다. 대통령의 특별사면권은 불완전한 입법, 공정하지 못한 재판, 자의적인 법집행으로 인한 문제를 해결하기 위해 명맥을 이어왔지만 한편으로 형사법 체계를 무력화하고, 정치적 남용 또는 자의적인 권한 행사 가능성이 늘 위험인자로 작용한다는 지적이다. 권 변호사는 사면법 개정을 통해 특별사면권 행사의 제한 및 견제장치를 마련할 필요가 있다고 강조했다.

출처 : 중기이코노미/일부인용

상식UP! Quiz

문제 **특별사면은 대통령 직권으로 특정 범죄유형을 지정해 실시한다.** `ㅇ / ×`

해설 특별사면은 대통령 직권으로 특정 범죄자를, 일반사면은 특정 범죄유형을 지정해 일괄적으로 실시한다.

 답 ×

더 올바른 선거제도는 무엇?

우리 국회의원 선거에서는 지역구 의원과 전국구인 비례대표 의원을 뽑습니다. 특히 지역구에서는 가장 많은 표를 받은 한 명의 의원을 선출하는데요. 이를 소(小)선거구제라고 합니다. 지역구를 대표하는 한 명의 의원을 선출하니 그만큼 대표성이 높고 의원도 책임감 있게 일을 해야 합니다. 후보수가 적어서 공약을 비교적 정확하게 파악할 수 있고, 이전 공약의 성공여부에 대해서도 알기 쉽습니다. 물론 단점도 있습니다. 후보가 적기 때문에 자칫 선거가 과열될 수 있고, 거대 양당을 제외한 군소정당은 외면받을 가능성이 높죠. 그중에서도 소선거구제의 치명적인 단점은 사표(死票)가 대거 발생한다는 것입니다. 가령 지역구 총선에서 A후보가 11만 표, B후보가 10만표를 얻어 A후보가 당선되었다면, B후보를 찍은 10만표는 사실상 무의미한 것이 됩니다. A후보가 얻은 11만표에 버금가는 숫자임에도 말이죠.

그래서 정치권에서는 지역구당 2~5명의 의원을 뽑는 중·대(中·大)선거구제를 도입하자는 주장이 꾸준히 나왔습니다. 일단 중·대선거구제에서는 지역구의 범위가 넓어집니다. 예를 들어 한 개 도에 10개의 지역구가 있다면 이를 북부와 남부라는 2개의 커다란 지역구로 통합하는 것이죠. 지역구마다 2명에서 많게는 5명의 의원이 선출되기 때문에 유권자 입장에서는 선택의 폭이 넓어집니다. 당선자 선출에 기여하지 못하는 사표도 줄어들죠. 내가 찍은 후보가 선출될 가능성이 높아지면서 유권자의 정치적 효능감도 커지게 됩니다.

물론 반대하는 주장도 있습니다. 일단 유권자의 민의(民意)가 충분히 반영되지 않습니다. 10만, 7만, 5만표를 받은 의원 3명을 득표순으로 뽑았다고 했을 때, 최다득표 의원이든 최저득표 의원이든 같은 권한과 책임을 받게 됩니다. 국민의 지지도에 분명한 차이가 있는데도 말이죠. 또 의원을 많이 뽑다보니 거대양당은 물론 군소정당의 후보들이 선거판에 난립할 수 있습니다. 지역구가 넓어져서 선거를 진행하는 데 비용도 더 들게 되고요.

한편으론 지방인구가 소멸되는 상황에서 지역구를 통합해 선거를 치러야 한다는 현실적인 목소리도 있습니다. 반면 '국회의원이 지금도 300명이나 되는데, 더 뽑는 게 맞나'라는 의견도 있죠. 그러나 선거구제 개편은 그동안 논의만 뜨거웠을 뿐 이뤄지지는 않았는데요. 특히 정치권에서는 정당마다, 또 의원들마다 정치적으로 유리한 선거구를 선호하기 때문에 개편이 쉽지 않습니다. 2~4명을 뽑는 중선거구제냐, 5명 이상을 뽑는 대선거구제냐에 따라 정치적 득실도 달라지죠. 물론 조금이라도 더 효율적이고 시대흐름에 맞는 제도를 정하기 위해 고민이 필요한 것은 맞지만, 이처럼 제도가 정치적 이해관계의 입김을 피할 수 없다는 것은 씁쓸합니다.

정치 · 경제 · 사회 · 국제 · 문화 · 미디어 · 과학 · IT · 스포츠

조국 "대선은 결선투표제로, 총선은 중 · 대선거구제로"

조국 조국혁신당 대표는 대선 결선투표제에 대해 "유권자 의사가 반영될 확률을 더욱 높이는 것"이라며 도입 필요성을 주장했다. 조 대표는 '제22대 국회 정치개혁 과제 토론회' 축사에서 "현재 대선에서는 투표율 70~80%에 대부분 득표율 50%로 당선자가 가려진다"며 "결국 전체국민의 40%도 안 되는 민의만 반영되는 꼴"이라고 지적했다. 이 때문에 대선에서 "'최선'의 후보가 아니라 '차선', '차악'의 후보가 대통령이 된다고 평가받는다"고 말했다. 그는 "1차 투표 후 결선투표를 실시하게 되면 유권자 50% 이상 지지를 받는 당선자가 나오게 된다"고 덧붙였다. 아울러 "17대부터 22대 총선까지 사표율이 50%에 달한다"며 "국회의원 선거에 중 · 대선거구제 도입 검토가 필요하다"고 말했다.

출처 : 연합뉴스/일부인용

상식UP! Quiz

문제 중 · 대선거구제에서는 당선자 선출에 기여하지 못하는 사표가 늘어나게 된다.

`ㅇ / x`

해설 소선거구제에 비해 더 많은 당선자를 선출하므로 사표가 줄어든다.

답 `X`

돈은 피보다 진하다?

피를 나눈 가족 간에 돈 문제가 얽히게 됐을 때, 그 과정과 끝이 좋지 못한 경우를 종종 보게 됩니다. 가족도 갈라놓는 돈의 비인간적인 면모가 드러나게 되는데요. 특히 여기서 이야기할 것은 '상속'에 관한 것입니다. 상속이란 어떤 사람이 사망했을 때 그가 생전에 갖고 있던 재산에 대한 권리와 의무를 가족에게 주는 것을 말하죠. 반면 산 사람이 가족에게 대가없이 주는 것은 '증여'라고 합니다.

우리 민법에서는 개인이 사망했을 경우 그의 재산을 일정비율로 나눠 가족에게 차등적으로 상속하도록 규정하고 있습니다. 먼저 부모와 조부모 등 직계비속에게는 상속분의 절반, 배우자에게도 절반, 자식 등 직계존속에게 3분의 1, 형제자매에게도 3분의 1을 상속하게 했죠. 상속받을 가족이 없을 때는 사실혼 배우자, 동거인, 요양간호를 해주던 사람이 받을 수도 있습니다. 이렇게 고인의 의지와는 상관없이 의무적으로 가족에게 일정비율을 상속하도록 정한 것을 '유류분(遺留分)'이라고 합니다.

그런데 이렇게 법적으로 상속 규정을 정해 놓다보니 현실에선 막장드라마에나 나올 법한 일들이 종종 일어납니다. 부모를 학대한 자식이나 자식을 제대로 돌보지 않은 부모에게도 일정 상속분을 줘야 하니까요. 이와 관련해 최근에는 2019년 사망한 가수 고(故) 구하라 씨를 어릴 적 버리고 가출했던 친모가 나타나 상속권을 주장하면서 논란이 됐습니다. 구씨의 오빠는 '부양의무를 다하지 않은 친모가 상속재산의 절반을 받아 가려 한다'며 민법 개정을 청원했죠. 부양의무를 이행하지 않았거나 학대 등의 범죄를 저지른 가족의 상속권을 박탈할 수 있도록 하는 이 민법 개정안을 '구하라법'으로 부르게 됐습니다.

구하라법은 국민 공감대에 힘입어 제20~21대 국회에서 발의됐지만 정쟁에 밀려 번번이 통과가 무산됐습니다. 그러다 2024년 4월 '학대 등 패륜행위를 한 가족에게도 의무적으로 일정 유산을 상속하도록 한 현행 민법이 헌법에 어긋난다'는 헌법재판소 판단이 나오면서 제정될 가능성이 높아졌죠. 구하라법은 제22대 국회에서 다시 발의되면서 3번째 도전 끝에 통과됐습니다.

🔍 **정치** · 경제 · **사회** · 국제 · 문화 · 미디어 · 과학 · IT · 스포츠

유류분 이어 친족상도례까지 법조항 '대수술'

일정범위 친족을 대상으로 절도나 사기와 같은 재산범죄를 저질러도 처벌하지 않는 형법 조항이 헌법재판소의 헌법불합치 판결로 71년 만에 효력을 잃게 됐다. 해당조항은 방송인 박수홍씨 가족 간 재산분쟁이 불거지며 주목받은 '친족상도례(親族相盜例)' 규정이다. '법은 가정의 문턱을 넘지 않는다'는 취지에서 1953년 형법 제정 때부터 도입됐다. 하지만 최근에는 달라진 사회 분위기와 가족 개념의 변화로 규정을 손질해야 한다는 요구가 컸다. 헌재는 일정한 친족관계 요건만 되면 일률적으로 형을 면제하는 친족상도례 규정은 '입법재량을 명백히 일탈해 불합리하다'고 판단했다. 헌재의 이러한 판결은 도입 47년 만에 수술대에 오른 '유류분' 제도와 같이 시대흐름의 변화에 따른 조치라는 반응이 나온다. 앞서 헌재는 민법 유류분 조항을 손질해야 한다고 결정하며, "피상속인을 장기간 유기하거나 정신적 · 신체적으로 학대하는 등 패륜적 행위를 일삼은 상속인의 유류분을 인정하는 것은 일반국민의 법 감정과 상식에 반한다"며 "유류분 상실사유를 별도로 규정하지 않은 것은 불합리하다"고 설명했다.

출처 : 노컷뉴스/일부인용

상식UP! Quiz

문제 고인의 의지와는 상관없이 고인의 재산을 친족에게 일정부분 상속하도록 하는 제도를 '친족상도례'라고 한다.　　　　　`○ / ✕`

해설 고인의 의지와는 상관없이 의무적으로 가족에게 일정비율을 상속하도록 정한 것을 '유류분'이라고 한다.

 답 ✕

토종 플랫폼 발목 잡는 정부?

플랫폼 공정경쟁 촉진법, 일명 '플랫폼법'은 공정거래위원회에서 추진하고 있는 온라인 플랫폼 규제법안입니다. 네이버, 카카오, 쿠팡, 배달의민족 등 거대 온라인 플랫폼의 시장독점과 시장지배적 지위를 남용한 불공정거래 행위를 규제하는 법안인데요. 플랫폼법의 핵심은 일정규모 이상의 플랫폼을 '지배적 플랫폼'으로 사전 지정해 규제하는 것입니다. 이들의 끼워팔기, 자사우대, 최혜대우, 멀티호밍 제한(다른 경쟁플랫폼을 이용하지 못하도록 방해하는 행태) 등을 제재한다는 것이죠. 실제로 카카오택시를 운영하는 카카오모빌리티는 알고리즘을 조작해 자사 가맹택시에 배차를 몰아준 것이 적발됐었고, 쿠팡의 경우 자사제품을 검색순위 상위에 노출되도록 알고리즘을 조작했다가 과징금을 물게 된 사례가 있습니다. 이처럼 소비자 피해를 유발하고, 스타트업의 새로운 시장진입을 막는 반칙행위에 발 빠르게 대응하겠다는 겁니다.

업계에서는 이 플랫폼법을 강경하게 반대하는 입장입니다. 규제가 국내플랫폼의 성장과 혁신을 막고, 해외플랫폼이 국내시장을 장악하게 되는 결과를 가져올 수 있다는 것인데요. 법안이 대형플랫폼의 시장독점 등을 막겠다는 취지임에도 스타트업과 벤처투자업계까지 한 목소리로 반대하고 있죠. 대체로 업계생태계를 파괴하는 정부의 지나친 시장개입이며, 이중규제, 국내업체에 대한 역차별 규제라는 주장이 팽배합니다.

공정위는 플랫폼들의 반칙행위가 자율규제만으로는 막기 역부족이라고 주장하지만, 업계 측에선 현재 시행 중인 공정거래법으로도 충분히 제재할 수 있다고 반박합니다. 또 공정위 측은 국내플랫폼만이 아닌 구글, 유튜브 같은 해외플랫폼도 경우에 따라 규제대상이 될 수 있다고 해명했지만, 업계는 그동안 공정위가 역외적용 규정이 있음에도 해외플랫폼을 규제하는 데 실패했다며 강한 의구심을 드러냈죠. 이런 강한 반발 때문에 플랫폼법 추진은 좀처럼 진행되질 못했습니다. 그러다 야권

이 압승한 제22대 국회가 개막하고 공정위는 야당과 함께 다시 플랫폼법 추진에
나섰습니다.

시민단체 "'부당 수수료 · 경영간섭' 배달의민족 공정위 신고"

참여연대 민생희망본부 등은 소상공인단체와 함께 기자회견을 열고, 배달의민족을 공
정거래위원회에 신고했다고 밝히며 배달의민족이 '배민배달'에 배달을 몰아주는 등 불
공정행위를 자행하고 있다고 주장했다. 배민배달은 배달의민족이 주문부터 배달까지
관여하는 자체 배달 모델로, 입점업체가 스스로 또는 배달대행사를 이용해 배달하는
'가게배달'과 구분된다. 단체들은 배민이 입점업체의 배민배달 가입을 유도하고 각종 할
인쿠폰을 제공하는 방식 등으로 서비스 이용을 촉진한 뒤 수수료를 인상했다고 주장했
다. 플랫폼 배만 불린다는 취지다. 단체들은 또 배민이 업주의 배달비 결정권을 빼앗고
최혜대우를 요구하는 등 경영간섭 행위를 했다고 지적했다. 이주한 민주사회를 위한 변
호사모임 변호사는 "공정위 조사가 시작되더라도 불공정행위를 밝히기까지 1~2년 이
상 시간이 걸릴 것"이라며 조속한 **온라인 플랫폼 독점규제법** 입법을 강조했다.

출처 : 연합뉴스/일부인용

상식UP! Quiz

문제 **공정거래위원회가 추진한 플랫폼법은 국내 온라인 플랫폼 업체에 대한 규제를 완화**
하는 법안이다.

해설 플랫폼법은 공정거래위원회에서 추진하고 있는 온라인 플랫폼 규제법안이다.

답 X

솜방망이 처벌의 근원?

종종 신문 사회면에 보도된 범죄자의 재판결과를 읽고 분통이 터지는 경우가 있습니다. 죄질에 비해 처벌이 너무 약하다는 생각이 들 때가 많은데요. 기사 말미에는 대개 "재판부가 '이런 저런 점을 고려했다'고 양형사유를 설명했다"는 문장이 등장합니다. 여기서 '양형'이란 '재판부가 유죄판결을 받은 피고인에 대해 형벌의 정도를 결정하는 것'을 말하죠. 우리 형법에서는 엄연히 범죄의 형량을 정하고 있는데, 그와는 다른 법원 나름의 기준이 있는 걸까요?

판사는 형법에 각 범죄유형별로 규정된 형벌 중에서 징역이나 벌금형 같이 선고할 형의 종류를 선택합니다. 그리고 법률에 규정된 바에 따라 형을 가중·감경해 형량을 결정하는데요. 이때 참조하는 기준이 '양형기준'입니다. 양형기준은 죄질과 피의자의 책임정도, 범죄예방과 재범방지, 피의자의 사회복귀 등 다양한 면을 고려해 세워집니다. 법적 구속력은 없지만, 판사가 양형기준과 다른 형량을 내리려면 반드시 합당한 사유를 판결문에 적어야 합니다. 양형기준은 대법원 산하의 양형위원회에서 44개 범죄유형별로 그 특성을 반영해 제정하는데요. 가령 사기죄라면 피해금액별로 기본형량을 세우고 감경·가중되는 정도를 세세하게 정해두었죠. 마약범죄라면 마약의 종류에 따라서 기준이 다릅니다. 또 상해죄라면 상해로 입힌 피해정도, 수법, 잔혹성에 따라 감경·가중되는 기준을 따로 세웠습니다.

그러면 왜 형법에 정해진 형량 외에 양형기준을 따로 만든 것일까요? 양형기준이 없다면 같은 범죄행위라도 판사의 주관에 따라 형량이 들쑥날쑥할 수 있습니다. 범죄 뒷면에는 수많은 인과관계가 숨어 있고 판사가 판결을 내릴 때는 이런 측면을 고려치 않을 수 없죠. 가해자가 진심으로 뉘우치고 있거나 범죄동기 등을 인간적인 면에서 참작해야 할 경우도 있고요. 양형기준은 이러한 범행동기, 반성여부, 개전의 여지 등을 종합적으로 고려해 수립됩니다.

우리나라에서는 양형기준을 높여 형량을 강화해야 한다는 엄벌주의를 주장하는 여론이 높은데요. 전문가들은 대체로 엄벌주의에 대해 회의적인 입장입니다. 공적제재의 최대목적이 범죄예방인 만큼, 처벌을 강하게 한다고 해서 범죄율이 낮아진다는 근거가 부족하다는 것이죠. 애초부터 범죄를 저지를 때에 처벌 자체를 두려워하기보다는 '나는 경찰에 붙잡히지 않을 것이다'는 인식이 더 팽배하다는 겁니다. 그래서 외려 형량을 높이기보다 경찰력과 치안을 강화해 범죄자들 스스로 반드시 검거된다는 인식을 심어주는 것이 효과적이라는 의견도 있습니다. 그러나 현재 양형기준이 국민의 법 감정에 어긋나는 측면도 분명히 있는데요. 이 때문에 뒤에서 살펴볼 '사적제재'에 대중이 열광하는 현상이 나타나기도 합니다.

⌕ 정치 · 경제 · **사회** · 국제 · 문화 · 미디어 · 과학 · IT · 스포츠   ⬆ ▱ 가⁺ 🖶

피싱 날뛰는데 … 처벌기준 13년째 그대로

대표적 민생 금융범죄로 꼽히는 보이스피싱이 갈수록 세분화되고 다양해지면서 피해금액도 커지고 있다. 하지만 처벌기준이 되는 **양형기준**은 13년째 그대로다. 범죄규모에 걸맞은 처벌기준을 새로 정립해야 한다는 지적이 나온다. 최근 고액의 손해를 본 보이스피싱 피해사례는 꾸준히 증가하고 있다. 그러나 피해규모가 커지고 있는 것에 반해, 이를 처벌에 반영할 명확한 기준이 없어 재판부가 재량껏 선고를 내리고 있는 실정이다. 현재 보이스피싱 범죄는 대부분 형법 347조에 해당하는 '사기죄'로 처벌받는데, 양형기준이 2011년 제정된 후 큰 변화 없이 유지되고 있다. 시대의 변화에 따라 범죄유형이 다양화되고 피해액도 상당해진 터라 기준을 다시 세워야 한다는 목소리가 높다.

출처 : 아시아투데이/일부인용

상식UP! Quiz

문제 **대법원 양형위원회의 양형기준은 법적 강제성을 띤다.**   ○ / ✕

해설 양형기준은 법적 구속력이 없으나 판사가 양형기준과 다른 형량을 내리려면 반드시 합당한 사유가 있어야 한다.

답 ✕

나라님도 잘못하면 쫓겨납니다

지난 2017년 3월 10일, 우리나라 헌정사상 초유의 사건이 일어났습니다. 국가원수인 대통령이 파면 당했죠. 당시 박근혜 대통령의 탄핵심판과 헌법재판소의 인용 결정은 국내외로 화제가 됐습니다. 대통령의 비리와 그를 둘러싼 주변인들의 국정농단 사태는 수많은 국민이 촛불을 들고 거리로 나서게 했고, 해외 언론들은 이토록 평화로운 국민의 시위가 국가의 지도자를 끌어내렸다며 놀라워했습니다. 그만큼 탄핵이라는 것은 한 국가에 있어 신문 1면에 대서특필될 만한 사건이고, 국정운영 중에도 흔히 일어나는 일은 아닙니다. 특히나 선출직인 대통령의 탄핵은 탄핵안을 발의하는 쪽에서도 국민적 공감이 없다면 정치적 부담이 매우 클 수밖에 없습니다.

탄핵은 신분이 보장된 고위직 공무원의 헌법·법률상의 잘못과 비리에 대해 국회의 소추에 의해 해임하거나 처벌하는 제도입니다. 우리나라의 탄핵은 국회에서 소추와 의결을 하며 의결 통과가 되면 대상자의 권한이 정지되고 이후 헌법재판소에서 탄핵의 최종 여부를 결정하죠. 국회에서의 필요정족수는 누가 탄핵되느냐에 따라 다르고, 헌법재판소에서 6인 이상의 인용 의견이 있어야 합니다. 대통령 탄핵에는 국회 재적의원의 과반수가 발의하고, 3분의 2 이상의 찬성해야 합니다. 그밖에 국무총리나 국무위원, 행정 각부의 장관, 헌법재판소 재판관 등은 재적의원 3분의 1 이상이 발의하고, 과반수의 찬성이 있어야 헌재의 심판대에 세울 수 있죠. 국회에서 탄핵소추가 가결된 공무원은 헌재에서 탄핵결정이 있을 때까지 권한이 정지됩니다.

지난 2023년 2월 8일에는 이상민 행정안전부 장관의 탄핵소추안이 가결됐습니다. 헌정사상 최초로 국무위원이 탄핵 심판대에 서게 됐는데요. 이 장관의 탄핵소추는 2022년 이태원에서 발생한 '10·29 참사'의 부실 대응에 책임을 묻고자 진행됐습니다. 그는 국무위원으로서 헌법에 명시된 '국민의 안전과 생명을 보호할 의무'를 다하지 못했다는 비판을 받았습니다. 그러나 2023년 8월 헌법재판소는 이 장관에 대한 탄핵심판 청구를 기각하며, 그가 참사 대응·예방과정에서 헌법과 법률위반으로 파면될 만한 잘못이 없다고 결론지었습니다. 그런가하면 2024년 7월에는 윤석열 대통령 탄핵소추안 발의를 요구하는 국민동의청원이 100만명이 넘는 동의를 받으면서, 국회에서는 소추안 심사를 위한 청문회가 열리기도 했습니다.

🔍 **정치** · 경제 · 사회 · 국제 · 문화 · 미디어 · 과학 · IT · 스포츠

여 "탄핵병", 야 "탄핵 방해 말라" … 검사 탄핵 청문회 50분 만에 정회

여야가 김영철 서울북부지검 차장검사 **탄핵**소추안 조사를 위한 청문회를 열었으나 50여 분 만에 정회했다. 청문회를 재개한 이후에도 탄핵 조사 필요성 등을 두고 공방이 이어졌다. 법제사법위원회는 김 검사뿐 아니라 이원석 검찰총장, 김건희 여사 등 20명을 증인으로 채택했으나 임은정 대전지검 부장검사만이 유일한 증인으로 출석했다. 여야 법사위원들은 임 검사를 상대로 질의를 시작하기 전 의사진행발언 과정에서 국민권익위원회 고위직 간부 사망 사건이 언급되자 충돌했다. 민주당에서 권익위의 김 여사 명품백 수수 의혹 사건 처리를 비판하는 목소리가 나오면서 여당 의원들이 반발하면서다. 여야 법사위원들은 정회 전에도 검사 탄핵 및 불출석 증인을 두고 공방을 벌였다. 국민의힘은 청문회 필요성에 의문을 제기하며 야당이 "탄핵병에 걸렸다"고 반발했다. 야당은 "검사 비위에 대한 탄핵조사를 방해하지 말라"며 불출석 증인들에 대한 고발조치도 예고했다.

출처 : 뉴시스/일부인용

상식UP! Quiz

문제 **대통령의 탄핵소추는 국회 재적의원의 3분의 2 이상이 발의해야 한다.**

ㅇ / ×

해설 대통령의 탄핵소추는 재적의원의 과반수가 발의하고, 3분의 2 이상이 찬성해야 한다.

답 ×

공정방송법 vs 방송장악법

방송 3법은 더불어민주당 등 야권이 윤석열정부 들어 추진한 방송법·방송문화진흥회법·한국교육방송공사법 개정안을 말합니다. 법안의 핵심은 공영방송의 이사 수를 기존 9명(MBC·EBS), 11명(KBS)에서 각각 21명으로 확대하고 이사 추천권 대상을 학계와 시청자위원회, 방송기자연합회, 한국PD연합회 등 외부인사로 확대하는 것입니다. 기존에는 정치적으로 국회의 여야가 추천한 이사로 구성된 이사회에서 방송사 사장을 선임해왔는데, 이러한 추천권한을 외부로 확대함으로써 공영방송에 대한 정치권의 입김을 줄이겠다는 것입니다. 중립적인 외부인사가 공영방송 사장을 선임함으로써 공영방송이 정치적 중립성과 독립성을 갖고 방송보도에 임할 수 있도록 한다는 것이죠.

그런데 여당인 국민의힘은 민주당 측이 이전 정부에서는 정작 이러한 법안을 추진하지 않다가 정권이 바뀐 직후 갑자기 법률개정에 나섰다며 극렬히 반대하는 입장입니다. 아울러 추천권한을 가지는 외부인사들이 대체로 정부·여당에 비판적인 입장을 취하고 있어, 결과적으로 민주당이 공영방송 장악을 시도하는 셈이라고 대립각을 세웠습니다. 외부인사가 대체로 편향되어 있다는 주장도 덧붙였죠. 또한 합의 없이 야당 독단으로 추진된다는 점에서 이미 중립성을 잃은 법안이라는 비판이 가해졌습니다.

방송 3법은 21대 국회에서 발의됐으나 대통령의 법률안 재의요구권으로 2023년 12월 폐기됐고, 22대 국회에서 야당이 다시 과반의석을 차지하자 재추진했습니다. 야당은 방송 3법에 방송통신위원회의 위원 4인 이상이 출석해야 회의를 열 수 있게 한 '방송통신위원회법 개정안'을 함께 추진하며 이른바 '방송 4법'을 국회 본회의에 올렸습니다. 그러나 윤석열 대통령은 재차 거부권을 발동했죠. 그리고 보면 윤석열정부 들어 이 공영방송을 두고 이런저런 소란이 많았는데요. 이에 대해서는 뒤에서 더 자세히 알아보도록 하겠습니다.

尹, 방송 4법 재의요구 … "방송 공정성 훼손에 대응 불가피"

윤석열 대통령은 국무회의에서 의결된 속칭 '방송 4법' 재의요구안을 재가했다고 대통령실이 전했다. 대통령실은 야당이 단독으로 강행 처리한 방송 4법에 여러 문제가 있어 재의요구가 불가피했다고 설명했다. 대통령실은 "야당은 제21대 국회에서 부결돼 이미 폐기됐던 방송 3법 개정안을 다시 강행 처리했다"며 "방통위법 개정안까지 더해 공익성이 더 훼손된 방송 4법 개정안을 숙의 과정 없이 일방적으로 통과시켰다"고 지적했다. 이어 "방송 관련법은 공영방송 지배구조와 제도에 중대한 변화를 가져오는 사안임에도 여야협의와 사회적 공감대가 전혀 이뤄지지 않은 채 정략적으로 처리됐다는 지적을 받고 있다"고 비판했다. 대통령실은 "이번 재의요구권 행사는 방송의 공정성과 공익성을 훼손시키려는 야당의 법안 강행처리에 대응한 불가피한 조치"라며 "국회는 방송이 공정하고 객관적인 사회적 공기로 거듭날 수 있도록 사회적 공감대를 형성하는 데 협조해 주길 바란다"고 밝혔다.

출처 : 연합뉴스/일부인용

상식UP! Quiz

문제 **방송 3법은 방송통신위원회의 위원장 추천권 대상을 확대하는 법안이다.**

○ / ×

해설 방송 3법은 공영방송의 이사 수를 늘리고 이사 추천권 대상을 외부인사로 확대하는 법안이다.

 답　X

정국을 뒤흔드는 거센 태풍

수해가 전국을 덮친 2023년 7월, 혹시 모를 실종자를 수색하기 위해 거센 강물에 들어간 한 해병대 병사가 급류에 휩쓸려 목숨을 잃었습니다. 사고 당시 손을 맞잡고 인간 띠를 이뤄 입수한 해병들은 제대로 된 안전조치는커녕 구명조끼도 착용하지 않았는데요. 맨몸에 멜빵장화만 신고 불어난 물살에 들어가 인명수색을 강행한 것이 무모한 보여주기식 작업이었다는 비판이 나왔습니다.

사고 이후 진상규명을 위해 먼저 해병대 수사단이 자체조사에 나섰습니다. 군에서 발생한 사망사고는 군이 직접 수사할 수 없기 때문에, 수사단은 조사결과만 경찰에 넘기면 되었죠. 수사단은 해당 대대 지휘관들을 비롯해 임성근 해병대 1사단장에게 제대로 된 안전조치 없이 해병대원을 수색활동에 동원한 혐의가 있다고 판단하고 이 조사결과를 국방부에 보고합니다. 그런데 뜻밖에도 대면보고 후 결재까지 해준 국방부가 돌연 이첩 직전 이를 보류하라고 통보했습니다. 거기에 혐의자와 혐의사실도 삭제하라고 지시했죠. 그러나 박정훈 수사단장(대령)은 이를 부당한 지시라 판단해 경찰에 공을 넘겼고, 국방부는 박 대령에게 항명 혐의를 씌워 죄를 물었습니다. 국방부는 경찰에 넘어간 자료를 도로 받아와 재조사하고 다시 이첩했습니다. 이렇게 시작된 '채상병 순직사건 수사 외압의혹'은 예상 밖에 엄청난 후폭풍을 일으켰습니다.

결국 박 대령은 수사단장 자리에서 보직해임 됐는데, 이 여파로 언론 또한 외압의혹 보도에 본격적으로 뛰어들었습니다. 한편 순직의 책임이 누구에게 있는지는 경찰에서 수사를 진행했고, 외압의혹 수사는 고위공직자범죄수사처(공수처)가 맡았습니다. 그 결과 의혹에 대한 윤곽이 조금씩 그려지기 시작했는데요. 핵심은 대통령실, 나아가 윤석열 대통령이 임 사단장의 혐의를 지우기 위해 직접 국방부 장관에 이첩을 막도록 압력을 넣었다는 것입니다. 수사진척과 언론보도 등을 통해 국방부가 이첩보류를 지시하기 전, 대통령실과 해병대 사령관, 이종섭 국방부 장관 사이에 긴밀한 통화가 여러 차례 이뤄졌음이 드러났습니다. 또 윤 대통령과 이 장관이 직접 통화한 사실도 파악됐죠. 특히 윤 대통령이 임 사단장의 혐의가 적시된 조사결과를 보고 받고 '격노'했다는 정황이 알려지면서 외압의 핵심이 대통령이 아니냐는 의혹이 뜨거워졌습니다.

그러나 채상병이 사망한지 1년이 넘어가도록 공수처 수사는 마무리되지 않았고, 그 사이 하나하나 열거하기도 힘든 수많은 의혹이 터져 나왔습니다. 더불어민주당 등 야권에서는 공수처 수사가 끝나기만을 마냥 기다릴 수 없다며 제21~22대 국회에 걸쳐 '채상병 특검법'을 발의하기도 했는데요. 윤 대통령은 모두 거부권을 행사해 이를 막았습니다. 정부·여당은 지난 정권에서 공수처를 만든 민주당이 공수처 수사를 믿지 못한다는 것은 어불성설이며 수사결과를 일단 지켜봐야 한다고 주장했죠. 하지만 외압의혹에 영부인 김건희 여사와도 관련된 도이치모터스 주가조작사건의 공범까지 끼어들면서 상황은 점점 더 점입가경으로 흘렀는데요. 정부·여당 입장에서는 의혹이 연이어 불거질수록 특검여론이 더 가열되는 판에, 공수처 수사가 늘어지면서 상황이 더욱 불리해졌습니다. 대통령부터 영부인까지, 채상병의 순직사건이 정국을 뒤흔드는 최대쟁점으로 번지면서 수사결과와 특검 실시여부에 대해서도 귀추가 주목됐습니다.

'채상병 수사' 격노했던 尹, 누구와 통화했나 …
통신내역 확보됐다

고위공직자범죄수사처가 해병대 채상병 순직 수사외압 의혹과 관련해 윤석열 대통령의 개인 휴대전화 통신내역을 확보했다. 직무 중인 현직 대통령의 통신기록을 수사기관이 확보한 것은 처음이다. 공수처는 통신기록 보존기간만료를 앞두고 수사외압의혹 정점에 있는 윤 대통령의 통화내역 확보에 집중했던 것으로 보인다. 통신사들이 보유한 가입자들의 통화기록은 보존기간이 1년으로, 채상병 사망 1주기 이후부터 사건관계자들의 통신내역은 차례로 폐기되는 상황이다. 공수처는 윤 대통령의 개인번호를 비롯해 조회가 필요한 통신내역 범위를 더 좁혀 통신영장을 재차 청구한 끝에 법원으로부터 영장을 발부받은 것으로 파악됐다. 확보한 윤 대통령 통화기록을 토대로 채상병 사망을 전후로 다른 군 관계자 등 사건 핵심인물들과 연락한 기록이 있는지 등을 파악할 방침이다. 일단 내역만 확보된 상태여서 '통화내용' 확인을 위해서는 추가조사가 불가피할 전망이다. 분석내용에 따라 공수처 수사가 돌파구를 찾을 수 있을 것이란 전망도 나온다. 공수처는 'VIP 격노설'을 둘러싼 해병대 관계자들의 진술과 녹취를 확보한 이후 수사에 속도를 내지 못하는 등 답보상태에 놓여 있었다.

출처 : 시사저널/일부인용

상식UP! Quiz

문제　채상병 사망사건을 수사한 경북경찰청은 2024년 7월 임성근 전 해병대 1사단장을 업무상과실치사 혐의로 검찰에 송치했다.　　　

해설　경북경찰청은 업무상과실치사, 직권남용 혐의로 고발된 임 전 사단장에 대해 '혐의없음'으로 불송치 결정을 내렸다.

답 ✕

신문으로 공부하는 청소년
말랑말랑 시사상식

CHAPTER 03

경제·경영

나라살림을 판단하는 지표

정부의 수입(세입)과 지출(세출) 등의 살림살이를 재정이라고 하는데, 재정수지는 한 해 동안 세입과 세출의 차이를 말합니다. 세입이 세출보다 많으면 재정흑자, 그 반대면 재정적자라고 하는데요. 세입과 세출이 같다면 재정균형이라고 합니다. 이 재정수지는 통합재정수지와 관리재정수지로 나뉘기도 합니다. 통합재정수지는 앞서 이야기한 재정수지와 같은 의미이고요. 관리재정수지는 통합재정수지에서 국민연금, 고용보험 등 4대 사회보장성 기금을 뺀 것인데 통상 우리나라에서만 사용합니다.

재정수지는 국내총생산(GDP)처럼 나라살림이 어떠한지 알아보는 지표인데요. 언뜻 생각하기에 재정이 흑자면 좋고 적자면 나쁘다고 느껴지지만 마냥 그렇지는 않습니다. 재정수지를 결정짓는 요인은 복잡다단합니다. 정부는 나라경제를 안정화하고 계획된 방향으로 이끌기 위해 크게 흑자재정과 적자재정의 두 가지 재정정책을 폅니다. 경기가 호황일 때는 흑자, 불황일 때는 적자재정을 수립하죠. 정부는 세입과 세출을 미리 예상해 예산안을 세웁니다. 경기가 호황일 때 정부는 세입을 늘리고 세출을 줄여, 유동성을 낮추고 과열된 경기를 식힙니다. 재정흑자를 노리는 것인데 세입이 늘어나는 만큼 국민의 세 부담도 늘어나게 되죠. 반면 적자재정은 세입은 줄이고 세출을 늘려 민간시장에 유동성을 부여해, 고용을 창출하고 나라경제에 활력을 불어넣습니다. 그러나 재정적자는 자연히 나라 빚을 늘릴 수밖에 없습니다. 국가운영을 위해 국채를 발행하고 민간에 돈을 빌리게 되면서 재정건전성이 악화되죠.

우리나라의 2023년 7월 말 재정수지는 37조 9,000억원 적자를 기록했습니다. 코로나19 타개를 위해 그간 추가로 예산을 편성하기도 했지만, 아울러 나라 빚도 많이 늘렸기 때문이죠. 그만큼 나라가 쓴 돈이 많았다는 의미인데요. 쓸 곳은 많은데 쓸 돈이 없자 정부는 2023년 한국은행으로부터 10월까지 무려 113조원이나 되는 대정부 일시대출을 받은 것으로도 알려졌습니다. 종합부동산세와 법인세 개편으로 세입이 줄어든 상황에서 윤석열정부와 여당은 국채를 발행하고 세금을 최대한 효율적으로 사용해 세수펑크에 대처한다고 했는데요. 야권에서는 추가경정예산이 불가피하다고 주장했지만 정부·여당은 일단 지켜본다는 입장을 고수했습니다.

🔍 **정치·경제**·사회·국제·문화·미디어·과학·IT·스포츠　　⬆ 🗩 ㄱ가 🖨

재정수지 15조 개선에도 세수펑크에 헉헉대는 나라살림

나라살림을 보여주는 관리재정수지가 한 달 만에 15조원 개선돼 67조 9,000억원을 기록했다. 올해 연 58조원 적자를 이미 훌쩍 넘긴 정부로서는 한숨 돌린 듯 하지만 커지는 세수펑크에 적자규모는 100조원을 넘을 수 있다는 우려가 계속되고 있다. 반도체와 중국수출 부진으로 전체수출이 11개월 넘게 감소하고 있고 부동산 및 자산시장 역시 침체기를 이어가고 있어 소득세, 법인세 등 국세수입이 정부 목표대로 걷힐 지 의심스러운 상황이다. 이에 정부는 곧 세수재추계를 발표할 예정이지만, 부족한 세수를 채우기 위한 후속대책을 내놓을지는 미지수다. 부족한 재정은 빚으로 메우고 있다. 2023년 7월 말 기준 중앙정부 채무는 1,097조 8,000억원을 기록했다. 한 달 전보다 14조 5,000억원 늘었고, 이전 해 결산채무 때보다 빚이 64조 4,000억원 불어났다. 지방정부 채무까지 더하면 국가채무는 1,132조원이다.

출처 : 서울경제/일부인용

상식UP! Quiz

문제 일반적으로 정부는 경기가 호황일 때 적자재정, 불황일 때는 흑자재정 정책을 수립한다.

 ○ / ✕

해설 정부는 경기가 호황일 때는 흑자재정, 불황일 때는 적자재정을 수립해 국가예산을 책정한다.

답 ✕

작은 정부의 구현

우리 주변에는 국민에게 상품과 서비스를 제공하는 수많은 기업들이 있습니다. 그 중에서도 물과 에너지, 교통, 통신, 의료 같은 서비스들은 국민생활에 없어서는 안 되기 때문에 국가가 직접 기업을 세워 안정적으로 공급합니다. 이런 기업을 공기업 이라고 하는데요. 그런데 국가가 운영하는 공기업은 해당분야의 사업을 독점하는 경우가 많기 때문에 몇 가지 문제점을 일으킬 수 있습니다. 다른 기업과 경쟁할 필 요가 없다 보니 서비스의 질이 저하될 수 있고, 방만한 경영으로 적자를 보거나 운 영의 효율성도 떨어질 수 있습니다. 도덕적 해이로 부정부패와 내부비리가 발생할 가능성도 있죠.

이런 문제를 해결하기 위해 공기업의 운영을 민간 사업자에게 맡기는 '민영화(民營化)'를 추진하곤 합니다. 공기업뿐 아니라 공공기관, 국책사업 등을 민간에 팔거나 운영토록 할 수도 있죠. 민영화의 가장 큰 목적은 '작은 정부'의 구현이라고 할 수 있습니다. 공공서비스의 영역을 시장경제로 옮겨 정부의 개입을 최소화하고, 민간 사업자들끼리 경쟁하게 해 서비스의 질을 높이고 민간경제를 활성화하는 목적이 있죠. 또 공기업은 세금으로 운영되기 때문에, 공기업이 민영화되면 운영에 쓰던 세금을 다른 곳에 쓸 수 있어 결과적으로 세입이 증대됩니다. 우리나라의 대표적 민영화 기업에는 포스코(포항제철), KT(한국전기통신공사), KT&G(담배인삼공사) 등이 있는데요. 이러한 민영화는 자본과 운영을 민간에 완전히 넘기는 외부민영화 와 사업 일부만 위탁하거나 대여하는 내부민영화로 구분됩니다.

다만 민영화에도 부작용이 있습니다. 대부분 공기업이 담당하는 전기나 수도, 도로 같은 공공재는 자연독점에 해당합니다. 자연독점이란 상품·서비스의 특성상 하나 의 기업이 독점해 생산하는 비용이 여러 기업이 생산하는 것보다 저렴해 발생하는 독점이죠. 예를 들어 수력으로 전기를 생산한다고 할 때 드는 초기 고정비용은 어 마어마합니다. 대규모 토목공사를 벌여 댐을 건설해야 하고, 전기를 생산해 공급하는 시스템도 미리 구축해야 하죠. 그러나 댐을 건설해 전기를 생산한다 해도 당장 이윤을 내지는 못합니다. 전기를 쓰는 사람이 점점 늘어나 그 수익이 초기 고정비용을 넘어서는 시점부터 이윤이 되는 것이죠. 그러니 이런 자연독점산업에 다른 민간 사업자가 새롭게 뛰어들기는 쉽지 않습니다. 자연스레 민영화된 공기업이 해당 산업을 독점하게 되는데요.

공기업이었을 때는 국민의 눈치가 보이니 정부도 쉽게 요금을 올리지 못했지만, 민영화 이후부턴 다릅니다. 어쨌든 적자는 모면해야 하니 서비스 가격을 쉽게 인상할 수 있죠. 또 가령 석유처럼 국제정세의 영향을 많이 받는 원자재의 경우, 가격이 수시로 널뛰니 원가가 오르면 서비스 가격도 대폭 오릅니다. 반면 원가가 하락해도 이윤을 내기 위해 서비스 가격은 천천히 내리죠. 결국 서비스 가격은 점진적으로 오르게 됩니다. 더구나 전기, 수도, 교통 같은 공공재 가격의 인상은 우리가 일상적으로 이용하는 상품과 서비스의 생산·유통비용을 끌어올려 고물가를 유발합니다. 이렇듯 민영화는 여러모로 쉽게 단행하기 어렵고 종종 극심한 반대여론에 부딪히는데요. 물론 사업의 공공성이 떨어지거나 민영화 이후에도 국민에 미치는 영향이 적다면, 경영효율화를 위해 민영화를 충분히 고려할만한 경우도 있죠. 아울러 민영화에 성공한 사례도 적지 않습니다.

"공공부문 민영화 반대" … 양대노총 국회 앞 대규모 집회

양대노총(민주노총 · 한국노총) 공공부문 노조가 국회 앞에서 '공공부문 민영화 저지 집회'를 열고 "공공기관 운영에 관한 법률을 개정해 노정교섭을 법제화하고, 공공기관을 민주적으로 운영해야 한다"고 밝혔다. 또 이들은 공공기관 노동자 정원감축 등 구조조정은 공공기관 효율화가 아니라 공공기관의 공공적 역할과 사회적 책임을 파괴하는 '공공기관 죽이기'라고 주장했다. 박철구 한국노총 공공노조연맹 상임부위원장은 "윤석열 정부는 정책실패를 공공기관 탓으로 돌리기 위해 데이터를 왜곡하고 방만경영 프레임을 씌웠다"며 "허울 좋게 혁신이라고 포장했지만 예산삭감, 정원감축, 사업 민영화, 직무성과급 강제도입 등 정권의 목적에 따라 그저 깎고 조이면 되는 부속품 정도로 우리 공공노동자를 생각하는 것 같다"고 규탄했다.

출처 : 노컷뉴스/일부인용

상식UP! Quiz

문제 **공기업의 민영화는 '작은 정부의 구현'과 대치되는 정책이다.**

해설 공기업의 민영화는 공공서비스의 효율화를 위해 민간에게 맡겨 경쟁을 도모하는 작은 정부의 구현과 관련이 있다.

답 ✕

코리아 디스카운트 대응 방안

최근 경제·경영관련 기사를 보다보면 자주 눈에 띄는 단어가 있습니다. 바로 '밸류업(Value Up)'인데요. 밸류업이란 대상의 가치를 높이거나 향상시키는 행위를 말합니다. 따라서 경영에서는 기업 가치를 제고하는 것을 의미하죠. 밸류업이 경영계의 화두가 된 것은 고질적인 '코리아 디스카운트'를 극복하기 위함입니다. 코리아 디스카운트란 우리기업의 주식가치가 저평가되는 것을 뜻합니다. 가치평가 수준이 비슷한 외국 상장기업에 비해 가치가 낮게 형성되는 현상인데요. 코리아 디스카운트의 가장 큰 문제는 국내기업의 자본조달을 어렵게 한다는 겁니다. 가치가 낮으니 투자할 여지도 사라지는 것이죠. 주식가치는 주가순자산비율(PBR ; Price to Book-value Ratio)을 보면 알 수 있습니다. 주식 1주가 기업이 가진 순자산의 몇 배로 매매되고 있는지 파악하는 지표인데요. 2012~2021년까지 평균을 낸 자료를 보면 세계 45개 주요국 중 국내기업의 PBR은 고작 41위에 불과한 것으로 나타났습니다. 우리 주식시장은 투자자에게 매력적인 시장이 아닌 셈이죠.

코리아 디스카운트의 원인으로 지목되는 것은 여러 가지가 있습니다. 먼저 극소수의 대주주가 기업을 그야말로 '지배'하는 지배구조 문제인데요. 기업지분을 소유한 대부분의 사람들은 흔히 '개미'라고 불리는 소액주주들이죠. 그러나 기업이 벌어들인 이익은 대주주들이 대부분 가져갑니다. 대개 기업 소유주와 그의 일가들이 대주주로서 이익을 독차지하다보니 다수의 개인소액주주들로서는 기업에 투자할 유인이 적죠. 이익을 유보금으로 쌓아두니 소액주주에게 환원되는 배당금도 적고, 기업주가 잘못된 경영으로 주주들에게 피해를 줘도 책임을 물을 방법이 없습니다. 또 오너 일가가 운영하는 계열사에 일감을 몰아주는 일도 빈번하죠. 이러면 기업이익은 온전히 주주들에게 돌아가지 못하고 기업의 사익으로 귀속됩니다. 경영승계가 이뤄질 때도 소액주주들의 목소리는 거의 반영되지 않습니다. 이 밖에도 기업회계 정보가 투명하지 않다는 점, 또 전쟁위험이 상존한다는 지정학적 원인도 있습니다. 우리 주식시장의 투자자들이 대부분 단기투자 성향을 띤다는 점도 영향을 줍니다.

기업의 본질적 가치를 감안하기보다 일시적인 주가변화를 노리고 투자를 하니까요.

코리아 디스카운트를 해소하기 위해선 역시 기업 스스로 체질개선을 하려는 노력이 우선입니다. 그래서 금융위원회는 2024년 2월 '기업 밸류업 프로그램'을 발표했죠. 기업들의 자발적인 기업가치 제고 노력과 주주환원정책을 통해 만성적 저평가를 해결하겠다는 것입니다. 정부는 기업들의 적극적인 참여유도를 위해 다양한 세제지원책을 인센티브로 제시하기로 했습니다.

🔍 정치 · **경제** · 사회 · 국제 · 문화 · 미디어 · 과학 · IT · 스포츠　　　⬆ 🗐 ⁿᵃ 🖶

두산밥캣 · 로보틱스 합병 예정대로 … "밸류업 확신"

두산그룹은 두산밥캣과 두산로보틱스 간 포괄적 주식교환 등을 통해 두산밥캣을 두산로보틱스의 완전 자회사로 이전하는 사업구조 개편안을 발표했다. 하지만 적자기업인 두산로보틱스와 안정적 현금창출원인 밥캣의 자본거래 과정에서 기업가치가 거의 1대 1로 평가받았다는 측면에서 일부 소액주의 반발이 일었다. 두산밥캣은 상장폐지되고 이 회사 주주들은 주식매수 청구권인 5만 459원에 주식을 팔거나 두산밥캣 주식 한 주당 로보틱스 주식 0.63주를 건지게 되기 때문이다. 반면 오너 이익은 강화되는 것 아니냐는 지적도 나온다. (주)두산이 지분이 더 많은 두산로보틱스 자회사로 두산밥캣을 편입시키면 현금흐름상 오너 측 이익은 더 늘어날 수 있다는 것이다. 두산그룹 측은 "합병으로 두산로보틱스와 두산밥캣이 모두 장기적으로 **밸류업** 할 것으로 믿고 이사회를 통과한 안을 내놓은 것이기 때문에 새로운 조치는 없다"고 강조했다.

출처 : 한국일보/일부인용

상식UP! Quiz

문제 **코리아 디스카운트는 국내기업의 주식가치가 저평가 받는 것을 뜻한다.**

〔 ○ / × 〕

해설 코리아 디스카운트란 우리기업의 주식가치가 가치평가 수준이 비슷한 외국 상장기업에 비해 낮게 형성되는 것이다.

〔답 ○〕

집이 아니라 빚 폭탄

전세란 세입자가 부동산 주인에게 전세(보증)금이라는 거액의 목돈을 무이자로 빌려주면, 주인은 월세를 받지 않는 대신 계약기간 동안 부동산을 이용하게 해줌으로써 목돈을 마련하는 제도입니다. 집을 구입하기 어려운 서민들이 상대적으로 저렴한 금액으로 보금자리를 구할 수 있는 우리나라 특유의 부동산 계약방식이죠.

그러나 역시 내 집이 아닌 만큼 전세계약에도 여러 위험이 도사리고 있습니다. 특히 이른바 깡통전세가 최근 많은 문제를 일으켰죠. 깡통전세란 주택의 실제 가치(집값, 다시 말해 주택매매가)가 전세보증금보다 싼 경우를 말하는데요. 보통 보증금이 집값의 80%를 넘으면 깡통전세라고 합니다. 이 때 세입자는 고스란히 전세보증금을 떼일 위험이 있습니다. 전세계약기간이 끝나면 집주인은 빌린 목돈(전세보증금)을 돌려줘야 하는데, 만약 부동산침체로 집값이 떨어지게 되면 집을 팔아도 전세보증금보다 적으니 돌려줄 수 없는 상황이 되죠. 여기에 집주인이 갭 투자를 목적으로 주택담보대출을 받았다면, 이 대출금도 갚을 수가 없어 이자는 연체되고 집은 결국 경매로 넘어가게 됩니다. 집주인이나 세입자나 양쪽 다 답이 없는 상황으로 치닫고 말죠.

그런데 지난 2022년 말부터 이런 깡통주택을 대량으로 소유한 사람들이 전세사기 사태를 벌여 많은 세입자들이 고통을 겪고 목숨까지 끊는 일이 발생했습니다. 사태의 시작으로 수도권 곳곳을 중심으로 많게는 빌라 수천채를 소유한 이른바 '빌라왕'들의 존재가 드러났는데요. 추후 수사 결과 이들은 중개업자까지 끌어들여 개인이 아닌 조직적으로 움직이며 전세사기를 저질렀습니다.

일단 이들은 값이 떨어진 깡통주택을 저렴하게 사들여 전세계약을 맺고, 이때 받은 전세보증금으로 또 다른 깡통주택을 매입합니다. 이런 식으로 소유 주택을 불려 나가는 '무자본 갭 투자'를 벌이는데요. 이 때 보증금을 떼어 먹고 잠적하기도 하고요. 계약기간이 끝나는 세입자에게 돌려 줄 보증금을 다른 세입자의 보증금으로 돌려막기 하다가 돈줄이 막히면 반환이 안 되는 사고도 터집니다. 아무 잘못 없는 세입자가 사기범의 갭 투자 욕심에 희생당하는 것입니다.

🔍 정치 · 경제 · **사회** · 국제 · 문화 · 미디어 · 과학 · IT · 스포츠

국토위, '전세사기특별법' 의결 ··· 여야 협치 물꼬

국회 국토교통위원회가 '전세사기 피해자 지원 및 주거 안정에 관한 특별법(전세사기특별법)' 개정안을 여야합의로 의결했다. 석 달 가까이 정쟁을 이어가며 법안 단독처리와 재의요구권 행사, 재표결 후 자동폐기라는 입법마비 상태를 해소한 것이다. 의결된 개정안은 전세사기 피해자들의 주거지원과 피해자 보호를 강화하는 내용이 핵심이다. 우선 전세사기 피해자들의 피해주택을 한국토지주택공사(LH)가 경매로 사들여 경매차익으로 피해를 보상한다. LH가 산정한 감정가격(시세)과 실제경매에서 낙찰받은 가격의 차이가 경매차익인데, 피해주택이 시세보다 평가절하된 부분을 피해자에게 돌려준다는 취지다. 피해인정 범위도 넓혔다. 피해자를 '임차주택을 인도받거나 인도받았던 자를 포함한다'로 정의했던 조항을 '인도받았거나 인도가 불가능했던 경우를 포함한다'로 바꿨다. 이에 따라 이중계약 또는 **깡통전세**로 피해를 본 이들도 구제받을 수 있도록 했다.

출처 : 조선비즈/일부인용

상식UP! Quiz

문제 깡통전세란 전세보증금이 실제 집값에 육박하거나 넘어서는 경우를 말한다.

ㅇ / ×

해설 깡통전세란 집값이 전세보증금보다 싼 경우를 말한다. 보통 보증금이 집값의 80%를 넘으면 깡통전세라고 부른다.

답 ㅇ

가격 올리는 법도 가지가지

요즘 집 앞 슈퍼마켓에서 아이스크림을 고르다보면 예전에 비해 참 작아졌다는 걸 느끼는데요. 크기가 작아졌는데도 가격은 그대로이거나 외려 비싸졌다는 생각도 듭니다. 또 과자 종이박스를 뜯어보면 안에 든 과자 개수도 줄어들고, 포장지만 쓸데없이 늘어났다고 느끼게 되죠. 이런 방식의 가격인상전략을 슈링크플레이션 (Shrinkflation)이라고 합니다.

슈링크플레이션은 가격은 그대로 두거나 올리면서 제품용량을 줄이는 꼼수 인상을 말합니다. 영국 경제학자 '피파 맘그렌'이 제시한 용어로 '줄어들다'라는 뜻의 '슈링크(Shrink)'와 '인플레이션(Inflation)'의 합성어입니다. 기업들이 자사제품의 가격은 유지하고, 대신 수량과 무게·용량만 줄여 사실상 가격을 올리는 전략인데요. '패키지 다운사이징(Package Downsizing)'이라고도 부릅니다.

슈링크플레이션은 과자, 아이스크림 등 가공식품에서 주로 나타나는데요. 우리나라에서는 예전부터 과자봉지에 과자 대신 질소만 잔뜩 넣었다는 의미의 '질소과자'라는 단어가 유행하기도 했죠. 제품용량을 줄일 뿐 아니라 포장용기의 재질이나 크기, 디자인을 바꾸는 식으로 눈속임을 하기도 합니다. 기후변화, 경기침체, 전쟁여파 등으로 원자재 값이 오르면서 가격인상이 필요해지자, 대놓고 가격을 올리는 대신 이런 식으로 눈에 잘 띄지 않게 변화를 주는 겁니다. 그러나 결국엔 업체의 재료비 상승분을 소비자가 부당하게 떠안게 되는 셈이죠. 원자재 값이 내린다고 해서 가격을 도로 인하하는 것도 아닌데 말입니다.

한국소비자원의 조사에 따르면 2023년 우리나라 식품업계에서는 9개 품목, 37개 상품에서 슈링크플레이션이 확인됐는데요. 이에 정부는 제품 포장지에 용량이 변경된 사실을 의무적으로 표기하도록 하는 방안을 추진했습니다. 이로써 2024년 8월부터 개정 고시된 '소비자기본법' 제12조 제2항에 근거해 가격은 유지하고 용량만 몰래 줄이는 우회적인 가격인상 행위에 대해 과태료를 부과한다고 밝혔습니다.

불황에 돌아온 '거거익선' 먹거리

편의점에 몸집을 키운 거대한 먹거리가 다시 등장하고 있다. 식료품 거대화 바람은 작년부터 불었다. GS25는 지난해 라면 8개 양을 한 번에 담은 '점보도시락 라면'을 출시했다. 5만개 한정수량으로 제작한 이 제품은 출시 3일 만에 매진을 기록했다. 부족한 수량 탓에 중고 거래 사이트에는 웃돈이 붙은 제품이 올라왔다. 흥미가 가시면 사라질 줄 알았던 '거거익선' 먹거리는 **슈링크플레이션**과 물가인상이 이어지면서 부활했다. 초기 거거익선 먹거리는 주로 이색적 경험을 중시하는 젊은 층 소비성향을 반영한 제품에 그쳤으나, 물가가 계속 오르면서 최근에는 가격대비 저렴하다는 점을 앞세우는 상품이 주류로 떠올랐다.

출처 : 조선비즈/일부인용

상식UP! Quiz

문제 **슈링크플레이션은 주로 모바일기기나 소형가전제품에서 일어난다.**   ○ / ×

해설 슈링크플레이션은 과자, 음료수, 아이스크림 등 가공식품에서 주로 일어나는 현상이다.

답 X

서민의 치열한 내 집 마련

청약(請約)이라는 단어를 사전에서 찾아보면 '일정한 내용의 계약을 체결할 것을 목적으로 하는 일방적·확정적 의사표시'라고 나와 있습니다. 주택청약은 주택에 입주하려는 사람이 그 의사를 표시하기 위해 주택청약종합저축에 가입하는 것을 말하죠. 보통 신축아파트가 분양될 때 입주자를 모집하기 위해 일반적으로 쓰이는 방법입니다. 내 집 마련이 워낙 어렵다보니 나라에선 주택청약의 방법으로 국민에게 집을 마련해주려고 합니다. 주택청약을 이야기하기 전에 '분양가상한제'에 대해 먼저 짚어야 하는데요. 나라에서 새로 분양되는 주택의 가격상한을 제한해, 무조건 높은 가격을 제시한 사람이 주택을 독점하지 못하도록 한 것입니다. 그러면 많은 분양 희망자 중에 입주할 사람을 정해야 하는데, 이 과정에서 마련된 것이 주택청약입니다.

주택청약을 크게 보면 2가지로 구분됩니다. 먼저 한국토지주택공사(LH)나 서울주택도시공사(SH) 등 국가에서 국민의 주거안정을 위해 $82m^2$ 이하로 건설하는 국민주택이 있습니다. 또 민간이나 자치단체에서 $82m^2$ 초과로 건설해 공급하는 민영주택이 있죠. 청약신청을 위해서는 여러 자격조건이 붙는데, 무주택자 여부나 청약통장 가입기간·납입횟수, 해당지역 거주여부, 부양가족수 등 다양합니다. 국민주택인지 민영주택인지에 따라 자격조건이 다르고, 분양지역이 투기과열지구·청약과열지구인지에 따라서도 달라지죠. 이런 까다로운 조건에 따라 1순위, 2순위로 청약순위가 갈리게 됩니다. 1·2순위제는 입주자를 선정하는 일반적인 방식입니다.

주택청약은 분명 여러모로 좋은 제도이지만, 청약순위와 가산점 조건에 대한 말이 많았습니다. 경쟁이 치열하기 때문에 무주택 기간, 부양가족수 등 여러 조건에 많이 부합해야 가산점이 붙도록 했는데요. 그러다보니 젊은 20~30대가 청약을 받기란 '하늘의 별따기'였습니다. 그래서 부모들이 청약확률을 높이기 위해 어린 자녀들에게 일찌감치 청약통장을 만들어주기도 하죠. 이런 점을 수용해 정부는 신혼부부와 청년, 다자녀가구 등 정책적 배려가 필요한 사회계층이 분양받을 수 있도록 특별공급제도를 마련했습니다. 일반공급과 달리 순위경쟁 없이도 일정자격을 갖추면 분양에 도전할 수 있는데요. 대신 청약횟수는 1세대당 평생 1회로 제한됩니다.

한편 2024년 6월에는 공공분양주택 청약 때 인정되는 통장 납입액 한도가 월 10만원에서 25만원으로 상향됐습니다. 이로써 당첨에 대한 변별력도 커지게 됐는데요. 최근 청약통장 저축액이 줄고 이에 따라 주택도시기금도 축소되면서, 주택공급 재원을 늘리기 위한 정부의 유인책으로 분석됐습니다.

🔍 **정치 · 경제** · 사회 · 국제 · 문화 · 미디어 · 과학 · IT · 스포츠   ⬆ 🗨 ⁊ᵃ 🖨

서울 빌라 1채 보유자, 청약 땐 '무주택자'

국토교통부가 발표한 공급대책에는 단독 · 다가구 · 연립 · 다세대 · 도시형 생활주택 등 비아파트를 구입하는 이들을 **주택청약** 시 무주택자로 인정하는 내용이 담겼다. 이 규정은 비아파트를 새로 구입하려는 수요자뿐 아니라 기존에 비아파트 1채를 보유하고 있는 사람에게도 똑같이 적용된다. 정부는 이번 대책으로 아파트 전세 대신 빌라 매매에 나서는 무주택 실수요자들이 늘어날 것을 기대하고 있다. 아파트보다 빨리 지을 수 있는 비아파트로 수요를 분산해 최근의 서울 · 수도권 전세 · 매매값 동반 상승세를 안정시키겠다는 구상이다. 다만 업계에서는 효과가 제한적일 것이라는 전망이 더 우세하다. 청약 시 무주택 지위 인정만으로 실수요자들의 아파트 선호 흐름을 뒤집기는 역부족이라는 것이다. 가뜩이나 과열 양상을 보이고 있는 청약 경쟁률이 더 치솟을 수 있다는 우려도 나왔다.

출처 : 경향신문/일부인용

상식UP! Quiz

문제 국민주택은 LH 등이 82m² 초과로 건설해 제공하는 아파트 등을 말한다.

ㅇ / ✕

해설 국민주택은 LH, SH 등이 82m² 이하로 건설해 제공하는 아파트 등을 말한다.

답 ✕

경영에 사회적 책임을 담다

ESG는 'Environmental', 'Social', 'Governance'의 앞 글자를 딴 용어로 기업의 비재무적인 요소인 환경과 사회적 책무, 지배구조를 뜻합니다. '지속가능한 경영방식'이라고도 하는데요. 기업을 운영하면서 사회에 미칠 영향을 먼저 생각하는 것을 말합니다. 사회적 책임감을 갖고 윤리적인 경영을 펼치는 것이죠. 우리나라에도 이 ESG경영으로의 전환을 발표한 기업들이 많습니다. 시대의 흐름에 따르는 ESG는 세계 경제계의 화두라고 할 수 있죠.

과거에는 기업들이 가시적인 성과를 얻는 데만 골몰하여, 그로 인해 지역사회를 등한시하거나 편법이나 비리 같은 불합리하고 건전하지 못한 경영방식을 택하는 경우가 있었습니다. 그러나 현재 맞닥뜨리게 된 위기 요소로 인해 ESG로의 전환을 꾀하게 되었다고 하는데요. 최근 더욱 가속화되는 기후변화나 코로나19 팬데믹 등의 인류를 덮쳤던 전 지구적 위기, 또는 기업 내 비리 같은 불확실한 요소가 커지면서 기업을 더 오래 지속되게 하는 경영방식을 택하게 되었다는 것이죠. ESG는 지역사회와 공존하고 기후변화에 대처하며 지배구조의 윤리적 개선을 통해 지속적인 성과를 얻으려는 방식입니다.

기업들은 자사의 상품을 개발하며 재활용 재료 등 친환경적 요소를 배합하거나, 환경 캠페인을 벌이는 식으로 기후변화 대처에 일조하려 합니다. 또한 이사회에서 대표이사와 이사회 의장을 분리하여 서로 견제하도록 해 지배구조 개선에 힘쓰기도 하죠. 아울러 직원들의 복지를 강화하고, 지역사회에 보탬이 되는 봉사활동을 기획하는 등 사회와의 따뜻한 동행에도 노력하고 있습니다.

증권사 ESG 경영 성과 저조? … "나 억울해"

최근 증권사들의 ESG 진정성에 대한 비판여론이 일어나고 있다. 특히 ESG 평가부문 중 환경 부문에서 평가대상 증권사 중 3분의 1이 최하 등급을 받았기 때문이다. 이에 증권사들은 환경부문에 대해서도 개선의지는 있지만 구조적 환경으로 인해 타 업종보다 평가가 제한적일 수밖에 없다고 억울함을 토로한다. 실제로 증권사들이 ESG 경영 중 환경부문 개선을 위해 내세운 전략은 페이퍼리스(종이절감) 문화를 전면적으로 추진하거나 친환경 금융투자상품 비중을 늘리는 것에 불과했다. 증권사는 업종 특성상 환경부문에 대한 평가가 상대적으로 박할 수밖에 없는 구조다. 증권사와 달리 환경부문에서 개선시킬 요소가 많은 제조업은 상대적으로 평가를 받을 때 유리할 수 있다.

출처 : 아주경제/일부인용

상식UP! Quiz

문제 ESG는 'Environmental', 'Social', 'Government'의 앞 글자를 딴 용어다.

○ / ✕

해설 ESG는 'Environmental', 'Social', 'Governance'의 앞 글자를 딴 용어로 기업의 비재무적인 요소인 환경과 사회적 책무, 지배구조 개선을 뜻한다.

 답 ✕

우리경제의 실핏줄

흔히 우리경제의 실핏줄이라 불리는 소상공인은 '소기업 및 소상공인 지원을 위한 특별조치법'에 규정돼 있는 사업자를 말합니다. 상시근로자 수는 업종마다 다른데요. 제조업, 건설업, 운수업 등은 10인 이하, 도소매와 서비스업의 경우 5인 이하일 때 소상공인이라고 하죠. 연매출은 10억원에서 120억원 이하인 경우 해당하는데, 보통 자영업자들의 평균 연매출이 10억원대 이하이니 대개 여기 속한다고 할 수 있죠. 소상공인은 우리나라의 전체 중소기업 중 93.7%를 차지하고 전체고용에서는 고용주와 직원을 합해 44.2%를 차지한다고 합니다. 말 그대로 실핏줄인 셈이죠. 소상공인은 민생경제현황을 파악할 수 있는 지표가 됩니다.

지난 코로나19에 특히나 큰 피해를 입은 사람들은 소상공인이었습니다. 정부가 사회적 거리두기로 영업제한을 걸면서 고통을 호소했죠. 코로나19가 엔데믹으로 전환된 이후에도 고물가와 인건비 상승에 허덕이는 소상공인들이 신음소리가 터져 나왔습니다. 사실 자영업자를 비롯한 소상공인들은 정부정책과 대내외적 상황에 여러모로 취약할 수밖에 없습니다. 특히 우리나라 소상공인을 보면, 비자발적으로 노동시장에서 이탈해 치밀한 준비과정 없이 창업을 하거나 창업자금으로 대규모 대출을 끌어다 쓰는 경우가 많죠. 그러다보니 경영 중 돌발상황에 대처가 미흡하고, 시장상황을 읽고 사업방향을 전환하는 능력도 취약합니다. 그래서 사업이 기울게 되면 금방 문을 닫고 빚더미에 앉기 십상인데요. 거기에 비교적 진입장벽이 낮은 요식업, 도소매업의 경우 시장이 과밀해 경쟁이 치열하죠. 결국 나눠먹을 수 있는 시장은 점점 줄어들고, 경쟁에서 살아남기 위해 사업주 개인의 노력이 필요하지만 대부분 녹록치는 않습니다.

2021년 우리나라의 자영업자 수는 656만 8,000명이고, 연평균 소득은 1,952만원으로 나타났습니다. 자영업자 수는 느는 데 비해 소득은 계속 줄고 있는데요. 뿐만 아니라 자영업자의 대출 잔액은 2022년 무려 1,019조 8,000억으로 기록됐습니다.

비싼 임대료는 물론이고 경기부진과 팬데믹으로 무너지는 사업을 유지하기 위해 많은 대출을 받았죠. 더 큰 문제는 고금리로 이자부담이 만만치 않다는 점입니다. 그런데 이런 와중에 윤석열정부가 팬데믹 초기에 소상공인들에게 지급했던 지원금을 환수한다는 계획을 밝혔는데요. 2023년 세수부족으로 골머리를 앓던 정부가 이를 재난지원금을 환수해 조금이나마 메꾼다는 것이었죠. 정부는 당시 지원금 공고문에 '사후에 환수할 수 있다'는 조항을 넣어 문제가 없다고 했습니다. 그러나 구멍 난 국가재정을 힘없는 소상공인들에게 부담 지운다는 비판의 목소리도 나왔습니다.

정치 · **경제** · **사회** · 국제 · 문화 · 미디어 · 과학 · IT · 스포츠

모든 지표가 '악소리' … 소상공인, 코로나 이후 최악의 시간

소상공인과 관련된 거의 모든 지표에서 '비상경고등'이 켜졌다. 소상공인시장진흥공단이 소상공인 2,400업체를 대상으로 조사해 발표한 '소상공인 · 시장 경기동향조사'에 따르면, 이달 전망 경기지수는 56.6으로 나타났다. 코로나 팬데믹이 한창이던 2021년 8월 (45.4) 이후 가장 낮다. 이 지수가 100보다 낮으면 경기가 나빠진다고 보는 사람이 더 많다는 뜻이다. 지난 달 체감 BSI는 거의 모든 업종에서 내림세를 보이면서 54.5까지 떨어졌다. 팬데믹 때 영업에 직격탄을 맞고 대출로 버티던 소상공인들은 고금리 장기화로 원리금 상환에 어려움을 겪고 있다. 영업을 중단하고 폐업하는 소상공인도 급증세다. 이런 상황에서 배달앱 수수료, 최저임금 같은 소상공인이 부담해야 하는 고정비용은 계속 오르고 있다. 배달앱 업체들이 진행하는 각종 프로모션도 자영업자에겐 만만찮은 부담으로 돌아온다.

출처 : 뉴시스/일부인용

상식UP! Quiz

문제 관련법에 의하면 도소매 업종의 경우 상시근로자가 5인 이하일 때 소상공인으로 분류된다.

　ㅇ / ✕　

해설 제조업, 건설업, 운수업 등은 상시근로자 10인 이하, 도소매와 서비스업의 경우 5인 이하일 때 소상공인이라고 한다.

답　ㅇ

외국 돈의 가격 '환율', 이렇게 중요할 줄이야!

환율이란 쉽게 말해서 외국 돈의 가격으로, 외화 1단위를 얻기 위해 지불해야 하는 자국통화의 양을 의미합니다. 우리나라의 돈과 외국 돈을 교환할 때 외국 돈과 비교한 우리나라 돈의 값어치를 나타내지요. 이러한 환율은 물가상승률이나 금리 차이 등 여러 요인에 의해 영향을 받아 결정됩니다. 우리나라는 1997년부터 자유변동환율제도를 채택하여 정부의 개입 없이 순수한 시장원리에 따라 환율이 결정되도록 하고 있습니다.

환율하락과 환율상승의 관계를 살펴보면 다음과 같습니다. 먼저, 환율하락은 한국 원화의 통화가치가 상대적으로 상승하는 것입니다. 따라서 수입이 증대되고, 수출이 감소하며 외채 부담이 감소하는 효과가 있습니다. 또한 국제적인 영향력이 강화되는 결과를 초래합니다.

반면 환율상승이란 자국의 화폐 가치에 대한 평가가 상대적으로 하락하는 것을 의미합니다. 이로 인해 통화의 대외구매력이 약해지고 수출상품의 외화표시 가격도 내려가게 되는데요. 따라서 수출이 증가하고, 수입이 감소하며 외채 부담이 증가하게 됩니다. 이외에 인플레이션 현상이 일어나면서 물가가 상승하는 부작용을 초래할 수 있습니다. 이와 같은 환율은 국제수지 등 외부의 다양한 요인과 각 국가의 정치 · 사회적인 요인에 의해서도 변동될 수 있습니다.

유가·환율 상승세 … 항공업계 경영실적 발목 잡을까

국제유가와 원·달러 환율이 계속 오르면서, 국내 항공업계의 경영환경에 불확실성이 커지고 있다. 올 하반기까지 유가와 환율 상승세가 이어질 경우, 항공사들 실적회복에 치명타가 될 수 있다는 우려도 들린다. 업계에 따르면 국내 항공사들이 또 다시 국제유가와 환율 상승을 걱정해야 하는 처지다. 최근 석유수출국기구(OPEC) 회원국과 주요 산유국으로 이뤄진 OPEC 플러스의 감산 결정으로 한동안 안정됐던 유가는 다시 오를 수 있다. 원·달러 환율이 추가 상승할 수 있다는 점도 부담이다. 원·달러 환율강세는 항공업계 입장에선 대표적인 악재다. 국내 항공사들은 항공유와 항공기 임대료 등 모든 비용을 달러로 결제하기 때문에 환율이 오르면 비용증가가 불가피하다. 원·달러 환율이 10원 오르면 대한항공은 약 350억원, 아시아나항공은 약 284억원 손실을 보는 것으로 알려졌다.

출처 : 뉴시스/일부인용

상식UP! Quiz

문제 환율이 오르게 되면 수출은 증가하고 수입은 감소한다.   ○ / ×

해설 환율상승은 수출에는 유리하고 수입에는 불리한 결과를 초래한다.

답 ○

친환경의 딜레마

바야흐로 친환경의 시대입니다. 지구온난화를 비롯한 환경위기에 세계 정상들이 모이는 자리에서도 친환경이 주요 담론이 되고 있습니다. 각국의 정부에서는 탄소 배출을 감축하자는 세계적 기조에 앞 다투어 참여하고 있죠. 그런가하면 많은 기업들은 친환경적인 방식으로 상품을 만드는데 몰두하고 있는데요. 그런데 한편으론 세계적으로 대두된 이 친환경이 또 다른 경제적 위기를 만들어내기도 합니다. 그린플레이션(Greenflation)이 바로 그 중 하나입니다.

그린플레이션은 친환경을 뜻하는 '그린(Green)'과 화폐가치 하락으로 인한 물가상승을 뜻하는 '인플레이션(Inflation)'의 합성어입니다. 친환경 정책이 아이러니하게도 물가를 높이게 된다는 뜻인데요. 정부는 친환경정책을 펼치면서 탄소를 많이 배출하는 산업에 규제를 둡니다. 예를 들어 탄소를 많이 배출하는 기업에 부과하는 탄소세 같은 규제가 있죠. 이러한 규제 때문에 필수원자재의 생산이 어려워지고 곧 생산감소로 이어져 가격이 상승하게 되는 것입니다.

그린플레이션은 인류가 기후변화에 대응하기 위해 노력할수록 사회의 유지 · 발전에 드는 전반적인 비용이 상승하는 역설적인 상황을 일컫습니다. 가령 재생에너지 발전을 장려하면서 화석연료 발전설비보다 구리가 많이 들어가는 태양광 · 풍력 발전설비를 구축해야 하는 상황이 여기에 해당합니다. 이로 인해 금속원자재 수요는 급증했지만 원자재 공급량이 줄어들면서 가격이 치솟게 되는 것이죠. 그린플레이션은 경제적 불황과도 연결될 소지가 있어 만만하게 볼 일은 아닙니다. 그래서 전문가들은 정부가 친환경 발전에 필요한 자원을 확보하고, 그린플레이션에 대처할 구체적인 방안을 찾아야 한다고 조언합니다.

"탈탄소화 과정에서 그린플레이션을 극복해야 한다"

탄소중립이 전 세계적으로 진행되면서 금속 · 에너지 등 친환경 원자재가격이 빠르게 오르고 생산재 전반의 원가 상승. 비용 전가, 소비자물가 상승으로 이어지고 있다. 탄소 중립의 부담 현상인 **그린플레이션** 우려가 커지고 있다. 실제로 핵심 광물의 수요와 가격이 급격히 상승하고 있다. 작년에 전기차 배터리에 필요한 코발트 가격은 119%, 니켈은 55%, 리튬은 569%나 폭등했다. 완성차 부품의 경량화 소재인 알루미늄과 마그네슘의 가격도 상승세. 원자재를 대량으로 공급하는 중국에서 환경규제와 전력 부족으로 공장가동률이 하락하면서 공급이 급감했다. 그린플레이션은 불행하게도 스태그플레이션(경기침체 속 물가상승)으로 이어질 수 있다. 근로자는 오른 물가를 반영한 임금인상을 요구하게 된다. 기업은 오히려 현장의 노동력 의존을 줄이고, 자동화에 투자하면서 제품가격을 높인다.

출처 : 이투데이/일부인용

상식UP! Quiz

문제　그린플레이션은 친환경 정책이 외려 물가를 높인다는 의미를 갖고 있다.

　ㅇ / ✕

해설　그린플레이션은 친환경 정책이 원자재의 가격을 높여. 공급은 줄어들게 하고 물가는 상승시키는 현상이다.

답　ㅇ

고갈되는 국민연금, 개혁은 언제쯤?

4.5%, 직장가입자가 국민연금에 가입할 경우 월 소득액에서 국민연금 납부액이 차지하는 비율입니다. 근로자가 4.5%를 납부하고 고용자가 4.5%를 납부해서 매월 자신의 월급의 9%만큼의 금액을 국민연금 기금으로 납부하게 되지요. 일부 단기 아르바이트직을 빼고는 소득이 발생하는 인원이라면 국민연금은 강제적으로 징수되며, 또 연금의 운용은 전부 운영기관과 국가에서 책임지다보니 못마땅한 시선이 많습니다.

무엇보다 가장 큰 논란이 되는 사안은 '기금 고갈'에 대한 문제인데요. 저출산·고령화의 영향으로 향후 고갈될 국민연금에 대한 개혁논의가 이어졌습니다. 국민연금 개혁을 천명한 윤석열정부는 국민연금 재정이 향후 출산율 등 상황에 따라 어떻게 변할 것인지 예측하는 재정추계 결과를 발표했습니다. 그러나 재정추계를 통해 정부는 보험요율 인상이 필요하다는 결론만 내린 채, 정작 가장 중요한 '얼마나 내고(보험요율) 얼마나 받을 것인지(소득대체율)'에 대한 결정은 국회로 넘겼습니다. 얼마나 내고 얼마나 받을 것인지 결정하는 것을 '모수(母數)개혁'이라고 합니다.

국회 연금개혁특별위원회는 모수개혁을 위해 공론화위원회를 열어 시민들의 다양한 목소리를 들었습니다. 그 결과 '보험료율 13%(기존 9%), 소득대체율 50%(기존 42.5%)'로 상향 조정하는 것으로 의견이 모아졌는데, 연금의 재정안정을 위해 소득대체율을 43%까지만 올릴 수 있다는 국민의힘과 노후소득 보장을 위해 소득대체율이 45%는 돼야 한다는 더불어민주당의 입장이 맞섰습니다. 결국 민주당 측에서 44%로 절충하자는 국민의힘 의견을 받아들이겠다고 했지만, 국민의힘에서는 차기 22대 국회에서 전반적인 구조개혁을 함께 논의하자고 해 21대 국회에서의 모수개혁은 실패로 돌아갔습니다. 개혁주체인 정부가 뚜렷한 개혁방향 없이 국회에 이를 떠넘겼고, 또한 국회에서 모수개혁 방안이 나왔음에도 정부·여당이 이를 받아들이지 않은 것이 실패의 원인이라는 비판의 목소리가 나왔습니다.

"尹정부 국정 반전카드 … 국민 삶 걸린 연금개혁 나서라"

휴가 복귀 뒤 국정에 매진할 윤석열 대통령에게 전문가들은 대통령의 어젠다, 즉 '윤석열표 정책'을 발굴하고 추진해 성과를 내야 한다고 입을 모은다. 최병천 신성장경제연구소 소장은 "집권 3년 차를 맞았지만 윤석열정부의 캐치프레이즈가 무엇인지 잘 떠오르지 않는 건 심각한 문제"라고 진단했다. 최진 대통령리더십 연구소장도 "온통 정치적인 이슈만 난무하고, 대표적인 윤석열표 정책성과가 떠오르지 않는 게 큰 문제"라며 "정책·민생 이슈 부각에 더 많은 힘을 쏟아야 한다"고 말했다. 전문가들은 윤석열정부가 당장 실천할 수 있고, 잘 해낼 수 있는 대표적 정책 어젠다로 **국민연금** 개혁을 꼽는다. 최진 소장은 "연금개혁은 전 국민의 삶과 밀접한 민생이슈"라며 "윤 대통령이 먼저 안을 던지고 이슈를 적극적으로 주도해야 야당의 탄핵공세와 특검추진 등 네거티브 이슈에서 벗어날 수 있다"고 말했다.

출처 : 중앙일보/일부인용

상식UP! Quiz

문제 국민연금에 비경제활동인원은 가입할 수 없다.

해설 국민연금의 가입자 유형에는 직장인 가입자뿐만 아니라 임의 가입자가 있어. 경제활동을 하지 않지만 18세 이상 60세 미만의 인원이라면 소득 평균의 9%에 해당하는 금액을 매달 납부하고 가입할 수 있다.

답 ✕

집 사게 돈 좀 빌려주세요

집값이 너무 비싸다보니 지금은 대출을 받아 집을 구입하는 경우가 다반사입니다. 그중에서도 흔하게 이용하는 대출은 주택담보대출입니다. 구매할 주택을 담보로 삼아 은행에서 주택구입 자금을 빌리는 것이죠. 은행에서는 당연히 대출 받는 사람이 돈을 제때 잘 갚을 수 있을지 심사하고, 대출 받는 사람은 집을 팔아서라도 대출을 갚겠다고 약속을 하죠. 이것이 주택담보대출입니다. 주택을 담보로 하지만 결국 주택을 구입하는 비용으로 쓰이기 때문에 상환기간은 짧게는 10년, 길게는 30년까지로 꽤 긴 편입니다. 주택가격의 최대 70%까지 대출을 받을 수 있죠.

정부에서는 주택담보대출을 받을 때 적용되는 규제를 만들어 놓았는데요. 대표적으로 담보인정비율(LTV ; Loan To Value ratio), 총부채상환비율(DTI ; Debt To Income ratio), 총부채원리금상환비율(DSR ; Debt Service Ratio)이 있습니다. 대출을 받을 때 중요하게 고려해야 하는 사항인데요. 간단히 내용을 살펴보면 아래 표와 같습니다.

LTV	집을 담보로 돈을 빌릴 때 집의 자산가치를 얼마로 보는가의 비율이다. 주택 종류 및 소재지에 따라 담보자산의 시가 대비 처분가액 비율이 달라질 수 있다. 이는 과도한 부동산 담보대출을 억제하고 부동산 투기를 막는 효과가 있다.
DTI	총소득에서 부채의 연간 원리금 상환액이 차지하는 비율이다. 금융부채 상환능력을 소득으로 따져 대출한도를 정하는 방식이다. 수치가 낮을수록 상환능력이 양호하거나 소득에 비해 대출규모가 작다는 의미다.
DSR	총체적 상환능력 비율을 말한다. 대출을 포함한 전체 금융부채에 대한 원리금 상환액 비율이다. 모든 대출금 상환액을 연간소득으로 나눠 계산하며, 차주의 종합부채 상환능력을 따지는 지표다.

그러나 대출이 늘어난다는 것이 국민가계에도 국가재정에도 마냥 좋은 일은 아닙니다. 집값은 항상 일정치 않고 출렁이는데, 대출 받은 사람이 돈을 갚지 못해 집

을 팔아버리는 경우, 최초 대출시점보다 집값이 떨어져 있다면 떨어진 만큼의 돈은 사라지는 것이나 마찬가지죠. 지금 아니면 집을 못 산다는 압박감에 무리하게 대출을 받아 집을 구입하는 이른바 '영끌족'들이 금리가 오르면서 상환금이 불어나자 파산지경에 이르기도 했습니다. 또 가계부채가 늘어나면 빚 부담과 함께 소비가 위축되고 이어서 경기도 침체될 수 있습니다. 그래서 가계부채가 너무 늘어났다 싶으면 정부는 대출규제를 강화하고, 은행은 대출금리를 올립니다.

🔍 정치 · **경제** · 사회 · 국제 · 문화 · 미디어 · 과학 · IT · 스포츠 ⬆ 🗐 ₂가 🖨

금리 올려도 잡히지 않는 가계대출 … '마통'도 늘어

은행들이 연이어 대출금리를 인상하고 있지만, 가계대출 증가세가 쉽게 꺾이지 않고 있다. 일부 은행은 보름새 3차례에 걸쳐 0.3%포인트까지 금리를 인상하는 등 가계대출 관리에 나서고 있지만, 약발이 통하지 않고 있는 것이다. 이달 말을 일주일 남겨두고 가계대출 잔액이 이미 전달보다 4조 5,000억원 가까이 늘었다. 은행권 관계자는 "은행들이 경쟁적으로 대출금리를 높이고 있지만, 집값상승과 대출 규제강화 등과 맞물려 가계대출 증가세가 쉽게 꺾이지 않고 있다"고 말했다. 금융당국이 주택담보대출 관리를 강화하면서 마이너스통장(신용한도대출)으로 수요가 쏠리는 움직임도 나타나고 있다. 금리가 높은 주담대 대신 상대적으로 금리가 낮은 은행 마이너스통장을 선택하고 있는 것이다.

출처 : 이투데이/일부인용

상식UP! Quiz

문제 집을 담보로 돈을 빌릴 때 집의 자산가치를 얼마로 보는가의 비율은 DSR이다.

ㅇ / ✕

해설 LTV는 담보인정비율로 집을 담보로 은행에서 돈을 빌릴 때 집의 자산가치를 평가하는 비율이다.

답 X

이제 다시 원위치로 돌려놔 볼까?

길을 알 수 없는 구불구불한 미로를 헤매다가 출구를 찾았을 때의 기쁨과 해방감이 느껴지는 것만 같은 용어 '출구전략'! 출구전략은 원래 군사용어로 쓰이던 말로, 아군의 피해를 최소화하면서 전쟁을 끝내는 전략을 의미했습니다. 그런데 경제용어로 사용되면서 경기침체기에 경기를 부양하기 위하여 취했던 각종 완화정책들을 경제에 부작용을 남기지 않게 하면서 서서히 거둬들이는 전략을 의미하게 되었습니다. 경영 차원에서는 기업이 다른 기업을 인수·합병하였다가 가장 적절한 시기에 매각함으로써 이익을 실현하는 전략도 여기에 포함됩니다.

경기가 침체되면 정부는 기준금리를 내리거나 또는 재정지출을 확대하여 유동성 공급을 늘리는 조치를 취하게 됩니다. 이러한 조치는 나중에 경기가 회복되는 과정에서 과도하게 공급된 유동성으로 인해 물가가 상승하고 인플레이션을 초래하는 결과를 낳을 수 있습니다. 이에 따라 경제에 미칠 후유증을 최소화하면서 각종 비상조치를 정상화하여 재정 건전성을 강화해나가는 것이 바로 출구전략입니다.

출구전략
위기 때 풀어놓은 각종 경제완화정책을 정부가 다시 거둬들이는 것

문제점	올바른 방향성
• 정책만 거둬들일 것인가, 유동성(자금)도 거둬들일 것인가? • 그 시점을 언제로 할 것인가?	• 지속적인 경기부양과 그 과정에서 야기되는 불균형 해소 • 성장잠재력 확충

일본은행, 국채 매입규모 축소 … "엔화 약세 대응인 듯"

일본 중앙은행인 일본은행이 엔화 약세가 지속되자 장기국채 매입 규모 축소에 나섰다. NHK 등에 따르면 일본은행은 만기까지 남은 기간이 '5년 이상 10년 이하'인 국채 매입 예정액을 4,250억엔으로 발표했다. 지난달 공개한 국채 매입 예정액 4,750억엔보다 500억엔 줄어든 것이다. 일본은행이 국채 매입액을 줄인 것은 전전달 마이너스 금리 정책을 종료하며 대규모 금융완화 정책전환을 결정한 이후 처음이다. 일본은행은 지난달 금융정책결정회의에서 국채 매입을 계속하기로 했으나, 우에다 가즈오 일본은행 총재는 이달 대규모 금융완화 정책의 출구전략 일환으로 국채 매입액을 줄이는 것이 적절하다고 밝혔다. NHK는 "일본은행이 국채 매입액을 줄이면 보통 금리가 상승한다"며 "그 결과 엔화 가치가 올라갈 것이라는 견해로 환율에서도 엔화 강세가 일어날 것으로 보인다"고 해설했다.

출처 : 연합뉴스/일부인용

상식UP! Quiz

문제 미군이 베트남전에서 전쟁을 종료하고 희생을 최소화하면서 빠져나오기 위해 사용했던 전략에서 유래된 말로, 경기회복 시점에서 금리 인상, 흑자예산 등의 정책을 사용하는 것은?

① 후퇴전략   ② 출구전략
③ 회복전략   ④ 기만전략

해설 출구전략은 각종 완화정책을 경제에 부작용을 남기지 않게 하면서 서서히 거둬들이는 전략이다.

 답 ②

최저임금 1만원의 시대가 왔다

우리나라는 시장의 수요와 공급에 따라 가격이 결정되는 시장경제 체제입니다. 하지만 시장에 정부가 개입하기도 하죠. 그 중의 하나가 바로 가격통제 정책입니다. 가격통제는 크게 최고가격제와 최저가격제 두 가지로 나뉩니다. 최고가격제는 시장에서 자율적으로 형성되는 가격이 지나치게 높다고 판단되면 설정하는 것으로, 정부가 가격의 상한선을 정해 그 수준 이상으로 거래되는 것을 법으로 금지하는 제도입니다. 비상시 또는 전시에 생활 필수품에 대해 가격을 통제하는 방식이 대표적이죠. 이와 반대로 최저가격제는 정부가 하한선을 설정해 그 이하로 가격이 내려가지 못하도록 통제하는 제도입니다. 노동시장에서의 최저임금제도도 바로 그중 하나입니다.

최저임금제는 임금의 최저 수준을 보장해 근로자의 생활안정과 노동력의 질적 향상을 꾀하는 것이 목적입니다. 우리나라는 1986년 12월 31일 '최저임금법'을 제정해 공포했고, 1988년 1월 1일부터 최저임금제가 본격 시행에 들어갔습니다.

근로자위원과 사용자위원, 공익위원 9명씩 총 27명으로 구성된 최저임금위원회는 매년 경제상황과 물가상승률, 생산성 향상 등을 고려해 다음 연도 최저임금을 심의·의결합니다. 최저임금 심의 법정 시한은 6월 29일이며, 고용노동부 장관이 최저임금을 확정 고시해야 하는 날짜는 8월 5일입니다. 우리나라의 최저임금은 2025년에 비로소 시간당 1만원의 시대를 맞이했는데요. 최저임금위원회는 2025년도 최저임금을 시급 기준으로 전년도보다 1.7% 오른 10,030원으로 의결했습니다. 최저임금을 월급으로 환산하면 209만 6,270원(월 노동시간 209시간 기준)입니다.

최저임금제도 개선 본격 착수 … 주요국 결정방식 연구

고용노동부가 주요국의 **최저임금** 결정방식을 살펴보기 위한 '최저임금 결정체계에 대한 국제 비교분석' 연구용역을 실시하기로 하고 입찰 공고를 냈다. 공고에서 노동부는 "국가별 사회경제적 배경 차이로 최저임금제도의 도입경로와 결정기준 · 방법상의 고유한 특성이 있으나, 관련 상세자료가 부족하다"며 "주요국 최저임금 결정 사례를 조사하고 비교 · 분석해 우리나라 제도 운영에 참고할 자료를 구축할 필요가 있다"고 밝혔다. 현재 최저임금은 근로자 · 사용자 · 공익위원 각 9명으로 이뤄진 최저임금위원회가 결정하는데, 해마다 최저임금 심의를 전후로 결정방식에 대한 문제가 제기돼 왔다. 명확한 객관적 근거 없이 노사가 '흥정하듯' 최저임금을 결정하며, 이 과정에서 소모적인 갈등이 반복된다는 점, 대부분 '합의'가 아닌 '표결'로 결정된다는 점 등이 문제로 지적되고 있다.

출처 : 연합뉴스/일부인용

상식UP! Quiz

문제 2025년의 시급 기준 최저임금은 얼마인가?

① 8,720원　　　　　　　　　② 9,620원
③ 9,860원　　　　　　　　　④ 10,030원

해설 2025년도 최저임금은 시급 기준으로 2024년도보다 1.7% 오른 10,030원이다.

 답 ④

돈에도 기준이 있는데, 금리에는 없을쏘냐?

기준금리가 오를 것인가 혹은 내릴 것인가를 두고서 각종 금융시장과 언론에서 항상 뜨거운 관심을 보이고 있습니다. 일단 기준금리가 변경되면 우리나라의 거의 모든 경제활동이 기준금리의 영향을 받게 되기 때문입니다. 기준금리는 무엇이며 어디서 결정되는 것일까요? 우리나라의 중앙은행인 한국은행은 물가안정 달성을 목표로 통화정책을 수립 · 집행합니다. 그리고 이를 위해 구체적으로 물가안정목표제라는 제도를 운영하고 있습니다. 물가안정목표제는 중앙은행이 일정 기간 동안 달성해야 할 물가 목표치를 미리 제시하고 이를 달성하기 위해 노력하는 통화정책을 일컫는데, 우리나라만이 아니라 외국에서도 많이 시행하고 있는 정책입니다.

물가 목표치를 달성하기 위한 다양한 정책수단들 중 하나로 '정책금리의 조정'이 있습니다. 정책금리가 바로 '기준금리'입니다. 기준금리는 한국은행과 금융회사 간 거래의 기준이 되는 금리로 쓰입니다. 기준금리는 매달 '한국은행의 금융통화위원회'를 통해 결정됩니다. 구체적으로 기준금리는 금융회사 간에 단기간 빌려주고 빌려쓰는 콜금리의 기준이 되며, 금융회사가 한국은행에 단기채권을 매각하거나 한국은행에서 자금을 차입할 때 적용되는 고정금리의 역할을 합니다.

한국은행이 제시하는 기준금리가 중요한 이유는, 채권의 매매나 금융기관의 지급준비율 또는 재할인율 등의 통화정책으로 통화량이나 물가, 나아가 금리에 영향을 주기 때문입니다. 이런 이유로 한국은행에서 기준금리를 발표하면 시중 은행을 포함한 금융기관들은 이를 기준으로 하여 각각 금리를 책정하지요. 따라서 한국은행이 기준금리를 올리면 시중 금리도 상승하게 되고, 기준금리를 낮추면 시중 금리도 떨어지게 되는 겁니다.

뚝뚝 내려가는 전세대출 금리 … 기준금리 아래로

최근 시장금리 하락과 금융당국 주문에 따른 은행들의 조정으로 대출금리가 점차 내려가고 있다. 기준금리가 3.50%로 유지되면서 전세자금대출 금리는 이를 밑도는 수준까지 내려왔다. 금융권에 따르면 5대 시중은행의 전세대출 고정금리(2년)는 이날 연 3.42~5.91%로 집계됐다. 최근 하락세를 보이면서 하단이 한국은행 기준금리 아래로 떨어졌다. 지난해 말에는 6개월 변동금리 기준 5.01~7.07%를 형성한 바 있다. 업계에서는 기준금리 동결과 은행채 · 코픽스 인하, 금융당국 주문에 따른 은행권 조정 등이 맞물려 당분간 대출금리 내림세가 이어질 것으로 보고 있다.

출처 : 뉴시스/일부인용

상식UP! Quiz

문제　**기준금리의 특징이 아닌 것은?**

① 매달 '한국은행의 금융통화위원회'를 통해 결정된다.

② 콜금리의 기준이 된다.

③ 금융회사와 한국은행의 자금 차입 등에 적용되는 고정금리 역할을 한다.

④ 기준금리를 올리면 시중 금리는 내려간다.

해설　한국은행이 기준금리를 올리면 시중 금리 또한 올라간다.

 답 ④

정부의 예산삭감, 발등에 불 떨어진 이공계

R&D(Research and Development)는 흔히 '연구개발'이라고 불리는데요. 세계경제개발기구(OECD)에 따르면 R&D는 '인간·문화·사회를 망라하는 지식의 축적분을 늘리고 그것을 새롭게 응용함으로써 활용성을 높이기 위해 체계적으로 이뤄지는 창조적인 모든 활동'이라 정의합니다. 한편 우리 한국산업기술진흥협회에서는 R&D를 기초연구, 응용연구, 개발연구로 구분하는데요. 기초연구는 (과학)지식의 진보를 목적으로 지식을 특정하게 응용하지 않는 연구이고요. 응용연구는 지식을 실제로 응용하기 위함이나, 특정한 상업적 목적을 갖고 행하게 되죠. 끝으로 개발연구는 연구된 기존지식을 활용해 신소재와 신제품, 새로운 공정 등을 도입·개량하기 위해 이뤄집니다. 다시 말해 기술의 진보를 노려 경제발전의 원동력으로 삼고자 하는 것이죠. R&D는 정부와 기업, 대학, 연구기관 등 각계에서 다양하게 이뤄지는데, 대체로 그 과정은 지식연구와 이를 통한 기술·경제개발로 귀결됩니다.

각계의 R&D 성과는 각계를 서로 순환하면서 더욱 발전합니다. 기업은 자체적으로 R&D를 실행해 신기술을 개발하기도 하고, 대학과 연구기관에서 거둔 성과를 채용하여 신제품에 반영해 내놓습니다. 신기술개발이 세계경제의 패권을 거머쥘 경쟁력으로 올라서 있는 만큼 정부에서도 R&D와 그 성과에 큰 관심을 갖죠. 그래서 R&D를 지원할 예산을 따로 편성해 대학과 연구기관에 지급하는데요.

그런데 2023년 9월 정부가 2024년도 R&D 관련 예산안을 2023년도 대비 16.6%나 삭감하면서 논란이 됐습니다. 정부는 R&D 예산이 그간 꾸준히 늘어왔지만 가시적인 성과는 이루지 못했다고 지적했는데요. 예산이 연구개발능력이 없는 중소기업에까지 나눠먹는 식으로 지원돼 새 연구개발에 온전히 쓰이지 않고, 효율성이 떨어졌다고 주장했습니다. 그러면서 정말 지원을 해야 할 R&D 과제와 분야에 투자를 집중할 필요가 있다고 말했죠. 그러나 예상치 못한 예산삭감에 대학 이공계의 발등에는 불이 떨어졌습니다. 일단 지원받을 석·박사 대상인원수가 줄었고, 계속

과제를 중단하라는 통보를 받는 학생들이 나타났습니다. 또 이공계 미취업자를 위한 일자리 예산도 덩달아 타격을 입었죠. 결국 이공계 반발에 정부는 2025년도 R&D 예산을 늘렸지만 연구현장의 반응은 떨떠름했습니다. 예산확대는 환영하지만 전년도 대규모 삭감으로 현장의 어려움이 여전한데 예산을 신규과제 편성에만 집중하고 중단위기에 놓인 계속과제 복원과 같은 요구는 외면했다는 것입니다.

R&D · 바이오법도 손놔 … "차라리 과학委 따로 만들자"

국회 과학기술정보방송통신위원회에 계류된 과학기술 관련법안은 77개다. 인공지능(AI)·바이오 등 첨단기술과 인력에 대한 내용으로, 국가 미래 경쟁력을 위해선 시급한 내용들이다. 하지만 법 정비가 늦어지면서 글로벌 경쟁에서 한국만 뒤처질 것이란 우려가 나온다. 한민구 과학기술한림원 이사장은 "과학기술 분야는 특히 전문성이 중요한만큼, 이를 별도의 위원회로 할 필요가 있다"고 말했다. 이공계 지원 법안도 계류 중이다. 상대적으로 취약한 젊은 연구자들에 대한 지원강화 등 이공계 인력양성을 위한 정책추진의 근거를 마련하겠다며 발의된 법안이다. 과학계에선 '의대 쏠림' 현상과 젊은 이공계 연구자들의 열악한 처우에 인력 양성이 쉽지 않은 상황을 해소하기 위해 반드시 필요하다는 입장이다. 정부 R&D 예산삭감 사태에서 가장 직격탄을 받은 이들도 젊은 연구자들이었다.

출처 : 조선일보/일부인용

상식UP! Quiz

문제 **한국산업기술진흥협회는 R&D를 기초연구, 응용연구, 개발연구로 구분한다.**

o / x

해설 우리나라 한국산업기술진흥협회에서는 R&D를 기초연구, 응용연구, 개발연구로 구분하고 있다.

답 o

환경을 지키겠다는 기업들의 자발적 약속

지난 제20대 대선후보 토론회에서 화제가 되었던 용어가 있습니다. 바로 RE100인데요. RE100은 재생에너지 전기 100%(Renewable Electricity 100%)의 약자로서 기업들이 경영활동에 필요한 전력을 100% 재생에너지로 충당한다는 뜻입니다. 물론 기한은 지금 당장이 아닌 2050년까지 100%를 달성한다는 것이죠. 이 2050년이라는 기한 연도는 최소 가입 요건이며 그 목표는 기업마다 다르게 설정하여 더 앞당길 수도 있습니다. RE100에서 말하는 재생에너지는 우리가 흔히 알고 있는 태양광이나 풍력을 의미합니다.

RE100은 2014년에 영국의 비영리단체인 기후그룹과 탄소공개프로젝트가 처음 제시했습니다. 막대한 전력을 사용하는 기업들이 기후위기에 자발적이고 선도적으로 대응하자는 취지에서 만들어진 캠페인이죠. RE100에 참여를 선언한 기업은 빠르게 늘어나고 있습니다. 2024년 8월까지 RE100에 가입한 글로벌 기업은 모두 433개입니다. 우리나라의 경우에는 제조업의 에너지 사용량 중 전력에 대한 의존도가 48%나 돼 기업이 부담해야 할 비용이 막대하다는 이유로 2020년 초까지만 해도 RE100 참여 기업이 전무했습니다. 그러나 RE100이 세계적으로 확산함에 따라 2020년 말부터 LG화학, SK하이닉스, SK텔레콤, 한화큐셀 등이 잇따라 참여를 선언했습니다.

우리나라는 2021년 한국형 RE100인 K-RE100 제도를 도입했는데요. 전력을 사용하는 기업이 한국에너지공단의 K-RE100 관리 시스템을 통해 재생에너지를 사용한 실적을 바탕으로 재생에너지 사용 확인서를 발급받게 됩니다. 이 확인서로 재생에너지로 생산한 전력을 구매할 수도 있고, RE100 캠페인 운영에도 활용할 수 있습니다.

재생에너지 빠진 K반도체 패권 한계

한국기업의 메모리반도체 시장점유율은 57%로 세계 1위다. 하지만 그 위상은 RE100이란 변수로 인해 머지않아 위협받을지도 모를 일이다. RE100은 온실가스배출 감축을 위해 기업활동에 필요한 전력을 재생에너지를 이용해 생산된 전기로 사용하겠다는 자발적인 글로벌 캠페인이다. 이제 재생에너지로 생산하지 않은 반도체는 외면당하는 시대가 다가오고 있다. 그러나 삼성전자의 지난해 재생에너지 사용비율은 20.5%, SK하이닉스는 4.1%에 그쳤다. RE100 회원사 일부는 자신에게 물건을 납품하는 업체에도 재생에너지 전기를 사용하도록 요구하고 있다. 대표적 회사인 애플은 부품을 공급하는 협력업체에 2030년까지 재생에너지 100% 사용을 요구했다. 애플의 주요 공급처인 삼성전자와 SK하이닉스의 RE100 목표 연도는 2050년이다. 고객사의 재생에너지 전력사용요구에 대응하지 못하면 국내 반도체기업의 경쟁력은 떨어질 수밖에 없다.

출처 : 주간경향/일부인용

상식UP! Quiz

문제 우리나라 기업들은 K-RE100 제도를 통해 재생에너지로 만든 전기를 구입할 수 있다.
 ○ / ✕

해설 우리나라는 한국형 RE100인 K-RE100 제도를 도입해 기업이 재생에너지 사용 실적을 이용해 재생에너지로 생산한 전력을 구매할 수 있도록 했다.

답 ○

기름 값이 세계를 주무른다

아무리 친환경에너지가 대세라고는 해도 아직 우리는 석유 없이는 살 수 없습니다. 제품을 생산하는 공장에서는 석유가 필요하고, 생산된 제품을 유통하는 화물차와 선박, 비행기도 석유 없이는 움직일 수 없습니다. 그만큼 화석연료의 대표주자인 석유의 영향력은 대단한데요. 우리는 이따금 뉴스에서 국제유가가 상승하거나 하락해서 전 세계가 술렁댄다는 소식을 접할 수 있습니다. 얼핏 생각하면 기름 값이 오르고 내리는 것이 나와 무슨 상관이 있을까 싶지만, 국제유가는 우리가 체감하는 실물경제에도 엄청난 영향을 끼칩니다. 앞서 말했듯이 공장이 기름 값이 비싸 제품을 충분히 못 만들면 공급도 줄어들고, 거기에 더해 유통에 쓰이는 운송수단이 운행을 못하면 감소한 공급이 더 주저앉을 것입니다. 그렇게 되면 당연히 물가는 상승하게 되겠죠. 기업은 적자를 보게 될 것이고요.

이러한 유가는 거래되는 유종에 따라 각각 다릅니다. 국제원유시장에서 거래되는 유종은 세 가지인데요. 뉴욕상업거래소(NYMEX)에서 거래되는 '미국 서부텍사스산 중질유(WTI)', 런던선물거래소(ICE)에서 거래되는 '영국 북해산 브렌트유', 그리고 싱가포르에서 현물로 거래되는 '두바이유'입니다. 그중 우리나라는 주로 두바이유를 수입해 쓰고 있죠. 석유는 배럴당 가격으로 거래되는데, 1배럴은 158.987 리터에 해당합니다. 각 유종은 생산되는 지역의 상황에 따라 가격이 달라집니다. 예를 들어 보통 우리가 알고 있는 석유파동 즉 오일쇼크는 주로 두바이유 생산지인 중동지역에서 일어났죠. 중동에서 발생한 전쟁 등 정치적 갈등이나 서방과의 관계 악화로 원유 생산량을 고의로 줄이면서 전 세계 경제에 큰 악영향을 끼쳤습니다. 또한 유종은 원유가 함유한 유황의 양에 따라서도 가격이 다른데요. 유황이 적을수록 이를 걸러내야 하는 비용도 적게 들기 때문에 가격이 저렴해집니다. 유황의 함유량은 WTI가 가장 적고 다음이 브렌트유, 마지막으로 두바이유가 가장 많다고 합니다.

국제유가 뛰자 … 수입물가도 두 달째 올랐다

중동의 지정학적 위험이 커지면서 **국제유가**가 오르자 국내 수입물가도 두 달째 상승했다. 수입물가는 시차를 두고 소비자물가에 영향을 끼칠 수 있는 주요 물가지표다. 한국은행이 발표한 '7월 수출입물가지수 및 무역지수(잠정)'에 따르면 7월 수입물가는 전월 대비 0.4% 올랐다. 6월 0.7% 상승한 데 이어 2개월 연속 오름세다. 수입물가는 이스라엘을 둘러싸고 중동의 지정학적 위험이 커지자 국제유가가 오른 영향을 받았다. 7월 평균 두바이 유가는 배럴당 83.83달러로 전월 대비 1.5%가량 상승했다. 품목별로 보면 국제유가 상승으로 석탄 및 석유제품이 0.8%, 광산품은 0.6% 올랐다. 반도체 가격 상승으로 컴퓨터·전자 및 광학기기도 0.9% 상승했다. 이문희 한은 경제통계국 물가통계팀장은 "중동의 지정학적 리스크로 국제유가가 오르면서 수입물가 상승세가 이어졌다"며 "국제 반도체 가격 상승 역시 수입물가 상승에 영향을 끼쳤다"고 말했다.

출처 : 아시아경제/일부인용

상식UP! Quiz

문제 **국제시장에서 거래되는 유종은 세 가지다.**　　⭕ / ❌

해설 국제원유시장에서 거래되는 유종은 미국 서부텍사스산 중질유(WTI), 영국 북해산 브렌트유, 두바이유 등 세 가지다.

답　⭕

부동산거품의 씨앗?

사업을 하려면 돈이 필요합니다. 그래서 담보를 맡기고 대출을 받거나 투자자를 끌어 모으는데요. 만약 사업주가 담보로 내세울 만한 부동산이 없거나 대출에 제한이 있는 경우엔 어떻게 할까요? 보통의 담보대출이라면 뾰족한 방법이 없겠지만 '프로젝트 파이낸싱(PF ; Project Financing)'은 다릅니다. 오직 사업계획이 얼마나 완벽하고 수익성이 좋을지를 따져서 대출을 받을 수 있죠. 말 그대로 사업성 하나만 보고 자금을 조달하는 방식입니다. 대출금은 사업성공 이후 벌어들인 수익으로 갚으면 되죠.

PF는 1920년대 미국에서 유전개발을 시도하던 시절에 처음 이뤄졌다고 하는데요. 유전개발이나 도로공사 같은 대규모 사회간접자본 사업은 개인이 담보로도 대출을 받아 사업자금을 끌어 모으기 어렵습니다. 그런데 이런 사업은 크게는 국가 인프라 형성부터 좁게는 지역사회발전에도 영향을 미치기 때문에 필요하긴 합니다. 그래서 금융기관이나 투자자들은 향후 지속적인 투자성과를 기대하고 사업계획의 가능성을 따져 자금을 대줍니다. 또 사업이 대개 장기적으로 진행되기 때문에 사업 중간 중간에도 투자금을 회수할 수 있죠. PF는 담보 대신 사업성을 근거로 대출이 진행돼, 사업주는 서류상 회사인 특수목적법인(SPC ; Special Purpose Company)을 설립합니다. 투자금이 이 회사로 흘러가게 되죠.

그러나 반면 PF는 '투자위험성'이라는 크나큰 단점을 안고 있습니다. 그래서 금융기관은 사업계획의 실현가능성과 수익성, 신용도, 사업주·시행사의 사업수행능력을 면밀하게 심사해 투자를 결정하는데요. 위험성이 크기 때문에 이자율도 높은 편입니다. 사실 우리나라에서 PF라고 한다면 대부분 부동산개발을 목적으로 이뤄집니다. 2010년대 들어 저금리에 부동산시장이 호황을 맞자 투자가 활발해졌고, 금융회사들도 PF관련 상품을 다량으로 내놨는데요. 그러나 2020년대 이후 기준금리가 크게 오르면서 부동산시장이 침체됐습니다. 이 때문에 원자재값 상승으로 개발

비가 늘어나고, 또 미분양 사태가 속출하면서 PF 대출잔액이 치솟게 됐죠. 수익성 악화로 이윤을 내지 못하니 대출금을 제대로 갚지 못한 것입니다. 부동산시장은 침체되면 반등하기도 쉽지 않기 때문에 PF 과열에 대해 우려하는 목소리가 높습니다. 사업성을 제대로 따져보지 않고 예상수익을 낙관해 투자하는 행위가 부동산거품을 일으킨다는 지적도 있고요. 또 금융건전성을 악화시켜 경기침체에서 벗어날 원동력을 떨어뜨린다는 의견도 있습니다.

🔍 **정치 · 경제** · 사회 · 국제 · 문화 · 미디어 · 과학 · IT · 스포츠　　⬆ 🗩 ⁊ 🖨

새마을금고 '감독기관 이관' 목소리 커져

새마을금고에서 금융사고가 반복되는 가운데 감독기관을 행정안전부에서 금융당국으로 이관할 필요가 있다는 지적이 제기됐다. 새마을금고는 상호금융목적의 비영리법인으로 전체 금고 수 1,293개, 매출 197조원, 예수금 260조원 규모로 시중은행과 유사한 수준을 보이고 있다. 새마을금고는 수익성을 높이기 위한 방안으로 **프로젝트 파이낸싱**(PF) 등 부동산 관련 대출을 확대해 왔다. 그러나 부동산경기가 침체되면서 연체액이 10조 6,000억원으로 늘어났고 연체율도 5.41%로 상승했다. 지역금고 30곳 이상은 연체율이 10%를 넘는 것으로 알려졌다. 금융사고도 빈번하게 발생했다. 2017년부터 2023년 8월까지 새마을금고 금융사고 전수현황을 분석한 결과에 따르면 임직원에 의한 횡령 · 배임 · 사기 · 알선수재는 95건이며, 피해액은 634억 8,800만원에 이른다.

출처 : 서울경제/일부인용

상식UP! Quiz

문제 **프로젝트 파이낸싱은 금융기관이 담보 없이 사업성을 심사해 자금을 대출해주는 것을 의미한다.**　　　　　　ㅇ / ✕

해설 프로젝트 파이낸싱은 사업계획과 그 수익성 등을 면밀히 심사해 금융기관이 사업자금을 대출해주는 것을 의미한다.

답 ㅇ

CHAPTER 04

사회 · 교육

당신은 잘못됐고 그것은 내가 결정한다

2010년대 후반에 들어 '가스라이팅(Gaslighting)'이라는 말이 사람들의 입길에 오르내리고 있습니다. 가스라이팅은 1938년 공연된 영국의 연극 〈가스등(Gas Light)〉에서 유래한 용어인데요. 세뇌를 통해 정신적 학대를 하는 것을 의미하며, '가스등 효과'라고도 불립니다. 보통 수평이 아닌 권력이 비대칭적으로 놓인 관계에서 주로 이루어집니다. 타인의 심리나 상황을 교묘하게 조작해 그 사람이 스스로 의심하게 만들어 타인에 대한 지배력을 강화하는 행위라고 할 수 있죠.

연극 〈가스등〉에서 주인공인 남성은 보석을 훔치기 위해 윗집의 여성을 살해합니다. 문제는 윗집에 들어가 보석을 찾으려면 가스등을 켜야 하는데, 그렇게 되면 가스를 공유하는 다른 집의 등이 어두워지게 된다는 겁니다. 따라서 남성이 보석을 찾을 때마다 그의 집도 어두워지는데, 이를 이상하게 여기는 부인의 의심을 죽이기 위해 그는 부인을 이상한 사람으로 몰아갑니다. 아내는 점차 스스로를 정말 잘못되었다 여기고 제대로 현실을 파악하지 못하게 되죠.

현재 범죄에서 자행되는 가스라이팅도 이와 같은 방식을 띱니다. 상대방의 기억이 틀렸다고 주장하고, 있던 일을 없는 것으로 만들어버리며 잘못하지 않은 일을 잘못했다고 몰아세웁니다. 그리고는 자신의 행동을 정당화하는 것이죠. 이러한 가스라이팅은 가정과 학교, 군대, 직장과 같은 일상생활에서 발생할 수 있습니다. 가정에서는 부모가 자식을 지나치게 통제할 때 흔히 가스라이팅을 범하는 경우가 있죠. "다 너를 위해서 하는 말이다", "모두 네가 잘 되길 바라는 마음에서 이러는 것이다"라는 표현이 이에 해당한다고 볼 수 있는데요. 통제와 학대의 과정에서 이러한 표현으로 자신을 정당화하게 됩니다. 직장에서는 부하직원을 무능력자로 질책하면서 깎아내린다든지, 나쁜 평판을 만들거나 과장되게 전달하는 방식으로 부하직원에 대한 통제권을 가지려 합니다.

가정 · 직장 등서 끊이지 않는 '가스라이팅 범죄'

서울서부지법에서 첫 번째 재판이 열린 '마포 오피스텔 살인 사건'은 **가스라이팅** 범죄의 다면성과 심화성을 나타냈다. '34㎏ 시신사건'으로도 불리는 이 사건은 20대 청년 김모씨(20)와 안모씨(20)가 고교 동창 A씨(20)를 두달 가량 서울 마포구 소재 한 오피스텔에 감금하고 폭행해 사망에 이르게 한 사건이다. A씨는 사망 당시 34㎏의 심각한 저체중 상태로 케이블 타이에 묶여 있었다. 해당 사건은 성인 남성이 동년배 친구들로부터 감금생활과 임금착취, 가혹행위를 당했다는 점에서 가스라이팅 의혹을 받았다.

이외에도 가스라이팅 범죄 유형은 더욱 다각화되고 있다. 무속신앙에 빠져 지인의 사주를 받고 60대 친모를 때려 숨지게 한 '안양 세 자매'는 징역 7년을 받았고, 살해를 지시한 지인 B씨에겐 징역 2년 6개월이 선고됐다. 재판부는 "B씨가 경제적 도움을 많이 주는 등 세 자매와 단순한 인간관계 이상으로 B씨에게 의지하고 있는 것으로 보인다"며 '지배적 관계'를 인정했다.

출처 : 파이낸셜뉴스/일부인용

상식UP! Quiz

문제 상황조작을 통해 상대방의 판단력을 잃게 하고 지배하는 심리적 학대방식은?

① 중상모략   ② 그루밍
③ 프레이밍   ④ 가스라이팅

해설 타인의 심리나 상황을 조작해 그 사람이 스스로를 의심하게 만들어 자존감과 판단력을 약화시킴으로써 타인을 지배하는 행위를 가스라이팅이라고 한다.

 답 ④

도로 위의 시한폭탄?!

경찰청에 따르면 2023년 운전면허를 자진반납한 65세 이상 고령운전자가 11만명이 넘었다고 합니다. 나이가 들고 신체적·인지능력이 약화되면서 스스로 운전대를 놓는 고령자가 많아진 것이죠. 이는 고령운전자가 일으킨 교통사고가 늘어나고 있다는 최근의 사회적 인식과 궤를 같이 합니다. 2024년 7월 도로교통공단의 교통사고가해분석시스템에 따르면 65세 이상 운전자가 유발한 교통사고는 2014년 9.1%에 불과했으나, 이후로 차차 오르면서 2023년에는 20%로 뛰어올랐습니다.

고령운전자의 교통사고 유발이 늘면서 정부에서는 대책을 내놓고 있습니다. 2019년부터 고령운전자라면 3년에 한 번씩 수시적성검사를 받도록 하고 있고, 고령운전자가 면허증을 반납하면 지자체별로 10만~30만원 정도의 현금이나 지역화폐를 지급하고 있습니다. 또 2024년 5월 국토교통부에서는 '조건부 운전면허제' 도입을 검토하겠다고 했는데요. 고령자의 실질 운전능력을 평가해 이에 따라서 야간운전이나 고속도로운전 금지, 속도제한 등 운전 허용범위를 다르게 한다는 것이죠. 그러나 대책이 발표되자 고령운전자들의 반발도 즉각 터져 나왔습니다. '65세 이상이라고 모두 운전능력이 떨어지는 것이 아니'며, '사회갈등을 조장하고 고령자의 발을 묶는 정책'이라는 반응이 많았는데요. 게다가 택시운전·화물운송 같은 운수업에 종사하는 고령운전자도 많기 때문에, 이들의 생계뿐 아니라 운수업 자체의 인력수급에도 영향을 줄 수 있다는 우려가 제기됐죠.

2024년 7월에는 서울 시청역 인근에서 68세 운전자가 도로를 역주행해 행인들을 들이받고 9명이 사망하는 참극이 발생했습니다. 당시 사고운전자는 급발진을 주장했지만 동시에 고령운전자에 대한 논란도 다시 불거졌는데요. 그러나 사고 이후에도 사고원인을 고령으로만 단정 짓는 것에 대해 경계해야 한다는 의견이 나왔습니다. 교통사고를 고령 탓으로 떠미는 시각이 생산성 여부를 중요시하는 현 사회에서 노인을 그저 '짐이 되는 존재'로 범주화하는 한 단면이라고도 지적했죠. 고령운전자

유발 사고가 늘어난다는 통계 또한 운전자 연령대가 높아지는 고령화의 측면이 빚어낸 '통계의 함정'이라는 분석도 있습니다. 아울러 연령과 교통사고율 간에 확실한 인과관계가 성립한다고 보기는 어렵다는 주장도 나왔습니다.

정치 · 경제 · **사회** · 국제 · 문화 · 미디어 · 과학 · IT · 스포츠

"뺄셈 틀리면 면허갱신 불가" …
기준 모호한 고령운전자 치매검사

시청역 참사를 계기로 정부가 고령자 면허를 제한하는 정책을 검토 중인 가운데, 고령운전자 자격을 검사하는 현행제도부터 정비해야 한다는 지적이 나온다. 특히 75세 이상 운전자가 운전면허를 갱신할 때 받아야 하는 치매인지선별검사(CIST)는 운전능력평가와 직접적인 연관이 부족하고, 평가기준도 모호하다. 치매검사는 기억력, 주의력, 시공간기능, 언어기능, 집행기능 등 인지기능을 평가하는 도구다. 최호진 한양대 구리병원 신경과 교수는 "심각한 치매환자에겐 확실하게 '운전 못 한다'고 말할 수 있지만, 경도인지저하나 초기 치매환자는 기준이 모호하다"라며 "기억력 점수가 낮게 나왔다고 해서 사고를 낼 것이라고 단정할 순 없지 않나"라고 말했다. 이찬녕 고려대 안암병원 신경과 교수도 "치매판정을 위한 검사도구로 운전능력을 평가하니 불만을 토로하는 어르신이 적지 않다"고 전했다.

출처 : 쿠키뉴스/일부인용

상식UP! Quiz

문제 65세 이상의 고령운전자는 3년 주기로 운전면허 갱신을 받아야 한다. ○ / ×

해설 2019년 도로교통법 개정으로 75세 이상의 고령운전자는 3년 주기로 적성검사를 통해 운전면허 갱신을 받아야 한다.

답 X

먼저 사서 비싸게 파는 사람이 진짜 임자

스위스의 명품 시계 브랜드인 롤렉스의 매장에서는 시계가 아닌 공기만 판다는 말이 있습니다. 매장에 가도 시계를 구입하기가 그만큼 어렵다는 뜻인데요. 상품 공급이 줄면서 매장에 상품이 입고되기만 하면 어떻게든 구매하려는 사람들이 줄을 잇고 있습니다. 이는 롤렉스뿐 아니라 다른 명품 브랜드에서도 나타나고 있는 현상인데요. 이렇게 명품을 구매해서 몇 배의 웃돈을 얹어 되팔아 차익을 남기는 사람들이 늘어나고 있습니다. 이런 사람들을 우리는 리셀러(Reseller)라고 부르죠.

사실 리셀러는 '되팔렘'이라는 멸칭으로도 불리고 있습니다. 그만큼 이들이 시장에 끼치는 영향도 크다고 할 수 있는데요. 리셀을 전문으로 하는 사람들이 한정판과 희소한 상품들을 독점하다시피하면서 일반 소비자들의 불만도 커지고 있습니다. 이들은 매장 앞에서 노숙까지 하는 아르바이트를 고용해 조직적으로 움직이면서 상품을 그야말로 '싹쓸이'하고 있는데요. 명품 브랜드만이 아니라 화제로 떠오른 신상품이나 한정판 MD 상품, 컬래버레이션 운동화, 희소 LP판이나 아이돌 굿즈 등 희귀하고 가격을 올려 팔 수 있을 만한 물건이라면 가리지 않고 구매하고 있습니다. 오프라인에서는 아르바이트를 쓰고, 온라인에서는 매크로 프로그램을 가동하면서 상품을 구하고 있죠. 이런 상품들은 다시 엄청나게 가격이 붙어 중고시장에 등록됩니다. 중고거래 플랫폼인 '당근마켓'을 위시한 중고시장이 활성화되면서 리셀러들의 입김은 더욱 세지고 있습니다. 이러한 행위들은 또한 시장을 교란시킬 수 있죠.

사실 이런 리셀러가 기승을 부리기 시작한 것은 명품 브랜드들이 가격을 연달아 인상한 영향도 있었습니다. 에르메스와 루이비통, 샤넬은 2020년부터 계속해서 가격을 인상하고 있는데요. 코로나19로 매출 타격을 입은 브랜드들이 명품 소비율이 높은 우리나라를 비롯한 아시아 지역을 중심으로 가격 인상을 단행한 것으로 풀이됐습니다. 가격인상은 수차례나 이어졌지만, 수요는 가라앉지 않았죠. 이렇게 명품 브랜드의 가격조정정책 때문에 상품의 가치가 유지되고 오히려 인상되는 현상이 발생하자, 이를 재테크 수단으로 활용하려는 리셀러들에게 힘을 불어넣었다는 분석이 있습니다.

🔍 정치 · **경제** · **사회** · 국제 · 문화 · 미디어 · 과학 · IT · 스포츠

"음료 20잔 버려주세요"…
스타벅스 이어 공차까지 '굿즈 대란'

음료브랜드 공차가 인기 PC게임 브랜드와 협업해 내놓은 키링 굿즈로 골머리를 앓고 있다. 키링 수량이 한정돼 있다 보니 게임 마니아들이 공차로 몰려든 것. 이 가운데 키링을 얻기 위해 음료 수십 잔을 주문하고 음료는 버려달라고 하는 사례도 잇따르고 있다. 심지어 굿즈 대란은 **리셀**(되팔기) 현상마저 초래하고 있다. 번개장터 등 중고거래 플랫폼에서는 '공차 키링을 4만원에 사겠다'는 글도 게시돼 있다. 앞서 스타벅스도 이 같은 논란에 휩싸인 바 있다. 스타벅스는 2020년 음료 3잔을 포함해 총 17잔을 구매하면 스타벅스 로고가 들어간 여행가방을 제공하는 이벤트를 진행했다. 당시 서울의 한 매장에서 음료 300잔을 주문한 고객이 음료는 받지 않고 사은품 가방 17개만 챙겨 자리를 떠난 사실이 알려지면서 논란이 됐다.

출처 : 뉴스1/일부인용

상식UP! Quiz

문제 리셀러가 구입하는 상품은 명품 브랜드로 한정되어 있다.　　　　○ / ×

해설 리셀러는 명품 브랜드뿐 아니라, 비매품인 MD 상품이나 한정판 신발, 새로 출시된 게임기 등 희소성 있는 상품들을 구매하여 프리미엄을 붙여 중고시장에 판매한다.

답 ×

은퇴와 동시에 시작되는 먹고 살 걱정

크레바스(Crevasse)는 빙하가 흘러내리면서 균열이 생겨 만들어지는 틈을 말합니다. 겉으로 보인다면 피할 수 있지만, 눈에 덮여 드러나 보이지 않을 때 자칫 발을 헛디뎌 빠지게 되면 매우 위험하다고 하는데요. 그 깊이가 50~100m에 달하는 것도 있다고 합니다. 한 번 빠지게 되면 탈출하기가 쉽지 않죠. 소득 크레바스는 이 깊은 틈처럼 은퇴 후 연금을 받을 때까지 소득이 없는 기간을 뜻합니다. 정확히는 '생애 주된 직장'의 은퇴 후를 말하는데요. 평생직장의 개념이 희미해지고 정년도 짧아지는 현 시대에서 소득 크레바스의 골은 더욱 깊어지고 있습니다.

통계청의 2019년 발표에 의하면 직장인은 평균 49.5세에 퇴직하며, 국민연금 수령 시기가 65세이므로 평균 15.5년 동안 소득 공백 시기가 있는 것으로 나타났습니다. 아울러 2020년 한 금융회사가 퇴직자를 대상으로 설문한 결과에 따르면 퇴직자 가운데 절반 이상은 새로운 일을 하고 있으며, 가구당 월평균 수입은 약 393만 원에 불과한 것으로 조사됐는데요. 60%가 넘는 퇴직자들이 퇴직 후 생활비를 30% 정도 줄였다고도 응답했습니다.

이것은 소득 크레바스가 퇴직 시기를 맞은 5060세대의 생계에 큰 위협이 될 수 있다는 것을 시사합니다. 더군다나 현재의 5060세대는 위로는 노부모를 봉양해야 하고, 아래로는 자녀들을 뒷바라지해야 하는 낀 세대라고 할 수 있죠. 여기에 자신들의 생활까지 영위해야 하니 삼중고를 겪고 있다고 할 수 있습니다. 그리고 연금을 받는 후에도 경제적 어려움은 이어질 수 있는데요. 실제로 2021년 우리나라 65세 이상 노인의 빈곤율은 43.4%로 OECD 국가 가운데 가장 높은 것으로 전해졌죠. 동시에 2021년 대검찰청이 발표한 결과에 따르면 2020년에 65세 이상 고령자 10만 명당 479.9명이 재산관련범죄를 저질렀는데, 이는 지난 2010년에 비해 약 135% 증가한 것이라고 합니다.

우리나라는 지난 2017년 이미 고령사회로 들어섰고, 평균수명도 2020년에 81세로 조사되었는데요. 은퇴 후 노후시간이 갈수록 길어질 전망에 따라 소득 크레바스를 비롯한 노후대비 문제를 깊게 고민하고 시급히 해결해야 한다는 사회적 요구가 커지고 있습니다.

정치 · **경제** · **사회** · 국제 · 문화 · 미디어 · 과학 · IT · 스포츠

5060 소득 크레바스, 민관 협력으로 풀어야

5060세대가 직면한 가장 큰 문제는 '**소득 크레바스**'다. 이들 세대는 일부 대기업 출신을 제외하고는 제대로 된 재취업 교육을 받아본 적이 없다. 중앙정부와 지자체의 일자리 지원 대책이 청년층과 노년층에 집중된 결과다. 상황이 이렇다보니 직장에서 밀려나온 5060세대는 소득 크레바스를 줄이기 위해 저임금, 생계형 일자리로 내몰릴 수밖에 없다. 이명민 숙명여대 행정학과 교수는 "자산 축적을 제대로 못한 가구의 경우 큰 경제 충격이 올 경우 노인 빈곤으로 이어질 가능성이 높다"고 우려했다.
전문가들은 지금이라도 5060세대의 일자리 문제를 국가적 과제로 인식해 민관이 머리를 맞대고 해결 방안을 모색해야 한다고 입을 모은다. 손유미 한국직업능력개발원 부원장은 "퇴직자에게 양질의 일자리를 제공하는 것은 5060의 생계유지 측면에서도 중요하다"고 말했다. 그러면서 "노동시장에서 이탈한 5060세대에게 일은 세상과 계속 소통하는 차원에서 의미가 있다"고 덧붙였다.

출처 : 서울경제/일부인용

상식UP! Quiz

문제 은퇴 후 국민연금을 받을 때까지 소득이 없는 기간을 뜻하는 용어는?
① 소득 크레바스　　　　　　　② 트리핀 딜레마
③ 임금피크　　　　　　　　　④ 래칫효과

해설 크레바스(Crevasse)는 빙하가 흘러내리면서 얼음에 생기는 틈을 의미하는 것으로, 소득 크레바스는 은퇴 당시부터 국민연금을 수령하는 때까지 소득에 공백이 생기는 기간을 말한다.

답 ①

생산성 강화 vs 생산성 저해

우리나라에서도 일주일에 4일만 근무하는 주4일 근로제의 실험과 도입이 차츰 이루어지고 있습니다. 일부 민간기업에서 격주 주4일 근무방식을 택했고, 몇몇 지자체에서도 육아하는 직원을 대상으로 주4일제 도입을 발표했습니다. 월~목요일까지는 1시간씩 더 일하는 대신 금요일에는 오전에만 근무하는 방식의 유연근무제를 실시하기도 하죠. 이러한 주4일제 도입의 가장 큰 목적은 일과 가정생활의 양립을 통해 심각한 저출산 문제 해결에 도움이 되기 위함입니다.

주4일제에 대한 찬반논쟁은 아직 첨예한데요. 찬성하는 측에서는 여전히 우리나라의 노동시간이 세계 최고수준이며, '지속가능한 노동'이 이뤄져야 한다고 주장합니다. 또 '업무효율성 강화'를 주4일제의 최대 장점으로 꼽는데요. 정해진 업무시간이 줄어드니 개인업무로 불필요하게 낭비되는 시간이 사라지고 더 집중력 있게 일하게 됩니다. 이를 통해 생산성을 높일 수 있다는 것이죠. 실제로 주4일제 시험 결과 생산성이 늘어났고 이직률도 낮아졌다는 외국의 사례를 들고 있습니다. 근로시간이 줄어드니 개인건강에 신경 쓸 여력이 늘어나고, 가족과 개인활동에 더 많은 시간을 할애할 수 있습니다. 삶의 질적인 만족도가 올라가겠죠.

한편 반대 측은 주4일제가 금융·서비스 업종에서는 생산성을 늘릴 수 있을지 몰라도, 제조업 기반인 우리나라에서 주4일제를 모든 산업에 일괄적으로 적용하기 어려울 거라고 주장합니다. 중소기업의 경우 주4일제를 실시할 여력도 없는데다가, 다 같이 일하고 다 같이 쉬는 제조업의 특성상 외려 생산성을 저해할 것이라고 이야기하죠. 주4일제가 가능한 업계 내에서도 장기근로가 필요한 직렬이나 일부 인력에 대해서는 제한적으로 실시하는 상황입니다. 무엇보다 주4일제의 대원칙은 노동시간을 줄이면서도 급여삭감을 하지 않는 것인데, 이를 영세한 중소기업이 감당할 수 있을지도 문제로 지목되죠. 일각에서는 임금지급이 어려운 중소업체에 한해 정부가 지원을 해주는 방법도 고려해야 한다고 주장합니다.

"저희 회사도 주4일제 가능할까요"… 저출생이 쏘아올린 공

최근 일부 지자체 공공기관에서 어린 자녀를 키우는 직원의 출근일수를 줄여주는 등 일−가정 양립 정책을 앞 다퉈 도입하고 있다. 아이를 키우는 근로자들 사이에서는 이 같은 **주4일 근로제**의 확산이 필요하다는 기대 섞인 반응이 나온다. 다만 민간 중소영세 기업에서는 자율적으로 근무시간을 줄이는 게 현실적으로 불가능하다는 지적도 있다. 공공기관에 비해 민간기업은 업무효율이 일부 오르더라도 자칫 전체 생산성이 저하되면 경쟁에서 도태될 수 있다는 우려 때문에 근무시간을 줄이는 시도를 하기가 더 어렵다. 따라서 정부차원의 지원책을 마련하는 한편 근무시간의 양극화를 줄일 방안을 함께 고민해야 한다는 분석이 나온다. 김대종 세종대 경영학부 교수는 "출산율이 전 세계 꼴찌인 상황에서 부모의 양육환경 개선을 위한 특단의 대책이 필요하다"며 "지금도 정부가 저출산 예산으로 수십조원씩 쓰고 있는 만큼 돈을 아낄 사안이 아니다"고 지적했다.

출처 : 뉴시스/일부인용

상식UP! Quiz

문제 2023년 3월 윤석열정부는 주4일 근로제를 골자로 하는 근로제 개편안을 발표했다.

ㅇ / X

해설 2023년 3월 윤석열정부는 최대 69시간까지 근무가 가능하고 장기휴가를 이용할 수 있도록 하는 근로제 개편안을 발표하여 논란을 불렀다.

답 X

실업급여가 아닌 시럽급여?!

실업급여는 고용보험에 가입한 근로자가 실직하고 재취업활동을 하는 동안 생계안정과 취업 의지를 고양하기 위해 국가가 지급하는 지원금입니다. 보통 실업급여라고 칭하는 구직급여와 취직촉진수당으로 나뉩니다. 실업급여는 실직한 날을 기준으로 18개월 중 180일 이상 근무하다가, 직장이 문을 닫거나 구조조정(해고) 등 자의와는 상관없이 실직한 사람에게 지급됩니다.

그런데 2023년 들어 이 실업급여 지급에 문제가 있다는 말이 정부·여당에서 나왔는데요. 실업급여의 관대한 수급조건을 악용해 직장에서 기준일수를 채우고 퇴사한 뒤 반복해서 실업급여를 받거나, 받은 이후에도 재취업 노력을 제대로 하지 않는 사례가 있다고 지적했죠. 실업급여를 받은 후 재취업률도 낮은 편이고, 실업급여의 궁극적 목적인 근로의지를 북돋는 측면에서 미흡하다고 했습니다. 게다가 현행 실업급여는 이전 직장급여의 60%, 이것이 최저임금에 미달할 경우 최저임금의 80%를 지급하고 있는데요. 취업 후 최저임금 급여에서 세금을 빼다보면, 실업급여보다 적은 현상이 발생하기도 했죠. 그래서 "힘들게 일하며 최저임금 받는 것보다 쉬면서 실업급여 타는 것이 더 이득"이라는 말까지 나왔습니다. 여당은 이를 두고 실업급여가 아닌 '시럽급여'라는 말로 표현해 논란이 됐는데요.

정부는 실업급여 지급을 위해 설립된 고용보험기금의 적자까지 거론하며, 수급조건을 강화하고 수급액도 깎겠다는 계획을 내놨습니다. 그러나 우려하는 목소리도 있죠. 물론 근로기간 등 수급조건을 악용하는 사람도 있겠지만, 불안정한 임시·단기근로자가 많은 노동실태를 고려하면 악용은 일부 사례라는 겁니다. 또 현재 같은 불황에 실업급여가 늘고 고용보험이 적자가 나는 것은 자연스러운 현상이라는 의견도 있죠. 또 노동계에서는 정부·여당이 적자의 이유를 정확히 분석하지도 않고, 취약계층에 대한 이해 없이 재정부족을 충당하기 위해 무작정 실업급여를 깎는다고 비판했습니다.

바닥 보이는 실업급여, 갈수록 더 빠듯

실업급여 예산이 조기 소진될 가능성이 높아졌다. 실제 예산이 바닥난다면 고용노동부는 또 공공자금관리기금에 손을 벌려야 할 수 있다. 문제는 구직급여 예산부족이 향후 반복될 수 있다는 점이다. 고용부가 내년도 실업급여 예산을 올해보다 3,000억원가량 줄였기 때문이다. 이 탓에 실업급여에 최저임금 연동구조를 없애는 등의 대대적인 개편이 없다면 고용보험기금 재정건전성 확보가 어려울 것이란 우려가 나왔다. 고용부는 "윤석열정부 노동개혁의 핵심은 경제활성화와 일자리 창출"이라며 "취약계층의 사회안전망을 강화하는 것도 중요하지만 더 많은 일자리가 근본적인 대책"이라고 설명했다. 이어 "최저임금에 연동한 하한액, 손쉬운 수급요건으로 실업급여 반복수급 등이 근로의욕 저하의 핵심 원인"이라며 실업급여 제도개편 의지를 재확인했다.

출처 : 헤럴드경제/일부인용

상식UP! Quiz

문제 직장에서 권고사직을 한 경우 실업급여를 받을 수 있다.　　　 ○ / ×

해설 실업급여는 해고, 권고사직 등 직장에서 자의와는 상관없이 실직한 사람에게 주어질 수 있다.

답 ○

받은 만큼만 일할 겁니다

최근 젊은 MZ세대 직장인들을 중심으로 이른바 '조용한 사직(Quiet Quitting)'이라는 근로 문화가 확산되고 있다고 합니다. 조용한 사직이란 직장을 그만두지는 않지만 정해진 업무시간과 업무범위 내에서만 일하고 초과근무를 거부하는 노동방식을 뜻하는 신조어입니다. 'Quiet Quitting'을 직역하면 '직장을 그만두겠다'는 의미이지만 실제로는 '직장에서 최소한의 일만 하겠다'는 뜻이죠. 이 신조어는 미국 뉴욕에 거주하는 20대 엔지니어기사 '자이드 플린'이 자신의 틱톡 계정에 올린 동영상이 화제가 되면서 전 세계로 확산됐습니다. 워싱턴포스트는 이에 대해 직장인들이 개인의 생활보다 일을 중시하고 일에 열정적으로 임하는 '허슬 컬처(Hustle Culture)'를 포기하고 직장에서 주어진 것 이상을 하려는 생각을 중단하고 있다는 것을 보여주는 현상이라고 분석했죠.

조용한 사직이 등장한 데에는 여러 사회적 배경이 있는데요. 먼저 '평생직장'이라는 개념이 사라지고 이직을 포함한 근로 문화가 느슨해지면서, 일에 대한 의미가 달라지고 있기 때문입니다. 수십 년간 한 회사에 인생을 바쳤던 기성세대와 달리, 조용한 사직을 추구하는 직장인들은 '열정을 다해서 일해 봤자 나에게 실질적으로 돌아오는 것은 없다'고 느낀다는 것입니다. 회사가 나의 삶을 책임져주지 않는다는 것이죠. 또 물가는 하루가 다르게 치솟는데 승진은 고사하고 급여도 이에 따라가지 못하면서, '열심히 일을 하고 돈을 벌어도 결국 나의 삶에 변화는 오지 않는다'는 생각이 조용한 사직을 이끌어냈다는 분석이 있습니다. 아울러 코로나19 팬데믹을 지나며 재택근무가 활성화되면서 비교적 자유로운 근무환경이 조성된 것도 영향을 줬습니다. 이렇게 조용한 사직을 추구하는 직장인들이 나타나면서 기성세대 직장인들과 갈등도 일어나고 있다고 하는데요. 기성 직장인들은 '개인적인 영역도 중요하지만 직장에서는 팀워크로 완성되는 업무도 있는데, 젊은 세대들은 사생활이 무조건 우선이 되는 것 같아 씁쓸하다'는 반응도 보였습니다.

월급만큼만 일하는 '조용한 사직' MZ세대엔 이미 대세

'조용한 사직(Quiet Quitting)'이란 실제 퇴사를 하진 않지만, 마음은 일터에서 떠나 최소한의 업무만 하려는 태도를 뜻하는 신조어다. 직장인 5년차 A씨는 "최근 이 단어에 너무 크게 공감한다"며 "친구들 중 10명에 9명이 다 동의할 정도로 요즘 우리 세대 직장인들에겐 보편적인 현상이 아닐까 싶다"고 설명했다. 이어 "연봉협상을 했는데 물가는 엄청 올랐는데 월급은 쥐꼬리만큼 올려주면서 불황에도 인상했지 않느냐는 회사의 망언을 들으며 더 확실히 조용한 사직을 해야겠다는 마음을 굳혔다"고 머리를 긁적였다. 최근에 결혼한 직장인 4년차 B씨는 "윗분들은 그 당시 회사 월급으로 집도 사고 가족도 부양하니 회사에 충성했을 것"이라며 "지금은 회사 월급이 내 삶을 책임져줍니까"라고 되물었다. 이어 "그렇다고 일을 아예 안하고 월급만 챙겨가는 이른바 '월급 루팡'을 한다는 게 아니다"라며 "딱 돈 준 만큼 일하겠다는 것"이라고 덧붙였다.

출처 : 뉴스1/일부인용

상식UP! Quiz

문제 '조용한 사직'이란 '허슬 컬처'와 유사한 개념이다.   〔 ○ / × 〕

해설 '허슬 컬처'란 직장인들이 사생활보다 일을 중시하여 일에 열정적으로 임하는 근로문화로, 조용한 사직과는 대조적인 개념이다.

〔답 × 〕

041 마약류 오남용

마약류 의약품도 잘못 사용하면 마약입니다

마약성 진통제와 식욕 억제제, 마취제 등 의료용 마약류의 오남용 문제가 점점 심각한 사회 문제로 대두되고 있습니다. 마약류 가격이 생각보다 저렴하고 어렵지 않게 구할 수 있어 특히나 젊은 층에서 마약에 손을 대는 일이 늘어나고 있는데요. 2021년 건강보험심사평가원 자료에 따르면 마약 중독으로 치료받은 10~20대 환자 수가 최근 5년간 92% 증가한 것으로 나타났습니다. 같은 기간 전체 마약중독 환자 수가 32%(469명 → 618명) 증가한 것과 비교하면 10~20대 마약중독이 더 가파르게 증가한 것을 확인할 수 있죠. 보건복지부는 최근 젊은 층의 마약 투약 문제가 불거지면서 2023년에는 청소년을 대상으로 마약 실태조사를 하겠다고 밝히기도 했습니다.

마약류로 분류되는 것들에는 필로폰이나 헤로인 같은 전통적 마약도 있습니다. 그러나 병원에서 처방받는 마약류 의약품도 최근 문제가 되고 있습니다. '펜타닐 패치'라는 진통-마취제를 처방받는 젊은 층이 늘어나고 있는데요. 식품의약품안전처(식약처) 자료에 따르면 20대 펜타닐 패치 처방량은 2019년 4만 4,105개에서 2021년 6만 1,087개로 38.5% 늘어났다고 합니다. 펜타닐 패치는 아편, 모르핀 등과 같은 계열의 진통·마취제인데, 피부에 부착하는 패치 형태로 되어 1매당 72시간 정도 통증을 완화하는 효과를 냅니다. 약효가 헤로인의 100배, 모르핀의 200배 이상으로 효과가 큰 만큼 중독성이 강한데, 이용이 간편하다 보니 10대 이하에서도 꾸준히 처방되고 있습니다. 특히 같은 기간을 봤을 때 20대 펜타닐 패치 처방 건수와 환자 수는 비슷하지만, 처방량은 늘어나 오남용이 늘어난 것으로 풀이할 수 있죠. 식약처 기준에 따르면 펜타닐 패치는 18세 미만 소아청소년에게 투여가 금지돼 있지만, 치료를 위해 사용이 필요하면 예외로 허용하고 있습니다. 구하면 구할 수 있다는 이야기죠. 마약류 의약품으로 분류된 식욕 억제제도 의료기관에서 무분별하게 처방하면서 10~20대 접근을 부추기고 있다는 지적이 나왔습니다.

식약처에서는 마약류 의약품 오남용을 막기 위한 제도를 도입했지만, 현장에서 잘 이용되지 않는 상황입니다. 식약처는 오남용이 우려될 때 처방·투약하지 않도록 의사가 환자의 마약류 투약 이력을 확인할 수 있는 '마약류 의료쇼핑 방지 정보망'을 운영하고 있습니다. 그러나 의료 현장에서는 정보망 사용절차가 복잡하다는 이유 등으로 이력검토가 잘 이뤄지지 않고 있죠. 우리나라도 '마약 청정국'에서 벗어나고 있는 만큼 특단의 대책이 필요해보입니다.

🔍 정치·경제·**사회**·국제·문화·미디어·과학·IT·스포츠

마약성 진통제, '처방 잘해주는 병원' 리스트 돌기도

의료기관을 통한 마약류 의약품 오남용이 심각하다는 지적이 나온다. 일부 중독자 사이에선 말기 암 환자에게 쓰는 마약성 진통제인 펜타닐 패치나 비만치료제인 식욕억제제 등을 구하는 방법이 암암리에 공유되고 있다. 특히 펜타닐의 경우 중독성이 헤로인의 100배 이상으로 알려져 있는 만큼 의사 처방이 필수적인데, 일부 병원에선 무분별하게 처방을 내주는 실정이다. 경남에선 '청소년들이 공원에서 마약을 하는 것 같다'는 신고를 받고 수사에 나선 경찰이 10대 청소년 56명을 검거했다. 이들은 '허리가 아프다'는 등의 이유로 병원에서 펜타닐 패치를 처방받은 후 공원과 상가, 심지어 학교에서까지 투약한 것으로 드러났다. 부산·경남 지역 28개 병원을 돌아다니며 처방받은 패치를 10배 가격에 팔기도 했다.

출처 : 동아일보/일부인용

상식UP! Quiz

문제 **마약류 의약품은 식품의약품안전처에서 정한 마약류에는 해당하지 않는다.**

해설 마약류란 마약, 향정신성의약품, 대마를 합쳐 부르는 통칭이며, 여기에는 진통제인 펜타닐, 메타조신 등 마약류 의약품도 포함된다.

답 ×

모두 함께 살 수는 없나요?

경리단길, 해방촌, 서촌, 북촌, 성수동, 망원동 등 예전에는 작고 조용하던 동네들이 언제부터인가 많은 사람들이 찾는 곳이 되었습니다. 그러면서 자연스럽게 음식점, 카페 등 상권도 발달하게 되었지요. 사람들이 많이 찾아 동네가 활기를 띠고 주민소득이 증가하는 것은 좋지만 이렇게 되면 젠트리피케이션이 나타나게 되어 문제가 됩니다.

젠트리피케이션(Gentrification)은 지주계급 또는 신사계급을 뜻하는 '젠트리(Gentry)'에서 파생된 용어로, 1964년 영국의 사회학자 루스 글래스(Ruth Glass)가 처음 사용했습니다. 런던 서부에 위치한 첼시와 햄프스테드 등 하층계급의 주거지역이 중산층 이상의 계층 유입으로 인하여 고급 주거지역으로 탈바꿈하면서 기존의 하층계급 주민은 치솟은 주거비용을 감당하지 못하여 결과적으로 살던 곳에서 쫓겨나는 일이 있었습니다. 젠트리피케이션은 이렇게 기존에 살던 주민들은 다른 지역으로 이주하고 유입된 중산층이 지역 주민을 구성하게 되면서 지역 전체의 구성과 성격이 변한 것에서 유래했습니다.

우리나라에서도 젠트리피케이션 현상이 각지에서 나타나면서 사회적인 문제가 되고 있습니다. 그 대표적인 곳이 해방촌, 경리단길, 성수동 서울숲길 그리고 망리단길이라 부르는 망원동 등입니다. 각 지자체는 이러한 현상을 예방하기 위해 거주 중인 예술인들을 지원하기도 하고, 건물주와 임차인 간 적정 수준 임대료를 유지하기로 하는 일명 '상생협약'을 적극적으로 권장하기도 합니다.

뜨는 동네의 빛과 그림자, 젠트리피케이션

압구정 로데오 상권은 1980년대 중반 이후 유명 패션디자이너들이 중구 명동에서 매장을 옮겨오면서부터 형성되기 시작했고 1990년대 외국 유학생들로부터 전파된 이국적 취향과 고급스러운 분위기가 반영되면서 당대 최고의 '핫플레이스'로 발전했다. 해외 유학생들을 일컫는 '오렌지족'과 스포츠카를 타고 '야타!'를 외치던 '야타족'들이 자주 출몰했던 압구정 로데오 상권은 2000년대까지 그야말로 대한민국 트렌드를 선도하는 곳이었으나 높은 임대료로 인해 2000년대 중반 이후 급격하게 쇠락하기 시작했다. 이때 비싼 임대료에 밀려난 개인 디자이너들이 가로수길에 하나둘씩 모여들면서 상권이 형성되었고 이국적인 분위기가 젊은 층 사이에서 입소문을 타면서 점차 상권이 확장되어 가로수길은 한때 패션 트렌드를 선도하는 상권으로 발전하였다. 현재는 압구정 로데오 상권이 다시 활성화되고 있지만, 압구정 로데오 상권에서 파생된 신사동 가로수길 상권의 형성은 젠트리피케이션의 대표사례로 거론되고 있다.

출처 : 한국경제/일부인용

상식UP! Quiz

문제 **다음의 사례는 어떤 현상에 대한 해결방법인가?**

- 해방촌 신흥시장 – 소유주 · 상인 자율협약 체결, 향후 6년간 임대료 동결
- 성수동 – 구청, 리모델링 인센티브로 임대료 인상 억제 추진
- 서촌 – 프랜차이즈 개업 금지

① 스프롤 현상　　　　　　② 젠트리피케이션
③ 스테이케이션　　　　　　④ 공동화 현상

해설 사례들은 낙후된 지역이 여러 가지 환경 변화로 인기 지역이 됨에 따라 지가나 임대료가 상승하게 되면서 기존에 살던 주민들이 다른 곳으로 밀려나게 되는 젠트리피케이션 문제를 해결하기 위한 방안들이다.

 답 ②

당연한 시민사회의 소양

문해력은 단어 그대로 문자를 읽고 쓸 수 있는 능력을 말합니다. 유네스코 (UNESCO)는 "문해란 다양한 내용에 대한 글과 출판물을 사용하여 정의, 이해, 해석, 창작, 의사소통, 계산 등을 할 수 있는 능력"이라 정의했는데요. 최근 우리나라에서는 학생부터 성인까지의 문해력이 현저히 떨어진다는 지적이 제기되어 화제를 모았습니다.

과거 '사흘'이라는 단어를 사용한 뉴스 기사를 읽고 사흘이 '3일'이나 '4일'이냐를 두고 다투는 댓글들을 볼 수 있었는데요. 이후에는 한 인터넷 카페에서 웹툰 작가 사인회의 예약 오류에 대해 "심심한 사과 말씀 드린다"는 공지를 올렸다가 누리꾼들의 엇나간 조롱을 받은 일도 있었습니다. 매우 깊고 간절하다는 뜻의 '심심(甚深)하다'를, 하는 일이 없어 지루하고 재미가 없다는 것으로 해석해 카페 측을 비판한 것이죠. 그런가하면 오늘을 뜻하는 '금일(今日)'을 금요일로 착각해 벌어진 해프닝이 소개되기도 했습니다. 전국 만 18세 이상 성인 1만 429명을 대상으로 한 '2020년 성인문해능력조사' 결과에 따르면 초·중학교 수준의 학습이 필요한 성인은 20.2%에 달하는 것으로 나타났습니다.

청소년의 문해력 저하 문제도 심각하게 제기되는데요. 최근 초·중·고등학교에서 국어 과목 등의 수업을 할 때 학생들이 한자어를 비롯한 단어의 의미를 모르는 경우가 많아 수업에 지장을 겪는 경우가 많다고 합니다. 문자와 글보다는 영상 같은 직관적이고 시각적인 매체를 주로 접하게 되면서 글의 구조와 의미를 해석하고 습득하는 데 어려움을 겪는다는 겁니다. 일각에서는 시대가 변화함에 따라 세대가 사용하는 언어와 그 표현방식도 달라지므로, 단순히 문해력이 낮다고 비판하는 것은 지나친 처사라는 의견도 있습니다. 그러나 한편으로는 문해력이 시민사회의 일원으로서 소양을 갖추는 기본적인 능력인 만큼, 젊은 세대 또한 이 같은 능력 격차를 극복하기 위한 노력이 필요하다는 언급이 있었습니다. 아울러 어릴 적부터 문자 언어생활에 익숙해지도록 지도하는 가정과 학교의 노력도 있어야 한다는 의견이 있었죠.

"무슨 말인지 몰라 수학 못 풀어요" …
문해력 학원 1년 만에 300명 몰려

서울 동작구의 한 수학학원 강의실. 초등학교 1 · 2학년을 대상으로 한 수업이 한창이었다. 선생님이 질문을 하면 아이들이 대답하는 방식으로 수업은 진행됐다. 특이한 점은 교재가 동화책이란 것. 선생님은 아이들에게 수학공식이 아닌 책의 중심 내용이나 감명 깊게 읽은 부분을 묻고 있었다. 학원 관계자는 "수학학원인데도 학생들에게 독서를 시키는 이유는 결국 문제를 이해해야 수학 문제도 풀 수 있기 때문"이라며 "자녀들에게 독서교육을 할 시간이 없는 부모님들이 우리 학원을 찾아온다"고 말했다. **문해력** 저하 현상이 사교육 시장도 바꾸고 있다. 불안감을 느낀 학부모들이 학원가를 찾으면서 빚어진 현상이다. 최근 학원가에 등장하기 시작한 '문해력 학원'은 이미 특수를 맞았다. 실제로 서울 강남구 대치동 학원가의 한 문해력 학원은 개원 1년 만에 학생을 300명 넘게 모집했다고 한다.

출처 : 아시아경제/일부인용

상식UP! Quiz

문제 유네스코가 지정한 '세계 문해의 날'은 언제인가?

① 8월 8일   ② 9월 8일
③ 10월 8일   ④ 11월 8일

해설 '세계 문해의 날(International Literacy Day)'은 매년 9월 8일로 문맹 퇴치의 중요성을 알리기 위해 1965년 유네스코가 지정했다.

 답 ②

이제는 기록에 오래 남아요!

얼마 전부터 우리사회와 언론에서는 학교폭력문제가 자주 도마에 오르고 있습니다. 여기에 학폭을 다룬 드라마도 큰 주목을 받게 되면서 학폭에 대한 우리사회의 경각심이 더 높아졌죠. 보통 학교에서 학폭이 신고·고발되면 각 교육지원청 단위로 설치된 '학교폭력대책심의위원회'를 소집합니다. 흔히들 '학폭위'라고 부르죠. 학폭위는 전임 장학관이나 변호사, 학부모, 관내 경찰 등으로 구성됩니다. 보통 학교장의 요청이 있거나 학폭위에 학폭이 직접 고발·신고되는 경우, 피해학생이나 보호자가 요청할 때 학폭위가 소집됩니다. 학폭위가 모이면 일단 사건에 대한 심의와 분쟁조정을 하는데요. 먼저 사건을 조사하기 위해 담임·상담교사를 조사하고, 교내에 학폭을 전담하는 기구를 조사합니다. 이렇게 피해사실과 근거자료를 모아그 심각성을 평가하고, 가해학생에게 어떤 징계를 내릴지 심의합니다. 동시에 피해학생에 대한 상담과 보호조치를 실시하게 되죠.

가해학생이 받는 징계는 경중에 따라 1호부터 9호까지 있는데요. 서면사과부터 퇴학조치까지 가능합니다. 퇴학조치의 바로 아래 단계가 강제전학인데, 사실 웬만해서는 이 정도의 징계는 잘 내려지지 않는다고 합니다. 보통 3호인 교내봉사와 4호 사회봉사가 이뤄진다고 하는데요. 징계는 정도에 따라 학교생활기록부(학생부)에 기재되는 기간도 다릅니다. 일단 모든 징계는 졸업 전에는 삭제되지 않고요. 특히 퇴학은 영구적으로 남는다고 합니다. 그러나 사실 학폭위의 이런 조치가 법률적 강제성은 없기 때문에 가해학생 측이 이에 불복할 경우, 법적분쟁으로 이어지게 되죠. 때문에 학폭을 해결하는 시스템에 관한 실효성 문제는 계속 불거져 왔습니다.

2023년 4월 정부는 11년 만에 학교폭력 근절 종합대책을 대대적으로 개편했습니다. 국가수사본부장에 임명됐다가 낙마한 정순신 변호사 아들의 학폭 파장이 직접적인 계기가 됐는데요. 가해자 처벌과 피해자 보호를 강화하는 데 초점이 맞춰졌죠. 먼저 2026학년도 대입부터 가해학생의 처분결과를 수시·정시모집 전형에 의무적으로 반영합니다. 아울러 중대한 징계 내용(6호 출석정지, 7호 학급교체, 8호 강제전학)의 학생부 기재 보존기간을 졸업 후 2년에서 4년으로 연장했죠. 아울러 가해학생과 피해학생의 즉시분리기간을 7일로 늘리고, 가해학생의 불복절차에서 피해학생의 진술권을 보장하는 등 피해자 보호 내용도 한층 강화됐습니다.

학교폭력 가해 기록, 정시에 반영한다

정부는 한덕수 국무총리 주재로 제19차 학교폭력대책위원회를 개최하고 '학교폭력 근절 종합대책'을 심의 · 의결했다. 이번 종합대책에 따르면 중대한 학교폭력을 일으킨 가해학생에게 내려지는 출석정지(6호), 학급교체(7호), 전학(8호)의 학생부 기록 보존기간은 졸업 후 2년에서 4년으로 연장된다. 교육부 관계자는 "학교폭력 시 '대학입학뿐만 아니라 졸업 시까지도 불이익을 받는다'는 경각심을 강화하는 것"이라고 설명했다. 또한 가해학생이 반성하지 않고 조치사항 기재를 회피할 목적으로 자퇴하는 것을 막기 위해 심의위원회가 조치를 결정하기 전에는 자퇴할 수 없도록 한다. 학교폭력 조치사항은 학생부 위주 전형뿐만 아니라 수능, 논술 위주 전형에서도 반영한다.

출처 : 파이낸셜뉴스/일부인용

상식UP! Quiz

문제 학교폭력대책심의위원회가 정하는 학폭 징계의 내용에는 1호부터 9호까지 있다.

해설 학교폭력 가해자에 대한 징계에는 1호 서면사과부터 9호 퇴학까지 있다.

답 ○

이제 더는 참지 않겠다는 교사들의 외침

2023년에는 사회 곳곳에서 무겁고 슬픈 사건들이 많았습니다. 교육현장에서도 비극적 사건이 발생했는데요. 7월 서울 서초구의 한 초등학교에서 1학년 담임교사가 스스로 목숨을 끊은 일이 있었죠. 그리고 극단적 선택의 이면에 교실에서 발생한 학교폭력과 이로 인한 학부모의 갑질과 폭언, 악성민원이 있었다는 의혹이 불거졌는데요. 가해 · 피해학생의 학부모 모두 자기 자녀만 극단적으로 감싸고, 학폭의 근본 원인을 교사에게 돌리며 학교로까지 찾아와 폭언을 퍼붓는 등 극심한 스트레스에 시달렸다는 의혹이 제기됐죠.

이 사건을 시작으로 교사들이 폭로한 교권침해 사례가 봇물 터지듯 쏟아지기 시작했습니다. 상상을 초월하는 학부모들의 갑질이 속속 드러났는데요. 한 교사는 교실에서 한 학생이 가위로 다른 학생을 위협해 이를 제지하자, 학부모는 "제지하는 과정에서 소리를 질러 아이가 밤에 경기를 일으킨다"며 아동학대로 신고했다고 하죠. 또 편식하는 학생에게 다른 반찬도 먹어보라 급식지도를 해도 아동학대가 성립될 수 있다는 말이 나왔습니다. 그런가 하면 학부모 전화상담을 하는데 교사의 밝은 목소리가 거슬려 교육청에 민원을 넣었다는 어처구니없는 일도 있었죠. 그러나 위 사례들은 빙산의 일각에 불과했고, 이후로도 유사한 사건에 휘말려 목숨을 끊는 교사들이 나타나면서 안타까움을 자아냈습니다.

사망사건이 발생한 학교 교문에는 고인을 추모하는 화환과 발길이 이어졌고, 교권보호를 요구하는 교사들의 외침이 들불처럼 번지기 시작했습니다. 교사들은 교권침해가 하루 이틀 이어진 게 아님에도 교사를 보호하려는 정부당국의 노력은 턱없이 부족했다고 했죠. 상황이 심각해지자 교육부는 '학생생활지도 고시안'과 '교권회복 · 보호강화 종합방안'을 발표했습니다. 또 여야는 교원지위법과 초 · 중등교육법을 개정하는 이른바 '교권회복 4법' 마련에 나섰고, 정기국회에서 이를 통과시켰습니다. 교사의 정당한 생활지도를 아동학대로 보지 않는 것이 골자죠.

초중고 교사들은 실질적인 대책마련을 촉구하며 전국 곳곳에서 대규모 시위를 벌였는데요. 사망 교사의 49재에 맞춰 '공교육 멈춤의 날'을 선언하고 집단파업도 예고했습니다. 이 사태를 계기로 교권침해가 개선될지 주목됐는데, 학칙과 법률을 뜯어고치는 것도 중요하지만 우선 학부모와 학생 등 사회 전반적인 의식개선 노력이 이뤄져야 할 것으로 보입니다.

정치 · 경제 · **사회** · 국제 · 문화 · 미디어 · 과학 · IT · 스포츠

교권추락에 전국 16개 시도 '교사 명퇴' 급증

교권침해가 심화되면서 교사들의 명예퇴직(명퇴)이 급증하고 있다. 교사들의 명퇴 증가는 교권추락과 생활지도의 어려움에서 기인한다. 한국교원단체총연합회(교총)가 지난 스승의날을 앞두고 실시한 교원인식 설문조사 결과 교직생활에 만족하는가란 질문에 23.6%(1,591명)만 동의했다. 현장 교사들은 2014년 아동학대처벌법 제정 이후 생활지도가 어려워졌다고 입을 모은다. 대구에서 20년째 초등교사로 재직 중인 A씨는 "고연차 교사조차 아동학대로 신고당하는 상황"이라며 "기회가 되면 교직을 탈출해야 한다고 보는 교사가 늘고 있다"고 했다. 경기도 중학교 교사 이모(47)씨는 "교직 황폐화가 교사들의 명퇴 러시(Rush)를 불렀다"며 "아동학대법 개정을 통해 교사들에게 가르칠 수 있는 환경을 만들어 줘야 한다"고 말했다.

출처 : 연합뉴스/일부인용

상식UP! Quiz

문제 **교육부는 2023년 교권침해 사태가 심각해지자 대책마련을 위해 교내에 교권보호위원회를 신설한다고 밝혔다.** ○ / ×

해설 교권보호위원회는 이미 학교에 설치되어 있으며 교권침해 사례가 신고되면 교사를 보호하기 위해 열린다. 2022년에만 3,000여 건의 교권침해가 신고된 것으로 알려졌다.

답 ×

교권침해의 주범?

학생인권조례는 2010년 경기도교육청에서 처음 제정된 뒤 17개 시도 교육청 중 서울을 비롯한 6개 교육청에서 제정돼 시행해왔습니다. 조례에는 학생이 성별, 종교, 나이, 성적 지향, 성별 정체성, 성적 등을 이유로 차별받지 않을 권리가 있다고 명시돼 있죠. 체벌과 따돌림, 성폭력 등 모든 폭력으로부터 자유로울 권리, 자기 소질에 맞게 학습할 권리 등도 담겼습니다.

학생을 한 명의 인격체로 바라본다는 점에서 긍정적이라는 평가를 받았지만, 교사의 정당한 교육권을 침해한다는 비판도 받았는데요. 학생의 권한을 과도하게 강조하면서 학생이 수업을 방해하는 등 다른 학생들의 학습권을 침해하거나 부적절한 행동을 하는 상황에서도 교사가 이를 적극적으로 제지하지 못하는 사례가 생겼기 때문입니다. 교사의 생활지도 등 교육의 일부를 학부모가 아동학대로 신고하는 데 악용된다는 지적도 적지 않았습니다.

그러다 2022년부터 학생인권조례의 폐지논란이 불거지기 시작했는데요. 폐지 주장은 '학생의 성적지향을 존중한다'는 점에 반대한 종교단체와 학부모단체 등에서 처음 제기했습니다. 이들은 "조례가 동성애, 성전환, 조기 성행위, 낙태 등 비윤리적 성행위들과 생명침해행위를 정당화한다"고 주장했죠. 여기에 2023년 앞서 본 서울 서초구 초등학교 교사 사망사건 등 교권침해 이슈가 사회적 관심사로 떠오르면서 논쟁은 더 뜨거워졌습니다.

이처럼 학생인권조례가 최근에는 교권침해의 한 원인으로 지목받고 있지만 권위적인 학교문화를 바꿔낸 성과는 분명히 있었다는 것이 교육계의 평가입니다. 실제로 조례 도입으로 서울의 학교에서는 두발·복장 규제, 체벌, 일방적인 소지품 검사 등이 사라졌습니다. 시험성적이 발표됐을 때 성적표를 뽑아 교실 앞에 붙이는 문화 등 차별로 지적될 수 있는 관행이 대부분 사라지기도 했죠.

교육계 일각에서는 시대가 이미 성숙해져 '학생' 인권이 아닌 '교사'를 포함한 '사람'에 대한 인권으로 조례 내용을 고쳐야 할 때가 왔다고 말합니다. 아울러 조례 폐지 찬반 논란을 떠나 학생인권과 교권을 대립적인 제로섬 관계로 봐선 안 된다며 학생과 교사 모두 존중받고 보호받을 수 있는 대안이 필요하다는 의견도 나왔습니다.

🔍 **정치**·경제·**사회**·국제·문화·미디어·과학·IT·스포츠

교사·학생 인권 '제로섬' 벗어나 교육공동체 복원해야

'교권보호 5법' 개정 이후 1년이 지났다. 그러나 일선 교사들은 별반 달라진 게 없다는 반응이다. 법만 개정됐을 뿐, 예산과 인력지원 등이 제대로 뒤따르지 못한 탓이다. 또한 교권보호를 이유로 학생인권을 격하한 것은 교육 주체 간 신뢰를 허물고 교육공동체 붕괴를 가속화했다. 이주호 교육부 장관은 "학생인권이 지나치게 강조되고 우선시되면서 교권은 땅에 떨어지고 있다"고 말했다. 국민의힘이 다수를 점한 서울시의회는 **학생인권조례** 폐지를 의결했다. 이 조례가 학생의 사생활과 자유를 강조하다 보니 학교에서 휴대폰 사용을 막지 못하고, 교사의 적극적인 지도·훈육이 어려워져 교권을 추락시켰다는 것이다. 그러나 학교에서 학생의 권리를 억누르고 엄하게 가르쳐야 교권이 바로 선다는 주장은 시대착오적이다. 교사와 학생을 편 가르고, 교사·학생권리가 '제로섬'인 것으로 접근해서는 교권도 학생인권도 바로 설 수 없다.

출처 : 경향신문/일부인용

네 돈 놓고 내 돈 먹기

폰지사기(Ponzi Scheme)는 아주 오래된 사기수법으로 1920년대 미국 보스턴에서 대규모 다단계 금융사기극을 벌인 '찰스 폰지'의 이름을 따왔습니다. 실제 자본금은 들이지 않고 높은 수익성을 미끼로 투자자를 끌어 모은 뒤 나중에 투자하는 사람의 원금을 받아 앞 사람에게 배당금 등을 지급하는 방식의 사기수법이죠. 폰지사기의 수법을 간단히 살펴보면 이렇습니다. 사기범이 10%의 높은 수익을 홍보하며 자기 사업에 투자하라고 사람들을 유혹합니다. 이례적인 수익률에 혹한 1차 투자자들이 투자금을 넣으면 사기범은 약속한대로 10% 배당금을 돌려줍니다. 문제는 이 배당 금이 실제로 수익이 나서 준 것이 아니라, 받은 투자금의 10%을 떼어 그대로 돌려 준 것이라는 사실이죠. 사기범은 투자금의 90%를 갖고 1차 투자자는 90%를 떼인 셈입니다. 사기범의 약속대로 배당금을 받은 1차 투자자를 보고 혹한 2차 투자자들 이 몰려 자금을 넣습니다. 그리고 여기서 사기범이 투자금을 들고 잠적해버리면 투 자자들은 한순간에 피해자가 됩니다. 피해가 2차에서 끝나지 않고 3차, 4차까지 이어지면 피해금액은 눈덩이처럼 불어나죠.

최근 우리나라의 폰지사기 사례를 보면 2021년 수많은 피해자를 양산한 머지포인 트 사태가 있는데요. 할인 애플리케이션인 머지포인트는 각종 외식업체에서 현금 처럼 사용할 수 있는 모바일 바우처를 판매했습니다. 시중보다 20%나 싼 가격으로 외식업체를 이용할 수 있었기 때문에 많은 사람들이 머지포인트를 이용했습니다. 문제는 이런 파격적인 가격으로 바우처를 팔다보면 언젠가는 머지포인트가 망할 수밖에 없는 구조였다는 거죠. 외식업체에 정산해줘야 할 비용보다 바우처 판매대 금이 더 불어나는데 이를 사실상 해결할 방법이 없었습니다. 결국 머지포인트는 '윗돌 빼서 아랫돌 괴기'처럼 먼저 구매한 사람의 대금을 나중에 구매한 사람의 대 금으로 틀어막는 운영을 해야 했죠. 하지만 머지포인트는 합리적 대안 없이 고객 모으기에만 골몰했습니다. 설상가상 머지포인트가 법률상의 이유를 들어 편의점과 대형마트의 결제를 끊어버리면서, 환불 받을 길이 막힌 수많은 피해자가 나왔습니다. 공격적인 마케팅 탓에 바우처를 수백만원씩 사재기한 사람들도 있었죠.

그리고 2024년 7월에는 이커머스 업체인 '티몬'과 '위메프'가 판매자에 대한 대규모 정산지연 사태를 일으켰는데요. 자본잠식 상태였던 두 업체와 이 업체들에서 상품을 판매하던 판매자들이 정산금을 제대로 받지 못하면서, 상품을 구입한 소비자까지 구매가 취소되고 환불금을 받지 못하는 사태가 발생했습니다. 피해자들 사이에서는 이 사태가 일종의 폰지사기라는 아우성이 나오기도 했죠. 티몬·위메프의 모기업인 '큐텐'이 자회사의 나스닥 상장을 위해 무리하게 몸집을 불리다가, 자금줄이 막혀 판매자에게 대금을 정산해주지 못하는 사태가 발생했다고 봤습니다.

🔍 정치·**경제**·**사회**·국제·문화·미디어·과학·IT·스포츠 ⬆ 🗨 가 🖨

'티메프 사태' 경찰수사 착수 … 피해자 측 "폰지사기 행태"

싱가포르 기반 전자상거래 큐텐 계열사인 티몬·위메프의 대규모 정산·환불지연 사태에 피해를 입은 소비자 일부가 티몬·위메프에 대한 고소장을 제출하며 경찰이 수사에 착수했다. 고소·고발은 법무법인 심이 법률대리로 피해 소비자들의 신청을 받아 접수됐다. 기획재정부에 따르면 미정산 대금은 티몬 1,280억원, 위메프 854억원 등 총 2,134억원이다. 추후 정산 기일이 다가오는 거래분을 감안할 경우 그 규모는 더욱 커질 것으로 보인다. 소비자들은 적게는 수만원부터 많게는 수천만원까지 피해를 입었다. 법무법인 심 측에서는 "정산대금을 줄 수 없음에도 쇼핑몰을 운영한 것은 폰지사기 행태"라며 "큐텐 자회사 큐익스프레스를 키우기 위해 불법적으로 회사자금을 유용한 부분은 배임이나 횡령에 해당할 수 있다"고 설명했다.

출처 : 이데일리/일부인용

상식UP! Quiz

문제 **폰지사기라는 명칭은 현존했던 사기 범죄자의 이름에서 딴 것이다.** ○ / ×

해설 1920년대 미국에서 다단계 금융사기극을 벌인 찰스 폰지의 이름에서 유래했다.

 답 ○

대한민국을 주름잡는 새로운 세대

MZ세대는 1980년대~2000년대 초 출생해 디지털과 아날로그를 함께 경험한 '밀레니얼 세대(Millennials)'와 1990년 중반 이후 디지털 환경에서 태어난 'Z세대(Generation Z)'를 아우르는 말입니다. 현재의 10대 후반부터 20·30대의 청년층이라고 볼 수 있죠. 밀레니얼 세대는 아날로그를 경험한 마지막 세대이며, 디지털 기술의 첨단화를 보고 느끼며 자랐습니다. Z세대는 어릴 때부터 인터넷을 자유롭게 경험하고 스마트폰 등의 첨단 기기를 손에 쥘 수 있었던 세대죠. 두 세대 모두 디지털 환경에 매우 익숙하며 새로운 기술에 대한 거부감을 거의 또는 전혀 느끼지 않습니다. TV와 라디오보다는 모바일로 정보를 검색하기를 선호하고, 텍스트보다는 동영상에 더 익숙한 세대이기도 합니다. 또한 SNS를 적극적으로 활용해 스스로를 표현하는 것을 즐기고 취향을 스스럼없이 공유하며 타인과 소통합니다.

삶에 대한 시각도 기성세대와 많은 차이가 있는데요. 먼저 불확실한 미래에 투자하고 이에 대비하기보다는 현재에 집중한다는 것입니다. 내가 살고 있는 현재의 만족감을 더 중요하게 여겨, 지금 내가 원하는 것이 있다면 과감하고 아낌없이 투자합니다. 수입은 기성세대보다 적지만 기성세대를 뛰어넘는 소비력을 보여주기도 하는데요. 또 변화에 민감해 금세 새로운 소비트렌드를 만들어내고 향유하기도 합니다.

이들은 또한 기성세대와 같이 뚜렷한 정치색을 띠지 않습니다. 어떤 연령대보다 무당층이 많다고도 볼 수 있는데요. 그러다보니 집단의식보다는 개인의 행복을 추구하는 경향이 강합니다. 특별한 실익 없이 '연'이나 '정'이라는 의식으로 묶이는 것을 선호하지 않습니다. 과거의 사회적인 질서나 권위에 억눌리는 것에 강한 거부감을 느끼기도 합니다. 이러한 개인주의 때문에 결혼과 출산의 필요성에 대한 인식도 낮은 편입니다. 이 밖에도 MZ세대의 특징에는 여러 요소가 있습니다. 복잡함보다는 간편함, 단일성보다는 다양성, 소유보다는 공유를 더 선호하고, 정치색은 희미하지만 관심 있는 사안에 대해서는 의견을 거침없이 개진하는 세대입니다.

"간편식 즐기고 가성비 뷔페 가요" …
'욜로'서 '요노'로 갈아탄 MZ

씀씀이의 크기보다는 현재 만족을 더 중요시하던 MZ세대가 '가성비'에 집중하기 시작했다. '인생은 한 번뿐'이라며 현재 소비에 집중하는 '욜로(YOLO ; You Only Live Once)'가 지고 필요한 것만 구매하는 '요노(YONO ; You Only Need One)' 트렌드가 자리 잡는 분위기다. 한 끼에 수십만원하는 파인다이닝을 즐기던 과거와는 달리 간편식이나 가성비 뷔페를 찾는 MZ들이 늘고 있는 이유다. '플렉스' 등 과시형 소비에서 '요노' 소비트렌드로 전환하게 된 이유는 소득에 비해 물가가 천정부지로 치솟고 있기 때문이다. 통계청에 따르면 가구주 나이가 39세 이하인 2030세대의 지난해 평균소득은 6,590만원으로 전년 대비 1.9% 정도 늘었다. 같은 기간 소비자물가 상승률은 3.6%로 소득 증가율의 2배에 달한다. 고금리에 따른 이자 부담도 MZ세대의 소비를 위축하는 요인 중 하나다. 39세 이하 가구주의 작년 평균 대출 원리금 상환액은 1,671만원으로 전년보다 17.6% 늘었다. 20대 가구주의 원리금 상환액은 47.1%나 올랐다.

출처 : 매일경제/일부인용

상식UP! Quiz

문제 MZ세대는 모바일보다는 TV와 라디오로 정보를 습득하는 것을 선호한다.

○ / ✕

해설 MZ세대는 디지털 환경에 매우 익숙한 세대로 TV와 라디오보다는 모바일로 정보를 습득하는 데 능하다.

답 ✕

남 물어뜯어 돈 버는 사람들

유튜브를 검색하다 보면 갖가지 이슈나 사건의 전말을 정리하고 이에 대해 논평하는 유튜버 채널을 흔히 발견할 수 있습니다. 얼핏 이들의 콘텐츠는 해당 이슈를 나름대로 사실에 기반해 소개하고 해석하는 것처럼 보입니다. 또 언변이 좋아 그럴듯하게 들리기도 하죠. 이들은 영상의 말소리를 빠르고 간극 없이 이어 붙여, 재생을 시작하면 나도 모르는 사이에 끝까지 듣게 되는 경우가 많은데요. 이들은 연예, 사회, 정치, 스포츠 등 가릴 것 없이, 사건사고만 터졌다 하면 해당 사건의 보도자료와 커뮤니티 반응 등을 짜깁기해 영상을 만들고 이에 대해 비판·논평하는 콘텐츠를 제작합니다. 그리고 사람들의 클릭을 유도하고 조회 수를 올려 구독자를 모으죠. 이런 사람들을 우리는 '사이버 렉커'라고 부릅니다.

우리는 렉커(사설 견인차)를 고속도로에서 흔하게 볼 수 있습니다. 고속도로에서 교통사고가 나면 부르지도 않았는데 어떻게 알았는지 렉커들이 사이렌을 울리며 몰려오죠. 사이버 렉커라는 명칭은 이렇게 사건사고가 터지면 득달같이 달려들어 관련 콘텐츠를 제작하는 모습이 고속도로의 사설 견인차와 닮았다 해 지어졌습니다. 사이버 렉커는 유튜브뿐만 아니라 각종 인터넷 커뮤니티에도 존재합니다. 이들은 이슈를 공론화해 관심을 모으고 또 수익을 올리죠.

이들은 최근 큰 비판을 받고 있습니다. 우선 이들이 제작하는 콘텐츠는 이슈에 대해 스스로 취재하거나 다각도로 분석한 결과물이 아닙니다. 누구보다 빠르게 이슈에 대해 소개하고 조회 수를 모아야 하기 때문에, 일단 각종 보도자료나 인터넷 커뮤니티의 근거 없는 낭설들을 소재로 콘텐츠를 제작해 업로드합니다. 사실상 이들은 이슈 그 자체에 대해 관심이 있다기보다는 이를 통한 수익 올리기에 더 골몰하고 있는 셈이죠. 제대로 사실 확인이 안 된 자료들을 근거로 하다 보니, 잘못된 정보를 전달할 가능성이 큽니다. 또 이들이 건드리는 이슈들은 대개 자극적이고 선정적인 것들이 많다보니, 이슈에 얽힌 이가 무고한 희생양이 될 수도 있고 혐오를 만들 공산이 있습니다. 아울러 그러한 사태가 벌어진다 해도 제대로 된 후속조치를 하지 않는 경우가 많죠. 이들은 자신들의 콘텐츠가 국민의 알권리를 보장하기 위한 것이라 주장하지만, 정작 이들은 영상에서 모자나 가면 등으로 자신의 얼굴을 가리곤 합니다.

🔍 **정치** · 경제 · **사회** · 국제 · 문화 · **미디어** · 과학 · IT · 스포츠

"가짜뉴스 발생 이익 차단해야" …
'사이버레커방지법' 국민청원 등장

유명 유튜버 쯔양을 공갈 협박한 혐의로 구속수사를 받는 일명 '사이버 렉커' 등에 대한 입법청원이 등장했다. 사이버 렉커들의 활개를 막기 위함이다. 법무법인 존재 노종언 변호사와 법무법인 온강의 이고은 변호사는 '사이버레커의 가짜뉴스 유포에 대한 이익 몰수 및 징벌적 손해배상에 관한 정보통신망법 개정안(사이버레커방지법)' 국회 국민동의청원을 냈다고 밝혔다. 이들은 "사이버 렉커들은 언론의 사회적 책임, 중립성, 공정성이라는 사회적 책무를 회피하면서 사이비 언론으로서 막대한 유튜브 수익을 챙기거나, 방송을 빌미로 피해자들에게 금품을 갈취하는 사태가 빈번히 발생하고 있다. 그러나 안타깝게도 현재의 법체계로는 이를 막기가 어려운 것이 현실"이라며 "사이버 렉커 피해방지를 위해서는 기존의 형사처벌, 위자료뿐만 아니라 이들이 가짜뉴스를 유포함으로써 발생하는 이익을 원천적으로 차단해야만 효과적인 피해방지 대책이 될 수 있다"고 설명했다. 이어 "가짜뉴스를 양산하여 받은 일체의 수익에 대하여 징벌적 손해배상을 통하여 그 수익을 피해자의 피해회복을 위해 사용하거나, 국가가 수익을 전부 몰수 · 추징하는 제도가 고민되어야 할 시기가 왔다고 생각한다"고 강조했다.

출처 : 매일경제/일부인용

상식UP! Quiz

문제 사이버 렉커는 이슈에 대한 사실 확인과 다각적 분석을 콘텐츠로 제작하는 크리에이터를 말한다.
○ / ×

해설 사이버 렉커는 제대로 된 사실 확인과 근거 없이, 수익을 올리기 위해 이슈를 소개하고 논평하는 이들을 말한다.

 답 ×

정의구현? 선을 넘어선 안 돼요!

사적제재란 국가에 의한 사법절차 없이 사인(私人)이 나름의 기준대로 개인 또는 집단에 가하는 제재를 말합니다. 우리나라에서는 보통 국가 · 공공기관이 아닌 개인에 의해 범죄자의 신상정보 등이 폭로되는 형태로 나타납니다. 최근 우리나라의 사례를 살펴보면 2020년 'N번방 사태' 당시 가해자들의 신상을 온라인에 박제한 '디지털교도소'가 논란이 됐고, 2024년 6월에는 2004년 경남 밀양시에서 발생한 여중생 집단 성폭행 사건 가해자들의 신상과 근황을 유튜버들이 잇달아 공개하면서 다시금 공분을 일으키기도 했습니다.

앞서 양형기준에서도 '엄벌주의'에 대해서 이야기했었지만, 신뢰할 수 없는 국가의 미흡한 처벌을 대신해 합당한 처벌을 가한다고 여겨 사적제재를 지지하는 국민여론이 높습니다. 국가가 제대로 처벌하지 못하니 사적제재가 발생하는 것이 당연하다고 보는 여론도 있습니다. 아울러 이를 사회 정의구현이라고 호응하는 사람들이 많은데요.

그러나 한편으론 사적제재는 정보통신망법상 명예훼손에 해당될 소지가 있습니다. 게다가 자칫 피해자에 대한 2차 가해를 일으킬 수 있고 사실여부가 제대로 확인되지 않은 폭로가 발생해 무고한 희생자를 낳을 수 있다는 비판도 있습니다. 또한 범죄 · 사건과는 관련이 없는 가해자의 가족이나 지인의 신상이 무단으로 노출되거나, 조리돌림의 대상이 되는 등 연쇄적인 피해가 일어날 수도 있습니다.

가족 신상까지 '탈탈' … 사적제재, 선 넘었다

최근 '쯔양 공갈' 혐의로 유튜버 구제역과 주작감별사가 구속된 가운데 온라인상에서 '사건 공론화'를 빌미로 특정인물의 신상을 공개하는 **사적제재**가 활개를 치고 있는 것으로 나타났다. 이러한 신상공개는 '사이버 렉커'라고 불리는 개인 방송인들로부터 이뤄지는데, 이들의 무분별한 신상폭로로 또 다른 사회적 문제가 야기되며 도를 넘었다는 지적이다. 유튜브나 SNS 등에서 '악인'에 대한 신상을 공개하는 것이 수사기관의 미온적인 수사와 법원의 솜방망이 판결 등에 대한 해소를 주는 한편, 무분별하게 정보가 공개된 사람들에겐 2차 가해 등 상처를 안기고 있는 실정이다. 충분한 사실확인과 검증절차를 거치지 않은 게 대부분이기 때문이다. 이미 온라인상에 공개된 개인정보는 걷잡을 수 없이 퍼지며 소송으로 재판을 가더라도 벌금형 등 미약한 처벌에 그쳐 이를 막기엔 역부족이다. 유튜브나 SNS 등에 '신상공개'라고 검색할 경우 '협박녀 사진', '가해자 집주소' 등 다양한 제목을 내건 개인정보가 쏟아지고 있다.

출처 : 경기일보/일부인용

상식UP! Quiz

문제 우리나라에서의 사적제재는 대개 신상정보 유포의 형태로 이뤄진다.   ○ / ×

해설 우리나라에서 사적제재는 인터넷에 범죄 가해자의 신상이 무단으로 유포되는 형태로 주로 나타난다.

답 ○

대한민국의 존립 위기

합계출산율이란 인구동향조사에서 15~49세의 가임여성 1명이 평생 동안 낳을 것으로 추정되는 출생아 명수를 나타낸 것입니다. 한 나라의 인구증감과 출산수준을 비교하기 위해 대표적으로 활용하는 지표인데요. 우리나라의 2023년 합계출산율은 0.72명입니다. 바로 전년도의 기록을 경신하며, 역대최저를 기록했죠. 저출산은 전 세계적인 현상이긴 하지만, 유독 우리나라에서 극심한데요. 경제협력개발기구(OECD) 회원국 합계출산율 평균의 절반도 안 되고, 회원국 중에서도 1.00명 이하인 국가는 우리나라가 유일하죠. 정부가 2006년부터 17년간 저출산 대응 예산으로 무려 280조원을 썼지만 결국 무위로 돌아간 셈입니다.

저출산은 인구감소와 고령화를 유도합니다. 이는 국가 경제성장률을 떨어뜨리고 재정동력을 약하게 만들죠. 인구 구성의 불균형이 심화되면서 노동력을 제공할 수 있는 인구가 점점 적어지고 이들의 노동 부담은 가중됩니다. 그로써 노인이든 청년이든 할 것 없이 누릴 수 있는 복지와 삶의 질은 악화됩니다. 노인 부양비가 늘면 연금과 의료보험이 부도가 나 국가경제도 무너질 수 있죠. 우리 국민연금 또한 연금을 낼 사람은 줄고 받을 사람만 늘어나는 고갈위기에 봉착했는데요. 무엇보다 저출산은 국가존립 자체를 위태롭게 한다는 점에서 매우 심각합니다.

저출산의 요인은 다양합니다. 그러나 근본적인 원인을 보면 역시 일자리와 보금자리가 모두 수도권에 집중된 탓이라고 할 수 있는데요. 좁은 땅에서 먹고 사는 경쟁이 극심해지니, 결혼과 출산은커녕 나 자신의 삶을 꾸려가기도 버겁습니다. 어찌 결혼은 한다고 해도 노동시간이 긴 우리나라 근로환경에서 육아에 매진할 시간도, 맡길 장소도 부족하죠. 이런 험난한 세상에 내 자식을 낳아 키워 내보낼 자신도 없고요. 초혼시기도 늦어지다 보니 아이를 갖지 못하는 불임부부도 늘어나는 추세입니다. 이 밖에도 열거하지 못한 원인이 많은데요. 이처럼 저출산은 한국사회가 안고 있는 다방면의 문제점이 뒤얽혀 발생한 사회병폐의 집합체라고 할 수 있습니다.

저출산 위기가 가시화된 때부터 역대정부는 막대한 예산을 들여 대책을 마련해왔습니다. 그러나 출산율은 반등하지 않았죠. 결국 수도권에 집중된 인프라를 분산하고, 국민이 근로와 경력단절, 살림에 대한 부담 없이 아이를 낳아 기르는 환경을 조성해야 하는데, 그런 근본적인 변화는 거의 이끌어내지 못했습니다. 그야말로 혁명적인 특단의 대책이 없다면, 지방소멸을 넘어 국가가 소멸되는 상황은 막기 힘들어 보입니다.

정치 · 경제 · **사회** · 국제 · 문화 · 미디어 · 과학 · IT · 스포츠

국민 30% "원하지 않으면 출산 안 해도 돼"

저출산 · 고령사회위원회는 저출산에 대한 국민의 인식변화를 살펴보고자 '저출산 인식 조사'를 실시, 발표했다. 그 결과 국민 10명 중 9명 이상이 저출산 심각성을 인식하고 있는 것으로 나타났다. 저출산 원인으로는 '경제적 부담 및 소득 양극화(40.0%)'와 '자녀양육 · 교육에 대한 부담감(26.9%)', '만혼과 비혼 증가(28%)' 등을 꼽았다. 출산에 대한 인식조사에서는 44%는 '가능하면 하는 것이 좋다'고 했지만, 33.6%는 '본인이 원하지 않는다면 하지 않아도 된다'고 봤다. '반드시 해야 한다'라는 응답은 22.5%에 그쳤다. 저출산 정책에서 가장 중요하게 고려돼야 하는 대상으로는 '결혼하지 않은 청년세대'가 35.9%로 가장 많았다. 가장 효과가 높을 것으로 생각되는 해결방안으로는 '육아휴직, 근로시간 단축 등 일 · 육아병행제도 확대'가 25.3%로 가장 높았다.

출처 : 이데일리/일부인용

상식UP! Quiz

문제 **합계출산율은 특정지역에서 1년 동안 태어난 인구를 전체인구로 나눈 것이다.**

해설 출생률(조출생률)에 대한 설명이다. 합계출산율은 가임기 여성 인구수를 토대로 산출하고 출생률은 전체인구를 바탕으로 한다.

답 ✕

사람이 없으면 도시도 없다

앞서 봤듯이 저출산으로 인한 지방의 고령화와 인구감소 문제가 오르내린 것이 어제오늘일은 아닙니다. 그러나 인구감소를 넘어 지방소멸이 본격적으로 논의된 것은 얼마 되지 않았는데요. 2023년 말을 기준으로 전국 228개 시·군·구 중 무려 121곳이 인구소멸위험지역으로 분류된다는 통계결과가 나왔습니다. 지방인구소멸은 더욱 가속화되고 있는데요. 사람이 살지 않는 도시가 이제 현실로 점차 다가오고 있는 것입니다. 대한민국이 점점 작아지고 있는 것이죠. 소멸위험지역은 소멸위험지수를 통해 한국고용정보원이 산출하게 되는데요. 소멸위험지수는 한 지역의 20~39세 여성 인구를 65세 이상 인구로 나눈 값입니다. 이 지수값이 1.5 이상이면 저위험, 1.0~1.5인 경우 보통, 0.5~1.0인 경우 주의, 0.2~0.5는 위험, 0.2 미만은 고위험으로 분류됩니다. 수치가 낮으면 낮을수록 인구가 유입되거나 유출되는 등의 큰 변화가 없는 한, 약 30년 뒤에는 지역이 사라질 위기에 처한다는 의미를 갖죠. 2023년 말 고위험지역으로 분류된 시·군·구는 52개입니다.

정부는 지난 2022년도 예산안을 의결하며, 지역소멸과 지역균형발전을 위해 52조 원이 넘는 예산을 투입하기로 결정했습니다. 지역의 청년 일자리를 확충하면서, 빈약한 인프라를 구축하고 확대하는데 온 힘을 기울이기로 했죠. 그러나 현재도 수도권에 인구가 몰려드는 상황에서 이 같은 정책이 얼마나 힘을 발휘할 수 있을지는 미지수인데요. 감사원의 2021년 8월 보고에 따르면, 현재와 같은 수도권 인구 편중과 고령화·저출산이 지속될 경우, 2047년에는 우리나라의 모든 지역이 소멸위험지역이 된다고 합니다. 정부의 정책도 효과를 보여야 하겠지만, 지방소멸이 계속될 경우 결국 이에 대한 부담은 우리가 지어야 한다는 것도 반드시 기억해야 할 것입니다.

"지방소멸이 한국 무너뜨린다 … 집값 급등 · 저출산 악순환"

수도권에 인구와 인프라가 집중되면서 **지방소멸**이 심화하는 가운데 지역불균형이 한국 경제의 경쟁력을 떨어뜨리고 있다는 학계 분석이 나왔다. 경영학계는 지방소멸과 수도권 집중화로 부동산 · 일자리 양극화가 심화하자, 출산과 육아부담도 함께 높아지고 인구소멸로 이어지는 악순환이 반복되고 있다고 우려했다. 이달 경주에서 열리는 하계 융합학술대회를 앞두고 국내 경영학자와 기업인 258명을 대상으로 진행한 설문조사 결과에 따르면, '수도권 집중화와 지방소멸이 한국의 미래에 미칠 부정적인 영향'에 대한 질문에 응답자 중 89%(229명)가 지방소멸에 따른 부작용이 클 것이라고 우려했다. 전문가들은 중앙정부의 지원 없이 지자체 홀로 지역에 필요한 인재 육성책을 마련하는 데 어려움이 크다고 입을 모았다. 지자체가 주도적으로 지역여건에 맞춰 관련 사업을 발굴하되 경험과 역량이 많은 중앙부처의 협력과 지원이 필요하다는 지적이다.

출처 : 매일경제/일부인용

상식UP! Quiz

문제 한 여성이 가임기간에 낳을 것으로 기대되는 평균 출생아 수를 설정한 지표는?

① 합계출생아   ② 평균출산율
③ 합계출산율   ④ 가임출산율

해설 합계출산율이란 인구동향조사에서 15~49세의 가임 여성 1명이 평생 동안 낳을 것으로 추정되는 출생아 수를 통계화한 것이다.

 답 ③

우리 건강보험의 근간

우리나라에서는 의료보험법에 따라 국민건강보험이 보장하는 의료서비스에 대해서는 국가가 서비스의 가격을 정하는 '의료수가' 제도를 적용합니다. 의료수가는 건강보험심사평가원에서 결정하는데, 환자가 의료서비스에 대해 지불하는 본인부담금과 건강보험공단에서 의료기관에 지급하는 금액을 합친 것입니다. 기본적으로 치료에 들어가는 원가와 의료 인건비, 의료기관 운영비 등을 고려해 결정합니다. 또 의료서비스의 정도와 서비스 제공자의 소득, 물가상승률 같은 지표를 함께 감안하죠. 의사는 서비스마다 정해진 의료수가 이상의 이득을 취할 수 없습니다. 이는 국민들이 의료서비스를 저렴하게 제공받을 수 있는 국민건강보험의 기반인데요.

그러나 모든 의료서비스에 의료수가가 적용되는 것은 아닙니다. 우리가 병원에서 진료를 받을 때 급여 혹은 비급여항목이라는 말을 흔히 듣습니다. 비급여항목인 의료서비스는 건강보험 적용이 안 되고, 수가가 아닌 시가(시장가격)로 책정됩니다. 의사가 시장상황을 보고 서비스가격을 정하는 건데요. 보통 비급여항목은 성형외과, 안과, 피부과 등에 적용되고, 흔히 '필수의료'라 부르는 외과, 소아청소년과, 산부인과 등에는 급여항목이 적용됩니다. 생명과 직결되는 분과에 급여를 적용해 국민이 큰 부담 없이 진료를 받도록 했죠.

그런데 이런 적용방식 때문에 의사들이 필수의료과를 기피하는 현상이 나타났는데요. '의료서비스의 원가를 의료수가가 얼마나 보전하느냐' 하는 원가보전율이 의사들 입장에선 중요하죠. 2023년 기준으로 기본진료의 원가보전율은 86.7%, 수술 68.8%, 처치는 72.9%입니다. 결국 원가가 다 충당이 안 되니 병원은 적자를 보게 되고, 의사들은 의료서비스 가격을 스스로 정할 수 있는 성형외과 등에 몰리는데요. 그러다보니 필수의료에 인력난이 가중되면서, 종합병원에 소아청소년과가 폐과되는 등 위기에 처했습니다.

의사들은 건강보험 진료만으로도 병원이 적자가 안 나도록 의료수가를 인상해야 한다고 주장합니다. 하지만 적은 수준의 인상에도 많은 예산이 들어가기 때문에, 정부도 의사들이 만족할 만큼 수가를 단번에 올리기 어렵습니다. 그만큼 국민이 내는 보험료도 오르죠. 한편 의사인력이 부족한 것이 필수의료 붕괴의 근본원인이라며, 일단 의대정원을 늘려 의사를 더 양성해야 한다는 의료계 안팎의 목소리도 나왔었는데요. 또 더 나아가 지방에 공공의대를 세워 지방병원에 의무적으로 근무하도록 해 열악한 지방 의료 인프라를 보완해야 한다고 주장했습니다.

그리고 윤석열정부는 필수의료 붕괴를 해결하기 위해 의대 입학정원을 늘려 의사 수를 확대한다는 방침을 내놓아 의사들과 첨예한 갈등을 겪었는데요. 전국 대학병원 전공의들은 사직서를 제출하며 병원을 떠났고, 이 때문에 병원은 극심한 인력난을 겪었습니다. 의대생들도 수업을 거부하고 휴학계를 냈죠. 그러다 2024년 5월 결국 정부는 전국 의대 입학정원을 2025학년도에 1,497명 늘리는 것으로 확정했는데요. 또 이와 함께 의료인력을 확충하고 의료사고로 인한 형사처벌 부담을 줄이며, 필수의료 수가도 인상하는 등의 내용을 담은 '필수의료 정책 패키지'를 발표했습니다. 그러나 의사들의 반응은 냉담했고, 의대증원 계획을 전면 백지화한 후 다시 논의해야 한다며 물러서지 않았습니다. 전공의 이탈이 장기화되면서 의료공백이 더욱 악화되는 가운데, 정부와 의사의 소통은 거의 이뤄지지 않아 의료대란에 대한 우려가 커졌습니다.

진료과목별 원가보전율 최대 4배차 …
"필수 의료수가 개선해야"

건강보험 급여 진료에 따른 진료과목별 원가보전율이 최대 4배 넘게 차이 나는 것으로 나타났다. 진료과에 따른 건보 **의료수가**(의료행위 대가) 불균형 때문인데, 수가가 특히 낮은 편인 '필수의료' 기피를 부추긴다는 지적이 나온다. 특히 '내외산소(내과·외과·산부인과·소아청소년과)'로 불리는 필수의료과의 원가보전율이 100%를 밑돌면서 대체로 낮은 편이었다. 산부인과 61%, 내과 72%, 소아청소년과 79%, 외과 84% 등이다. 같은 외과계에서도 산부인과의 원가보전율은 안과(139%)의 절반 이하에 그쳤고, 지원계인 방사선종양학과(252%)와 비교하면 4분의 1에 못 미쳤다. 정부는 앞서 '필수의료 정책 패키지'를 통해 필수의료 분야에 대한 보상을 집중적으로 늘리겠다는 계획을 밝혔다. 이들 진료과의 업무강도가 높고 자원소모가 많지만, 상대적으로 수가 등이 저평가된 걸 고려하겠다는 것이다. 다만 정부의 의대증원에 반발한 전공의 집단사직 사태가 이어지는 가운데, 의료계의 필수의료 '비인기'는 여전한 상황이다.

출처 : 중앙일보/일부인용

상식UP! Quiz

문제 의료기관의 서비스 중 건강보험이 적용되는 항목을 비급여항목이라고 한다.

○ / ✕

해설 비급여항목은 건강보험이 적용되지 않아 시가로 서비스가격이 책정된다.

답 ✕

저출산 문제 해결방안 될까?

2023년 9월 정부가 서울시에 외국인 가사도우미를 시범적으로 도입한다는 방침을 밝혔습니다. 고용노동부의 시범사업 계획안에 따르면 외국인 가사 전문인력 약 100명이 입국해 최소 6개월간 서울에서 가사서비스를 제공한다고 했는데요. 이용 대상은 직장에 다니면서 아이를 키우는 맞벌이 부부와 임산부, 한 부모 가정으로 정했습니다. 이들 외국인 노동자는 필리핀 등 가사서비스 관련 자격증을 운영하는 국가에서 온다고 했는데요. 입국 후 아동학대방지와 위생·안전교육 등 교육을 받은 뒤 현장에 투입한다고 밝혔죠.

정부가 이러한 정책을 내놓은 이유는 내국인 가사·육아인력 취업자가 점차 줄고 있는 실정이고, 대개 50대 이상이 종사하는 고령화가 심각하기 때문입니다. 정부는 맞벌이가 거의 필수처럼 된 현실에서 외국인 가사도우미는 새로운 활력이 될 수 있고, 여성의 경력단절 문제에 도움을 줘 출산율 회복을 이끌 수 있다고 설명했습니다. 그리고 실제 서구 선진국에서는 이러한 시도가 출산율 상승에 긍정적인 역할을 했다고도 설명했죠.

그러나 시범도입 전 이뤄진 공청회에서는 우려도 나왔는데요. 외국인 인력을 도입하기에 앞서 내국인 가사도우미들의 처우와 근무환경을 개선하는 것이 우선이라는 주장이 나왔습니다. 주 수요층인 맞벌이 부부 사이에서도 외국인 가사·육아도우미를 신뢰할 수 있을지, 서비스의 질이 떨어지지는 않을지 걱정하는 목소리가 컸습니다. 외국인이다 보니 문화적 차이나 육아 가치관의 간극을 극복할 수 있을지도 우려했죠.

그리고 시범사업에 참여하는 필리핀 출신의 가사도우미 100명이 2024년 8월 입국했습니다. 한국적응 교육과 가사실무 교육 등을 4주 동안 거친 뒤 가정에 투입하게 됐는데, 예상보다 많은 가정에서 신청이 쇄도한 것으로 알려졌습니다. 그런데 이들의 입국 이후 여러 말이 오고 갔는데, 먼저 규정된 업무범위가 모호해 현장에서 혼선을 빚을 수 있다는 우려가 나왔습니다. 규정에 따르면 이들의 업무는 어른 옷 세탁, 어른 식기 설거지, 바닥 청소 등은 해당되지만, 쓰레기 배출이나 수납정리 등은 포함되지 않습니다. 그러나 가사를 칼로 자르듯 구분하기는 쉽지 않죠. 아울러 필리핀당국에서는 도우미들이 오직 '아이돌봄'에 특화된 인력이라고 잘라 말했습니다.

또 최저임금을 보장해야 하다 보니 한 달 하루 8시간 서비스를 이용하기 위해서는 월 238만원이라는 적지 않은 비용을 내야 합니다. 이 때문에 소수의 가정만 혜택을 받게 된다는 지적이 나왔는데요. 그래서 이들에 대해 최저임금을 차등적용 해야 한다는 주장도 일각에서 나왔죠. 실제로 상대적으로 소득이 높은 '강남 3구' 가정의 신청이 많은 것으로 알려졌습니다. 여기에 도우미들의 영어가 유창하다는 점 때문에 자녀의 영어교육에 도움이 될 것으로 기대해 교육열이 높은 이들 지역에 쏠림이 심했다는 분석도 나왔습니다.

젊고 영어 능통한 필리핀 가사도우미, 역할은 어디까지?

필리핀 출신의 외국인 가사도우미 100명이 입국했다. 약 한 달간 한국 적응교육을 거쳐 내달부터 서울 시내 가정에서 근무를 시작한다. 고용노동부는 돌봄노동뿐 아니라 가사노동에 '영어교육'까지 가능하다고 강조하는데 이런 포괄적인 업무범위가 정책적 혜택 대상을 불분명하게 하고 향후 갈등의 소지를 키울 수 있다는 비판도 제기된다. 고용노동부는 입국한 100명이 "영어에 능통"하며 "24~38세의 젊은 계층"이라고 강조했다. 가사노동자협회 대표를 맡았던 최영미 한국노총 가사 · 돌봄유니온 위원장은 "필리핀이 원래 젊은 층이 취업할 곳이 많지 않아 외국으로 노동자를 보내는 인력사업을 펼쳐 인권문제가 불거지기도 했다"며 "그런데 우리나라까지 젊은 여성임을 강조하는 이유를 이해할 수 없다"고 비판했다. 돌봄과 가사노동에 더해 영어교육 기대까지 겹쳐 수요가 커졌다는 분석에는 "누구를 위한 정책으로 흐르는지 모르겠다"고 꼬집었다. 최 위원장은 "기본적인 정책의 중심은 돌봄"이라며 "돌봄서비스를 저렴하게 제공한다면 야간에 근무하거나 저소득 맞벌이 부부 등에게 정책의 혜택이 돌아가야 하는데 현재는 돌봄비용이 부담된다는 비판에 영어교육이 끼어들어 시선을 돌리게 하는 '이용자 착시현상'을 일으키는 것 같다"고 말했다.

출처 : 세계일보/일부인용

상식UP! Quiz

문제 정부가 저출산 대책으로 내놓은 외국인 가사도우미 시범도입은 경기도에서 이뤄진다.

해설 2023년 9월 정부는 서울시에 외국인 가사도우미를 시범적으로 도입한다는 방침을 밝혔다.

답 ✕

이상동기 범죄

원인 모를 범죄, 흉흉한 사회, 시민은 불안

2023년 여름 즈음부터 우리사회에서는 일면식도 없는 사람을 이유 없이 흉기로 위협하고 다치게 하는 사건이 크게 이어졌습니다. 무고한 시민이 안타깝게 살해당하는 비극도 있었죠. 이렇게 불특정다수를 목표로 명확한 동기 없이 저지르는 범죄를 '이상동기 범죄' 또는 흔히 '묻지마 범죄'라고 합니다.

7월에는 서울 신림역 길거리에서 묻지마 칼부림이 발생했고, 8월에는 성남 서현역에서 차량을 돌진해 사람들을 들이받고 인근 백화점에 들어가 칼을 휘두른 사건이 터졌습니다. 이 두 사건으로 3명이 안타깝게 목숨을 잃었고, 많은 이가 부상을 입었죠. 이후에도 흉기를 소지한 채 길거리를 배회하다가 경찰에 붙잡히는 사건이 이어졌는데요. 이 와중에 관심을 받아보려 온라인상에 살인 예고글을 작성해 경찰에 입건되는 철없는 사람들이 눈살을 찌푸리게 했습니다.

날벼락 같은 사건이 이어지자 시민들은 불안에 떨었습니다. 가스 스프레이, 전기충격기 등 호신용품의 판매가 늘었다는 보도도 나왔죠. 사회 분위기가 어두워지면서 정부·여당은 대책마련에 나섰는데요. 경찰은 흉기난동 우려가 높은 대형 쇼핑몰 등 다중밀집장소에 특별치안활동을 실시하겠다고 밝혔습니다. 곧 번화가 대로변에는 경찰특공대 장갑차가 등장했고, 소총으로 무장한 경찰특공대 대원들이 시민들 사이를 오가며 순찰했죠. 이 때문에 더욱 불안함을 느끼고 흉흉한 분위기를 실감한다는 시민들의 목소리도 나왔습니다. 이런 가운데 또다시 대낮 신림동의 등산로에서 성폭행 살인사건이 터지면서 경찰이 '보여주기식 치안활동'에만 매달렸다는 비판이 나왔는데요. 여기에 국무총리와 경찰청이 폐지된 의무경찰을 치안강화를 위해 부활시키겠다고 했다가 번복하는 등 갈팡질팡 촌극 같은 일이 벌어지기도 했습니다.

전문가들은 잇따른 이상동기 범죄에 대해 현실에서 겪은 불만과 열등감이 불특정다수에 대한 보복심리로 발전했다고 분석했습니다. 그러나 아예 구체적인 동기를 알 수 없는 경우도 있었죠. 서현역 칼부림 사건의 피의자는 조현병 병력이 있고 피해망상 증세가 있으나, 이것만으로는 현실에서 칼부림을 일으킨 명확한 동기와 연결 짓기 어렵다고 했는데요. 전문가들은 각각 범죄의 원인은 다르더라도 앞선 사건들이 방아쇠가 돼 향후 유사범죄가 연쇄적으로 터질 수 있다며, 이상동기 범죄를 근본적으로 예방할 범정부적 대책을 세워야한다고 지적했습니다.

🔍 정치 · 경제 · **사회** · 국제 · 문화 · 미디어 · 과학 · IT · 스포츠   ⬆ 🗨 가 🗒

12년 전 스승에 흉기 휘두른 20대 남성 … 범행동기는?

대전 한 고등학교에서 교사에게 흉기를 휘둘러 크게 다치게 한 20대 남성이 재판에 넘겨졌다. 대전지검 형사3부는 살인미수죄로 A씨를 구속기소했다고 밝혔다. A씨는 대전 대덕구 한 고등학교에 침입해 교사 B씨를 살해하려는 마음으로 흉기로 10여 차례 찌르고 달아난 혐의를 받는다. 교사 B씨는 A씨가 다니던 대전의 다른 고등학교 교사로 근무했으나 담임을 맡지는 않았다. 검찰은 A씨가 정신질환 피해망상으로 특정인 대상의 **이상동기 범죄**를 벌인 것으로 보고 있다. A씨는 B씨 등 다수 교사와 동급생으로부터 집단 괴롭힘을 당했다고 주장했으나, 조사결과 A씨 주장은 피해망상에 따른 것으로 사실이 아닌 것으로 드러났다. 또한 A씨가 앓고 있는 정신질환이 범행동기로는 작용했으나, A씨가 범행의 범죄성과 위법성에 대해 인식하고 있는 만큼 범죄행위 자체에 영향을 미쳤다고 보기는 어려워 심신장애로 인한 감경사유는 없다고 판단했다.

출처 : 문화일보/일부인용

상식UP! Quiz

문제 **이상동기 범죄는 범죄 이유를 특정할 수 없고 불특정다수를 대상으로 하는 범죄를 말한다.**   ○ / ×

해설 이상동기 범죄는 묻지마 범죄라고도 하며 일반적이지 않은 동기를 가지고, 불특정 다수를 향해 벌이는 범죄다.

 답 ○

이것은 어떻게 쓰는 물건인고

세상은 지금도 빠르게 변해가고 있습니다. 디지털 기술도 끊임없이 진화하면서 우리의 일상 속에 고스란히 침투하고 있습니다. 그러나 동시에 우리 사회에는 새로운 고민거리가 생겨났는데요. 바로 디지털 격차입니다. 젊은 세대들은 최신 기술을 부담 없이 수용하고 또 다른 새로운 기술을 원하지만, 이에 익숙하지 않은 고령층은 기술을 활용하는데 애를 먹기 마련입니다. 또한 시대의 변화에 따라가지 못한다는 우울감에 빠지기도 하죠. 비대면·온택트 트렌드가 사회 전방위로 확산되면서 이러한 간극은 더욱 깊어지고 있습니다.

요즘 젊은 사람들은 거의 은행에 가지 않습니다. 웬만한 금융 업무는 모바일뱅킹으로 해결할 수 있기 때문이죠. 그러나 여전히 많은 노년층은 은행 일을 보기 위해 은행 창구를 찾습니다. 디지털 금융으로의 전환 때문에 은행들이 창구의 직원들을 감축하고 있는 현실인데도 말이죠. 디지털 격차를 체감할 수 있는 또 한 가지 사례는 바로 키오스크입니다. 많은 점포들이 키오스크를 설치함으로써 인건비를 줄이고 있는 상황인데요. 노년층에게 키오스크는 커다란 장애물로 다가옵니다. 스마트폰 조작에도 어려움을 겪는 노년층에게 키오스크는 결코 친절한 시스템이 아니죠.

과학기술정보통신부의 2020년 조사에 따르면 우리나라 60대의 89.7%는 모바일 스마트 기기를 보유하고 있으나, 70대 이상은 44.9%만 갖고 있는 것으로 나타났습니다. 또한 한국은행에 따르면 60대 이상의 모바일뱅킹의 이용률은 13.7%에 그치는 것으로 조사됐는데요. 이에 반해 고령층이 이용하는 은행 지점은 계속 줄고 있는 실정이고, 이런 추세는 계속해서 이어질 전망입니다. 금융·행정 등의 수많은 정보가 온라인으로 오가고 있는 상황인지라, 이에 대응이 더딘 노년층은 정보 수집에 취약할 수밖에 없습니다.

일각에서는 이러한 디지털 격차를 줄이기 위해 정부가 적극적으로 나서야 한다고 주장합니다. 실제로 정부는 2020년 디지털 취약계층을 위한 디지털포용 추진계획을 발표했는데요. 그러나 노년층을 고려한 실질적 디지털 교육방안은 미흡하다는 비판도 나왔습니다. 정부뿐 아니라 가정에서의 도움도 필요하다는 의견도 있었는데요. 지적만 하기보다는 노년층이 디지털 정보에 취약할 수밖에 없음을 인정하고 우선 어려움에 공감해주는 것이 중요하다고 전했습니다.

🔍 정치 · 경제 · **사회** · 국제 · 문화 · 미디어 · 과학 · IT · 스포츠　　⬆ 🗐 ⁊가 🗐

키오스크 앞에만 서면 진땀나는 디지털 소외계층

최근 패스트푸드점, 영화관 등 유통업계는 비대면 문화 확산과 최저임금 인상 등의 요인으로 키오스크, 무인점포 등 디지털 전환에 앞장서고 있으나 그에 따른 디지털 격차도 커지고 있다. 디지털 전환을 두고 소비자의 반응이 극과 극을 달린다는 것이다.
키오스크, 무인점포 등의 변화에 익숙지 않은 소비자들은 문제라고 짚은 반면, 디지털 전환에 익숙한 젊은 층은 점원을 접하는 것보다 편리해서 대면 주문보다 키오스크를 선호한다고 전했다. 업계 관계자들은 인건비를 줄이고 매장 내 회전율을 높이기 위해서 어쩔 수 없는 선택이라는 입장이다. 이에 전문가는 소비자간 디지털 격차를 줄이고 변화의 흐름에 적응할 수 있도록 관련 조치를 취해야 한다고 설명했다.

출처 : 중부일보/일부인용

상식UP! Quiz

문제 **디지털 격차는 디지털 기술 발전이 가져온 우리 사회의 긍정적인 현상이라 할 수 있다.**
　　　　　　　　　　　　　　　　　　　　　　　　　　　　　　　○ / ×

해설 디지털 격차 또는 디지털 양극화는 디지털 보편화에 적응하지 못하는 취약 계층이 사회에서 소외되는 현상을 가리키며, 해소해야 할 문제로 지적되고 있다.

답 ×

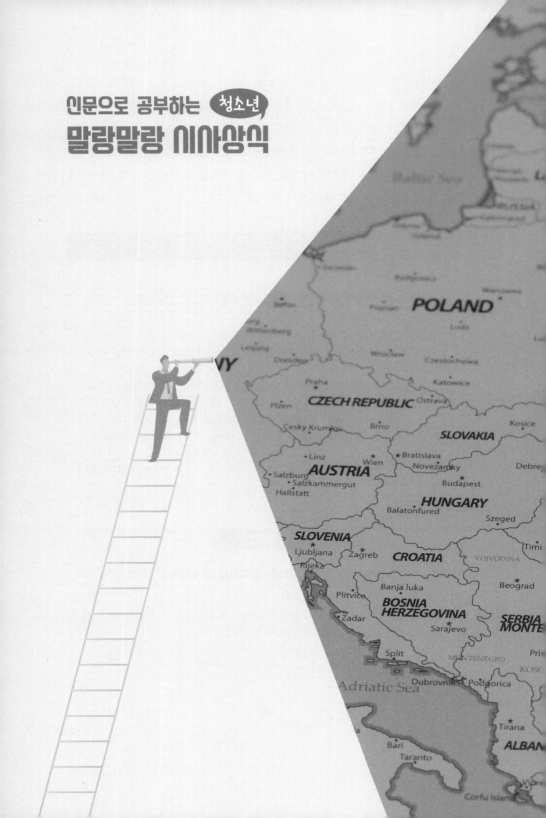

CHAPTER 05

국제 · 외교

강한 힘엔 강한 대가가

최근 우리나라의 핵무장론이 다시 고개를 들었습니다. 자체 핵무장에 대한 긍정여론도 생각보다 높게 나타나고 있는데요. 북한의 미사일 도발이 한창 이어지던 2023년 6월, 통일연구원이 발표한 조사결과에 따르면 핵보유 찬성여론은 60.2%로 나타났죠. 2024년 11월 예정된 미국 대선에서 주한미군을 철수시키겠다는 도널드 트럼프 전 대통령의 당선 가능성이 거론되고, 같은 시기 북한과 러시아가 군사동맹을 강화하면서 긍정여론은 더 뜨거워졌습니다.

핵무장을 찬성하는 측에서는 사실상 한반도의 비핵화는 불가능하며 북핵 위협에 맞대응할 잠재력을 우리 스스로 갖춰야 한다고 주장합니다. 아울러 북한을 비롯해 주변국이 핵무기를 보유하고 있으니 우리도 균형을 맞춰야 한다고 하죠. 북핵 위협이 현실화됐을 때 동맹국인 미국이 우리를 보호해 주는 '핵우산' 전략 또한 신뢰하기 어렵다는 여론도 있습니다. 핵우산은 동맹국이 핵무기 공격을 당했을 경우 이에 대응해 핵전력을 제공한다는 전략인데요. 적국이 핵무기를 쓰지 못하도록 압박하는 동시에 동맹국이 핵무기 보유의 유혹에서 벗어나게 하려는 목적도 있죠. 한편 찬성 측 일각에서는 자체 핵무장이 녹록치 않을 경우, 한반도와 그 주변국에 전술핵을 재배치하거나, 더 나아가 핵무기를 공유하는 선택지도 고려해야 한다고 주장합니다.

반면 핵무장을 반대하는 입장도 만만치 않은데요. 반대 측은 자체 핵무장이 얻는 것보다 잃는 것이 더 많다고 주장합니다. 먼저 우리나라는 '핵확산방지조약(NPT ; Non Proliferation Treaty)'에 핵무기 비보유국으로서 가입해있죠. 이를 무시하고 우리가 핵무기를 개발한다면 국제적인 신뢰를 잃게 되고, 국제사회의 경제적 제재를 받을 위험이 있습니다. 또 우리가 핵무기를 보유하면 일본, 대만 등 다른 비보유국도 연쇄적으로 핵무장을 선언할 우려가 있죠. 때문에 주변정세는 크게 경색될 것입니다. 무엇보다 미국정부는 우리의 핵무장을 지속적으로 반대해왔는데요. 60~70

년대 냉전시대에는 물론 최근 바이든정부까지 미국은 우리나라에 '핵무장이냐, 한미동맹이냐' 하는 두 가지 옵션을 꾸준히 제시해왔습니다. 무조건 자체 안보만을 고집하기보다는 핵무장으로 치러야 할 여파와 대가는 무엇인지 생각해볼 필요가 있습니다.

🔍 **정치** · 경제 · 사회 · **국제** · 문화 · 미디어 · 과학 · IT · 스포츠

외통위, 대북정책 공방 … 여 일부 '핵무장론' 주장

여야는 국회 외교통일위원회 전체회의에서 대북전단 살포와 대북확성기 방송재개 등 정부의 대북정책을 놓고 공방을 벌였다. 국민의힘 의원들은 안보위기에 대비해 한미동맹을 강화해야 한다고 입을 모았다. 일각에선 자체 **핵무장론**을 주장하는 목소리도 나왔다. 김기현 국민의힘 의원은 "굳건한 한미동맹을 바탕으로 북한의 안보위협에 대응하는 건 매우 적절한 정책이고 더 강화해야 한다"고 촉구했다. 아울러 "문제는 북한이 이미 핵을 가지고 있다는 사실"이라며 "우리 자체적으로 핵무장을 해야 대한민국의 안전을 보장할 수 있다"고 주장했다. 이에 조태열 외교부 장관은 "자체 핵무장 문제는 핵확산금지조약 체제와의 충돌 문제, 제작비용 문제 등을 종합적으로 검토해야 할 사안"이라며 "상호신뢰를 쌓는 작업이 먼저 추진돼야 한다"고 답했다. 이어서 "현 상황에서는 핵억제력을 강화하는 것이 가장 현실적이고 바람직한 정책 옵션"이라고 밝혔다.

출처 : 뉴시스/일부인용

상식UP! Quiz

문제 핵보유국이 비핵보유국에 핵무기를 양여하거나 비핵보유국이 핵무기를 보유하는 것을 금지하는 국제조약은?

해설 핵확산금지조약(NPT)은 1968년 미국, 소련, 영국 등 총 56개국이 핵무기 보유국의 증가 방지를 목적으로 체결하였고 1970년에 발효된 다국 간 조약이다. 핵보유국에 대해 핵무기 등의 제3자로의 이양을 금지하고 핵군축을 요구한다.

답 핵확산금지조약

안보 무임승차는 없다?!

주한미군의 주둔비용에서 우리나라가 부담할 몫을 새롭게 결정하는 제12차 한미 방위비분담금 협상이 진행됐습니다. 방위비분담은 한미상호방위조약(SOFA)을 근거로 하는데요. 본래는 우리가 미군이 주둔할 부동산을 제공하고 방위비 일체는 미국에서 부담했지만, 1980년대 형편이 어려워진 미국이 우리에게도 방위비 분담을 요구하면서 1991년 특별협정을 맺게 됐죠. 거듭된 협상에 우리가 부담하는 방위비는 대체로 꾸준히 상승해왔습니다.

특히 지난 2019년 시작된 제11차 협상 당시 도널드 트럼프 미국 대통령은 주한미군 철수 카드까지 꺼내며 분담금 5배 증액을 주장했는데요. 이미 같은 해 체결된 10차 협정에서 분담금이 1조원을 넘어섰는데도 트럼프 대통령은 협상기간을 1년 단위로 줄여야 한다며 새 협상을 독촉했습니다. 그는 우리가 매년 50억달러, 무려 우리 돈 7조원에 이르는 방위비를 내야한다고 주장하기도 했죠.

트럼프의 막무가내식 태도 때문에 협상타결은 미뤄지다가 2021년 바이든정부가 들어서서야 성사됐습니다. 다만 이 때에도 협상 첫 해인 2021년도 분담금을 13.9%나 인상했고, 이후 2025년까지 매해 우리나라의 방위비 증액과 연동해 늘리기로 했습니다. 2025년 우리의 분담금은 1조 4,896억원으로 추산됩니다. 이미 적지 않은 금액을 부담하고 있는 것이죠.

2026년부터 적용될 12차 협상은 협정기간 종료가 1년 8개월여 남은 이른 시점에 시작됐는데요. 2024년 11월 미 대선에서 트럼프가 재집권할 가능성이 커지면서 방위비 증액문제가 다시 불거질 수 있다는 우려에 조기협상에 들어간 것으로 해석됐습니다. 실제로 트럼프는 대선기간에도 '무임승차는 없다'며 동맹국에 대한 방위비 증액을 공개적으로 언급했는데요. 특히 우리나라에 대해서는 "한국은 부유한 국가이며, 방위비 분담에 더 큰 기여를 하기를 바란다"고 이야기했습니다. 자국우선주의를 내세우는 트럼프에 대비해 우리나라도 대응책을 면밀하게 세워야 할 시점입니다.

트럼프 안보참모, 방위비 증액요구

도널드 트럼프 전 대통령 재임 시절 국가안보보좌관을 지낸 로버트 오브라이언 전 보좌관은 한국의 **방위비분담금**과 관련, "한국은 자국방어를 위해 부담할 수 있는 능력이 있다"면서 "더 큰 기여를 하길 바란다"고 말했다. 그는 "한국은 매우 부유한 국가가 됐다. 한국에서 벌어진 일은 가장 큰 경제적 성공 스토리다"라면서 "한국은 무엇이든 필요한 것을 할 수 있는 돈이 있다"고 강조했다. 그는 한국이 방위비분담금을 급격하게 올리지 않을 경우 주한미군을 철수할 수도 있다고 한 트럼프 전 대통령의 타임스 인터뷰와 관련, 방위비 협상이 만족스럽지 않을 경우 주한미군을 감축하거나 철수할 수 있느냐는 질문에 "그것은 다 추측"이라면서 "나는 한국이 방위비협상에서 필요한 조치를 할 것으로 본다"고 말했다.

출처 : 연합뉴스/일부인용

상식UP! Quiz

문제 우리나라는 미국과 1991년 주한미군 주둔비용에 관한 대한민국─미합중국간 특별조치협정을 맺었다.

해설 우리나라는 미국 측의 방위비 분담 요구로 한미 방위비분담특별협정(SMA ; Special Measures Agreement)을 1991년 체결했다.

답 O

기후변화는 누구의 책임일까?

국제사회는 1992년 6월 유엔환경개발회의(UNCED)에서 기후변화협약(UNFCCC)을 채택했습니다. 기후변화협약은 '기후변화에 관한 유엔 기본협약'의 약칭으로 온실가스로 인한 지구온난화를 막고자 하는 국제사회의 약속입니다. 기후변화협약은 1995년 제1차 당사국총회(COP) 이후 매년 당사국들이 만나 총회를 열고 있습니다. 각국 정상들은 현재 기후변화 상황과 당면한 문제를 어떻게 해결할 것인지 논의하는데요.

1997년 일본 교토에서 열린 제3차 COP에서는 감축할 온실가스 여섯 가지와 그 감축목표를 정한 '교토의정서(Kyoto Protocol)'를 채택하면서 구체적 이행방안을 마련했습니다. 회원국별로 감축해야 할 온실가스의 양도 정했는데요. 이 교토의정서는 법적인 구속력을 가지고 있어서 만약 감축목표를 지키지 못하면 비관세 장벽이 허용되고, 2017년까지 추가적으로 더 높은 감축 이행안을 받아들여야 했습니다. 그런데 여기서 교토의정서의 한계가 드러났는데요. 일단 감축 의무국가에 주로 선진국만이 포함됐는데, 목표를 달성하지 못하면 그만큼의 1.3배를 추가로 이행해야 하는 벌칙규정 때문에 가입을 꺼리는 국가가 많았습니다. 또한 중국과 인도 등은 온실가스배출이 많음에도 개발도상국(개도국)이라는 이유로 의무국에서 제외됐죠. 급기야 설상가상 의무국이었던 미국은 이에 불만을 품고 교토의정서를 2001년 탈퇴하고, 캐나다와 일본·러시아도 잇달아 탈퇴를 선언하게 되죠.

그래서 2015년 파리에서 열린 제21차 COP에서 '파리협정(Paris Agreement)'을 채택합니다. 파리협정은 지구온도가 산업화 이전과 비교해 2℃ 이상 오르지 않게 하자고 의견을 모았습니다. 파리협정은 종료시점을 특정하지 않았고, 선진국 위주가 아니라 모든 회원국(197개국)으로 이행 범위를 넓혔습니다. 또 감축목표도 국가마다 자발적으로 정할 수 있도록 했고요. 감축과 감축에 따른 적응, 감축기술이전 등의 내용도 포함했습니다.

그런데 선진국뿐 아니라 개도국에게도 감축의무가 주어지면서 또 다른 갈등양상도 불거졌는데요. 사실 현재의 기후위기는 미국이나 일본 등 선진국들의 과거 발전과정에서 야기된 측면이 있습니다. 선진국들이 발전하며 내뿜었던 온실가스가 결과적으로 현재 개도국들이 겪는 기후위기에 일조했다고도 볼 수 있죠. 게다가 개도국들 입장에선 당장 생존과 산업발전을 위해 화석연료 사용이 불가피한데, 온실가스 감축을 함께 이행하기에는 버겁다는 불만이 터져 나왔습니다. 2021년 COP에서는 2040년까지 석탄사용을 단계적으로 폐지하자는 논의도 나왔는데, 중국 등의 강력한 반대로 폐지가 아닌 '감축'으로 문구를 고치기도 했습니다. 결국 2022년 COP에서는 개도국이 석탄사용을 줄이고, 친환경발전으로 전환하도록 선진국이 지원하겠다는 계획이 나왔는데요. 그러나 개도국들은 선진국이 야기한 기후변화로 입은 피해부터 먼저 보상하라고 요구하고 있습니다.

🔍 정치 · 경제 · 사회 · **국제** · 문화 · 미디어 · **과학** · IT · 스포츠　　⬆ 🗩 가 🖥

'기후위기 극복 기술협력 논의' 36개국 韓에 모였다

기후변화협약 당사국의 기술개발 및 이전 활성화를 위해 설립된 '유엔기후변화협약 기술매커니즘' 이사회가 인천 송도에서 개최된다. 의장국을 맡은 미국을 포함해 일본, 캐나다, 케냐, 사우디아라비아 등 36개국 90여 명의 관계자들이 참석한다. 제16차 당사국총회에서 각국은 기후변화대응을 위한 과학기술의 중요성에 합의하며 기술메커니즘 설립을 결정했다.

출처 : 뉴시스/일부인용

상식UP! Quiz

문제　2015년 열린 제21차 기후변화협약 당사국총회에서 채택한 국제협정은?

해설　파리협정은 2015년 제21차 기후변화협약 당사국총회에서 채택됐으며, 지구온도가 산업화 이전과 비교해 2℃ 이상 오르지 않게 하자고 의견을 모았다.

답　파리협정

바다는 앞으로 정말 안전할까?

2023년 8월 24일 일본정부가 국내외의 우려와 반대에도 후쿠시마 제1원자력발전소의 오염수 방류를 결국 개시했습니다. 2021년 4월 스가 요시히데 당시 일본 총리가 해양방류를 결정한 지 2년 4개월 만이며, 2011년 3월 11일 동일본대지진으로 후쿠시마 제1원전 사고가 발생한 지 12년 만입니다. 일본정부과 도쿄전력은 누적된 오염수를 ALPS라는 장치로 정화시켜 바닷물에 희석해 방류하겠다고 선언했죠.

오염수를 정화한다는 ALPS는 'Advanced Liquid Processing System'의 약자로 오염수의 방사성물질을 제거하기 위해 운용하는 장치입니다. '다핵종제거설비'라고도 하죠. 대지진으로 후쿠시마 제1원전이 폭발하자 원자로의 핵연료가 녹아내리면서 이를 식히기 위해 일본정부는 냉각수를 투입했습니다. 점차 시간이 흐를수록 지하수, 빗물 등이 유입되면서 방사성물질이 섞인 냉각수, 즉 오염수는 감당하기 어려울 만큼 늘어났죠. 이에 일본정부는 ALPS로 세슘, 스트론튬 등을 배출기준 이하로 제거해 해양 방류하기로 했는데, ALPS 처리과정을 거쳐도 삼중수소나 탄소14 등의 핵종은 제거할 수 없어 안전성에 대한 우려를 낳았습니다.

일본정부는 방류 전에 국제원자력기구(IAEA)에 오염수 처리과정에 대한 안전성 검증을 요청했는데요. IAEA는 '일본의 오염수 방류 행위가 국제적으로 협의된 원자력 안전기준에 부합하며, 환경과 주변 인구에 대한 영향이 미미할 것'이라는 내용의 최종보고서를 내놨습니다. 그리고는 향후 방류절차와 방류된 오염수의 성분 검사, 관리감독을 철저히 할 것이라 공언했죠. 또한 오염수를 정화하고 바닷물에 희석해 방류하는 이 같은 방식을 전 세계가 공통되게 사용한다고 했습니다. 아울러 방류되는 오염수는 마실 수 있을 정도로 안전하다고 덧붙였는데요.

이에 우리 정부와 여당은 "국제적으로 공인된 기구인 IAEA의 과학적 검증을 믿을 수밖에 없고, 국제사회의 일원으로서 방류를 인정해야 한다"고 하면서도 "그렇다고 방류를 찬성하거나 지지하는 것은 아니다"는 모호한 태도를 보였는데요. 또 일본과 IAEA의 입장을 대변하듯 방류의 안전성 우려에 대한 일일브리핑을 진행하는 등 해명과 대국민 설득에 적극적으로 나서 논란이 됐습니다.

야권과 환경단체 등은 애초에 원자력발전에 우호적인 IAEA는 중립적 검증이 불가능하며, 그 검증내용도 부실하고 믿기 어렵다는 입장입니다. 성분을 분석할 오염수 시료도 IAEA가 직접 채취한 것이 아닌 일본정부가 일방적으로 제공했다고 비판했죠. 원전사고로 인한 오염수 배출도 전례가 없는 일인 만큼 향후 안전성에 대해서 담보할 수 없다고 했습니다. 또 일본정부에 대해서는 "왜 오염수를 자신들 국토 안에서 처리하지 않고, 해양에 방류해 전 세계에 퍼뜨리는 것이냐"고 반발했는데요. 정부·여당은 이에 과학적 결론을 인정하지 않고 가짜뉴스를 퍼뜨려, 국민에게 불안감을 조장하고 있다고 맞섰습니다. 어민 등 국내 수산업종사자들은 우리 수산물은 안전하다며 호소하고 나섰죠.

오염수 방류는 앞으로 약 30년간 이어질 것이라 하는데 확실하진 않습니다. 이미 134만여 톤의 오염수가 1,000개에 달하는 탱크에 들어 있고, 현재도 지하수와 빗물 때문에 오염수가 늘어나는 실정이기 때문입니다. 오염수는 해류를 따라 지구 구석구석에 퍼지게 될 텐데요. 방류 이후 1년, 우려와는 달리 우리 해역과 수산물 등에 대한 방사능 검사에서 안전기준을 벗어난 사례는 나오지 않은 것으로 알려졌습니다. 다행스런 결과이긴 하지만 방류가 언제 끝날지 알 수 없는 만큼 방심은 금물이라는 의견이 나왔죠. 아울러 오염수와 관련한 지나친 괴담·허위 유포 또한 경계해야 한다는 주장도 있었습니다.

후쿠시마 오염수 건강영향조사 하겠다더니 …
슬그머니 사라진 정부계획

질병관리청의 '후쿠시마 오염수 건강영향 기초자료 확보계획' 문건에 따르면, 2023년 10월 질병청은 오염수 관련 국민 건강 위해평가를 위한 기초자료를 확보하고 조사방법을 구체화하겠다는 계획을 세웠다. 앞서 질병청의 정책연구용역 결과물인 '방사성 물질이 포함된 오염수가 인체에 미치는 영향' 보고서에서 전문가들이 전 국민 장기간 추적조사를 제안한 데 따른 것이다. 보고서는 전 국민을 대상으로 최소 20년간 건강영향 추적조사가 필요하다는 결론을 내렸다. 질병청은 기초자료 확보계획 문건에서 "인체영향에 대한 기초자료를 확보해 모니터링 체계를 완비할 필요"를 언급하며 "기초자료 확보 후 해양·수산물 모니터링에서 방사능수치가 임계점에 도달하면 건강영향평가 실시를 검토한다"는 구체적인 절차도 만들었다. 그러나 추적조사는 오염수 방류 전후인 지난해와 올해 질병청의 관련 논의에서 거의 거론되지 않은 것으로 보인다. 기초자료 확보는 커녕 올 초 질병청 조직개편 이후 조사준비업무는 실종된 상태다. 질병청 관계자는 "추적조사는 방류 초기에 검토했을 뿐 시행이 최종 결정됐다고 보기 어렵다"며 "그동안의 모니터링 결과가 국제안전기준을 충족하는 만큼 정부는 추가연구가 필요한 상황은 아니라고 판단하고 있다"고 말했다.

출처 : 한국일보/일부인용

상식UP! Quiz

문제 **국제원자력기구는 원자력의 평화적인 이용을 장려하기 위해 설립한 기구다.**

〇 / ✕

해설 국제원자력기구는 군사적인 목적으로 원자력을 사용하는 것을 막고 평화적인 이용을 장려하기 위해 설립한 기구로, 오스트리아 빈에 본부를 두고 있다.

 답 〇

누구를 위한 해법일까?

2023년 3월 6일 서울 외교부 청사에서는 '강제동원 대법원판결 관련 정부입장 발표' 회견이 있었습니다. 박진 당시 외교부 장관은 국내적 의견수렴 및 대일 협의결과 등을 바탕으로 했다면서 '일제 강제동원 피해자들에게 국내재단이 대신 판결금을 지급한다'고 발표했습니다. 행정안전부 산하의 '일제강제동원피해자지원재단'이 2018년 3건의 대법원 확정판결 원고들에게 판결금 및 지연이자를 지급하고, 계류 중인 관련소송이 원고승소로 확정될 경우에도 역시 판결금 등을 지급한다는 것입니다. 여기에 드는 금액은 포스코를 비롯해 16개가량의 국내 청구권자금 수혜기업의 자발적 기부를 통해 우선적으로 추진될 것으로 알려졌죠. 1965년 '한일청구권협정'에 따라 일본이 지원한 자금의 혜택을 본 국내기업들이 기부금을 모아서 우선 강제동원 피해자들에 대한 배상금을 변제하라는 것입니다.

정부가 발표한 강제동원해법은 일본이 한일청구권협정으로 강제동원 배상책임이 끝났다고 완강하게 버티는 상황에서 내린 고육지책으로 보였는데요. 박 장관도 당시 회견에서 "일본 측이 일본정부의 포괄적인 사죄, 그리고 일본 피고기업의 자발적인 기여로 호응해오기를 기대한다"고 말해 피고기업의 동참을 희망한다는 뜻을 분명히 했습니다. 비록 피고기업의 배상 참여는 끌어내지 못했지만, 우리나라가 먼저 해법마련을 위한 기회를 열겠다는 것이었습니다. 그러면서 "이 해법이 대한민국의 높아진 국력에 걸맞은 우리의 주도적인, 그리고 대승적인 결단"이라고 추켜세웠습니다.

그러나 피해자 측은 강하게 반발했습니다. 애초 시작점이 된 대법원판결의 취지를 전혀 살리지 못했다는 지적도 나왔죠. 식민지배의 불법성과 전범기업의 반인도적인 불법행위에 대한 배상책임을 인정한 2018년 대법원판결을 사실상 무력화하는 것이라는 비판이 이어졌습니다. 생존해 있는 징용피해자 3명 모두 정부해법에 반대했는데요. 피해자 중 한 명인 양금덕 할머니는 "우리나라 기업들 동냥해서 주는 것처럼 하는 배상금은 안 받겠다"고 목소리를 높였습니다. 또 "잘못한 사람이 있는데 다른 사람이 사죄를 하고 배상을 한다는 게 말이 되느냐"며 "정부 마음대로 결정한 것은 받아들 수 없다"고 지적했습니다. 피해자들의 대리인단도 피고기업의 국내자산에 대한 강제집행절차를 계속하겠다고 밝혔습니다.

🔍 정치 · 경제 · 사회 · **국제** · 문화 · 미디어 · 과학 · IT · 스포츠   ⬆ 🗩 ₁가 🖨

중앙대 교수 113명 "日 면죄부 주는 강제동원해법 철회해야"

중앙대 교수 113명은 성명을 내어 윤석열정부의 일제 강제동원해법에 대해 "일본의 역사 부정과 배상 회피에 면죄부를 주는 대일굴욕외교"라며 즉각적인 철회를 촉구했다. 이들은 "정부 해법은 일본의 군국주의 침략 자체를 망각의 늪에 던지려는 조치"라며 "피해자들이 오랫동안 용기 있게 투쟁해 쟁취한 권리를 짓밟는 반인권적 행위이자 대법원 확정판결을 무시했다는 점에서 삼권분립원칙을 위반한 반헌법적 폭거"라고 비판했다. 정부가 발표한 일제 강제동원해법은 피해자와 유족이 손해배상소송에서 최종승소했거나, 승소할 경우 손해배상금과 지연이자를 일본가해기업이 아닌 국내기업이 모은 돈으로 '제3자 변제'한다는 것을 뼈대로 한다. 하지만 일본의 사죄와 배상이 담보되지 않은 졸속해법이라는 비판여론이 비등하다.

출처 : 연합뉴스/일부인용

상식UP! Quiz

문제 한일기본조약이 체결됨에 따라 1965년 우리나라와 일본이 체결한 협정의 명칭은?

해설 한일청구권협정은 우리나라와 일본 사이에 1965년 체결된 협정이다. 이 협정에서 일본은 한국에 대해 조선에 투자한 자본과 일본인의 개별 재산 모두를 포기하고 3억달러의 무상자금과 2억달러의 차관을 지원하며, 한국은 대일청구권을 포기하는 것에 합의했다.

답 한일청구권협정

러시아에 맞서는 서방의 군사동맹

북대서양조약기구(NATO ; North Atlantic Treaty Organization), 일명 나토는 미국과 서방 유럽을 아우르는 군사동맹체입니다. 나토는 냉전의 산물이라고 할 수 있는데요. 제2차 세계대전이 종전되고 1949년에 미국을 중심으로 영국, 프랑스, 이탈리아 등 서방 유럽 주요 국가들이 맺은 집단안전보장조약을 기초로 하고 있습니다. 미국이 소련의 위협에 맞서 유럽 국가들과의 군사적 관계를 공고히 함으로써 소련과의 패권다툼에서 승리하고자 한 것이죠.

2024년 8월을 기준으로 나토의 회원국은 32개국입니다. 나토의 태생 자체가 미국과 소련의 냉전을 바탕으로 한 만큼, 나토와 러시아의 갈등은 현재까지도 이어지고 있는데요. 더욱이 나토가 러시아와 가까운 국가들로 회원국을 늘리는 '동진'을 하면서, 러시아의 고립과 이에 따른 위기감이 고조됐습니다. 러시아의 우크라이나 침공도 나토의 영역 확장에 따른 위기감 때문이라 할 수 있죠. 왜냐하면 지정학적으로 우크라이나가 서방과 러시아로 통하는 길목 요충지에 위치하고 있기 때문입니다. 그런데 아이러니하게도 러시아의 우크라이나 침공은 러시아의 고립과 유럽 주변국의 나토 가입에 더 불을 당기는 꼴이 되어버렸습니다.

사실 미국과 소련의 냉전 양상이 희미해지고 또 소련이 해체하게 되면서 러시아의 나토 가입에 대한 논의가 없었던 것은 아닙니다. 실제로 러시아에서는 고르바초프 이후 보리스 옐친 대통령의 친서방 기조로 가입 가능성을 타진하는 경우도 있었죠. 그러나 블라디미르 푸틴 대통령 집권 후에 옛 소련의 영토를 회복하고 당시의 헤게모니를 부활시키려는 움직임이 일어나면서 나토의 존재는 러시아를 끊임없이 자극하게 되었습니다. 또한 '테러와의 전쟁'이 끝나가고 미국의 시선이 중동에서 동유럽으로 다시 향하게 되면서 이러한 경향은 더욱 심화되었습니다. 바로 미국과 러시아의 '신냉전'이 시작하게 된 것이죠.

75주년 나토 정상회의, 북대서양 아닌 '태평양' 핵심의제로

미국 워싱턴에서 열리는 북대서양조약기구(NATO · 나토) 75주년 기념 정상회의가 기존과 달리 '북대서양'이 아닌 '태평양'을 핵심의제로 삼을 것으로 전망됐다. 2021년 정상회의 공동성명에서 중국을 '구조적 도전'이라고 규정했던 나토의 대(對)중국 견제가 본격화했다는 분석이 나온다. 중국 또한 강하게 반발하고 있다. 옌스 스톨텐베르그 나토 사무총장은 미 CBS방송 인터뷰에서 "한국, 일본, 호주, 뉴질랜드 등 'IP4(인도태평양 파트너 4개국)'를 초청한 건 대중국 전략을 마련하기 위한 목적이냐"는 질문에 "그렇다. 우크라이나 전쟁은 북한, 중국, 러시아, 이란이 얼마나 긴밀하게 연결돼 있는지를 보여 준다"고 답했다. 이어 "중국은 러시아가 우크라이나를 침공하도록 지원한 주요국가"라고 거듭 강조했다. 이는 몇 년 전만 해도 유럽과 아시아 주요국이 서로가 지정학적으로 구분돼 있다고 생각했던 것과 큰 차이를 보인다. 하지만 우크라이나를 침공한 러시아를 북한, 중국 등이 지원하는 게 분명해지면서 분위기가 바뀌었다고 월스트리트저널(WSJ)은 진단했다. 미 일각에서는 한국 또한 나토와 적극 연대해야 한다고 촉구하기도 했다.

출처 : 동아일보/일부인용

상식UP! Quiz

문제 **북대서양조약기구는 제1차 세계대전 직후 창설됐다.**

해설 북대서양조약기구는 제2차 세계대전 이후 1948년 미국과 유럽 국가가 맺은 집단안전보장조약을 바탕으로 한다.

답 ✕

자위대는 일본의 진짜 군대가 될까?

1945년 8월 15일 태평양전쟁에서 패망한 일본은 전쟁을 일으킬 수 없고 전력을 보유할 수 없다는 '헌법 제9조' 개정 때문에 자위대(自衛隊)라는 군사조직을 대신 꾸렸습니다. 자위대는 한반도의 6·25 전쟁 당시, 일본에 주둔하던 미군이 우리 국군을 지원하기 위해 떠나자 치안유지를 명목으로 창설한 경찰경비대에서 기원합니다. 물론 자위대라는 이름 그대로 최소한의 방어만 가능할 뿐 헌법상 상대국 혹은 지역에 선제타격을 가할 수 없습니다. 방어가 가능한 조건 또한 일본국으로 한정되어 있죠. 그러나 자위대의 전신인 경찰경비대는 창설 당시부터 꼼수라는 논란이 있었는데요. 헌법 제9조가 명시한 '전력'이란 실질적으로 전투를 수행할 수 있는 능력을 의미하는데, 단순한 치안유지를 넘어 국가 간 교전을 벌일 수 있는 수준에 이르렀기 때문이죠. 경비대는 보안대 등으로 이름을 바꾸면서 임무 범위를 점차 넓히기 시작했고, 이들 조직이 헌법에 위배된다는 비판에 대해서는 조직의 힘이 약하다는 식으로 어물쩍 넘어가려 했습니다. 그리고 1954년 7월 자위대법이 제정되면서 자위대가 공식적으로 출범했죠. 헌법상 '전력'을 가질 수 없었지만, 명백히 전력을 가진 군사조직을 스스로 만들어낸 것입니다.

일본은 이때부터 야금야금 제멋대로 헌법 해석을 이어가며 개헌카드를 꺼내들었습니다. 동시에 자위대의 전력도 차츰 보강했죠. 그러나 일본정부에서도 개헌은 쉽사리 성사되지 못했는데요. 그래서 일본은 자위권을 확대하는 데 애를 썼는데, 처음에는 현실적인 타격을 자국의 영토·영공·영해에서 방어하는 수준에 머물렀다면, 그 영역을 벗어난 방어도 허용하게 됐습니다. 더 나아가 일본 침공의 징조가 보인다면 그 근원지까지 타격할 수 있다는 해석으로도 이어졌죠. 또 1990년대부터는 차츰 자위대를 해외로도 보내기 시작했습니다. 이러한 '집단적 자위권'을 법 해석만으로 갖게 된 사이, 자위대의 '전력'은 무시 못 할 규모로 커졌습니다. 사실상 일본의 군대로서 취급되는 조직으로 성장했고, 자위대가 위헌이라는 인식도 점차 희석됐습니다.

일본은 아베 신조 전 총리로 대표되는 극우세력이 정권을 잡으면서 개헌논의가 더 활발해졌는데요. 이들은 개헌의 당위성을 역설하면서, 시대가 변화함에 따라 이제 자위대를 헌법 제9조에 명기하는 개헌을 실시해야 한다고 주장했습니다. 그간 평화헌법을 수호해야 하며, 자위대가 위헌이라는 주장을 꾸준히 펴온 반대세력들의 입을 잠재우기 위해 아예 자위대의 존재를 헌법에 명백히 각인시키려 하는 것이죠. 이 개헌에 성공할 경우 일본은 공식적이며 정식적인 군대를 다시 가지게 됩니다.

🔍 **정치** · 경제 · 사회 · **국제** · 문화 · 미디어 · 과학 · IT · 스포츠   ⬆ ▣ 가 🖨

기시다 · 이시바, 총재선거 앞서 개헌 강조 ··· "자위대 헌법 명기"

일본 집권 자민당 총재선거를 앞두고 기시다 후미오 총리와 이시바 시게루 전 자민당 간사장 등 당내 유력 정치인들이 보수층 공략을 위해 개헌 필요성을 주장하고 나섰다. 기시다 총리는 자민당 본부에서 열린 헌법개정실현본부 회의에서 헌법 9조에 **자위대** 존재를 명기하는 것과 관련해 논의에 속도를 내 달라고 지시했다. 그는 "언제 어떤 때라도 국민생명을 지킨다는 국가의 가장 중요한 책무를 이 나라 최고규범에 확실히 명기하겠다"고 말했다. 그가 언급한 헌법 9조는 평화헌법 핵심으로 꼽힌다. 1항은 분쟁 해결수단으로서 전쟁과 무력행사의 영구 포기, 2항은 육해공군 전력보유와 국가교전권을 부인하는 내용을 담고 있다. 이 조항에 따라 실질적인 군대인 자위대는 헌법에 위배된다는 지적이 꾸준히 제기됐고, 자민당은 '자위대 위헌론'에 마침표를 찍겠다면서 헌법에 기술되지 않은 자위대를 명기하겠다고 주장해 왔다.

출처 : 아시아경제/일부인용

상식UP! Quiz

문제 **일본의 평화헌법이라고 불리는 헌법 조항은 제9조다.**   ㅇ / ×

해설 일본 헌법 제9조는 평화헌법이라고 불리며, 일본이 전쟁과 무력에 의한 위협 또는 무력행사를 영구히 포기하고, 전력을 가지지 않는다고 규정했다.

답 ㅇ

글로벌 경제를 움직이는 리더들의 모임

2010년 11월 우리나라를 떠들썩하게 했던 G20 정상회의를 아시나요? 전 세계 주요 국가의 정상들이 모이는 G20 정상회의가 서울에서 열려 큰 의미를 남겼습니다. G20에 대해 좀 더 자세히 알아보자면 G20은 선진 7개국 정상회담(G7)과 유럽연합(EU) 의장국, 신흥시장 12개국 등 총 20개국을 회원으로 하는 국제기구입니다. 미국, 일본, 영국, 프랑스, 독일, 이탈리아, 캐나다, 유럽연합(EU) 의장국, 러시아, 브라질, 인도, 중국, 남아프리카공화국, 멕시코, 사우디아라비아, 대한민국, 호주, 터키, 아르헨티나, 인도네시아 총 20개국이 회원국으로 가입해 있습니다. 이들 국가들은 주요 국제 금융현안을 비롯해서 세계경제가 안정적으로 성장하고, 국제 금융위기의 재발을 막기 위한 방안들을 논의합니다.

G20의 시작을 거슬러 올라가 보면 1999년 개최된 G7 재무장관회의에서 국제금융시장 안정을 위해 신흥시장국이 참여하는 G20 창설에 합의하여, 그해 12월 독일 베를린에서 제1차 G20 재무장관 · 중앙은행총재 회의가 개최되었고 2008년 미국발 금융위기가 전 세계로 번지면서 그해 11월 G20 국가 간 정상급 회의를 최초로 개최했습니다. 현재 G20 구성원들의 인구를 합치면 전 세계 인구의 3분의 2에 달하기에 따라서 G20에서 결정되는 주요 현안들은 국제적으로 매우 큰 영향력을 끼치고 있습니다.

한편 미국, 영국, 프랑스, 독일, 이탈리아, 캐나다, 일본 등 선진 7개 국가가 모인 G7 또한 세계경제가 나아갈 방향과 각국 사이의 경제정책에 대한 협조 및 조정에 관한 문제를 논의하기 위한 모임입니다. 회원국들은 1년에 두세 차례씩 재무장관과 중앙은행 총재들이 연석으로 회동해 세계경제방향과 각국 간의 경제정책 협조 조정 문제를 논의합니다. 또 각국 대통령 및 총리가 참석하는 정상회담도 1년에 한 번씩 개최하고 있습니다.

G20 '글로벌 부유세' 논의 시동 … 한국은 '부자감세' 역주행

주요 20개국(G20) 재무장관들은 브라질 리우데자네이루에서 열린 G20 재무장관회의에서 "각 나라의 과세주권을 최대한 존중하면서 초고액 자산가에게 효과적으로 과세할 수 있도록 협력한다"는 내용의 '국제조세협력 선언문'에 합의했다. '글로벌 부유세'가 국제적인 공식의제로 채택된 순간이다. 글로벌 부유세는 초고액 자산가들이 세율이 낮은 나라로 자산을 옮기거나 국적을 바꾸면서 세금을 회피하는 것을 막기 위해 고안된 국제조세 프레임워크다. 140여 개 나라가 수년간의 논의 끝에 2021년 다국적 기업에 15%의 최저세율을 적용하기로 합의한 '글로벌 최저한세'를 개인에게도 적용하겠다는 것이다. 이런 국제적인 흐름은 '부자감세' 기조를 유지·강화하는 우리 세제당국의 입장과는 정반대다. 현 정부는 집권 첫해 최고세율을 포함해 법인세 과표 구간별 세율을 1%포인트씩 인하한 바 있다. 올해는 상속세 최고세율을 50%에서 40%로 낮추고, 5천만원인 자녀공제도 5억원으로 올리는 방향의 세법개정안을 발표했다.

출처 : 한겨레/일부인용

상식UP! Quiz

문제　G20 정상회의는 1년에 한 번씩 열린다.　　　　　　　○ / ×

해설　G20 정상회의는 2011년 이후 연 1회 개최되고 있다. 2020년에는 코로나19로 인해 화상으로 열렸다.

답 ○

끝나지 않을 철천지원수의 관계

2023년 10월 7일, 이스라엘에서 열린 음악축제에서 재앙이 벌어졌습니다. 음악을 즐기는 사람들 위로 패러글라이딩을 탄 군인들이 내려앉더니 총을 난사하기 시작했죠. 많은 이들이 목숨을 잃고 포로로 납치되는 끔찍한 장면이 인터넷에 여과 없이 노출됐습니다. 팔레스타인 가자지구를 통치하는 무장정파 '하마스(HAMAS)'가 이스라엘에 침투해 사람들을 학살하고, 그들이 손수 만든 '카삼로켓'을 날려 폭격을 가했습니다. 이에 분개한 이스라엘도 대대적 보복공격을 감행하면서 2023년 이스라엘-하마스 전쟁이 시작됐죠.

증오로 점철된 팔레스타인 분쟁은 역사가 깊습니다. 팔레스타인은 이스라엘과 요르단의 여러 지역을 포함하는데요. 서쪽의 지중해에서 동쪽의 요르단강까지, 북쪽의 이스라엘과 레바논 국경지대에서 남쪽의 가자지구에 이르는 지역을 가리키죠. 그런데 제1차 세계대전 전후로 고향에서 유대왕국을 재건하자는 '시오니즘 운동'과 이를 지지하는 영국의 '벨푸어 선언'으로 유대인들이 팔레스타인에 모여들면서, 예전부터 거주하던 아랍인과의 갈등·분쟁이 격화됐습니다.

그러던 중 1947년에 UN이 팔레스타인을 이스라엘과 아랍의 양국으로 분할하는 안을 결의했고, 이듬해 이스라엘 공화국이 건국되면서 아랍연합군과 이스라엘의 중동전쟁이 4차례, 이스라엘과 팔레스타인 간의 전쟁이 2차례 일어나게 됩니다. 국제사회의 중재로 여러 평화협정이 있었으나 팔레스타인의 자살폭탄 공격과 이스라엘의 반격·침공 등의 분쟁은 지속되고 있죠.

2023년 전쟁 초기에는 하마스에 대한 국제여론이 좋지 않았습니다. 그러나 이스라엘군이 하마스 종말을 공식화하고 가자지구 내 숨겨진 공격시설을 파괴하겠다며 민간시설까지 공습을 벌이면서 민간인이 큰 피해를 입었는데요. 가자지구의 팔레스타인 사람들은 국경 사방으로 이스라엘의 억압과 재제를 받고 있어 주변국으로 이

주하기도, 도움을 받기도 어렵습니다. 식량·의료품 부족은 물론이고, 전기와 식수도 이용할 수 없어 가자지구는 생지옥이 되어버렸죠. 민간인 피해가 극심해지자, 이스라엘 정부에 국제적 비판이 쇄도했습니다.

이스라엘은 또 다른 앙숙인 이란과도 공격과 보복을 주고받았습니다. 이란은 레바논의 친이란 민병대인 '헤즈볼라'를 지원하며 이스라엘과 대리전을 치러왔는데, 이에 이스라엘이 시리아의 이란 영사관을 타격해 이란 혁명수비대 지휘관 등이 사망하자 이란은 이스라엘 본토를 직접 공격했습니다. 헤즈볼라도 이스라엘의 공격으로 지휘관을 잃었다고 주장하며 보복을 예고했는데요. 이러한 확전 양상 때문에 중동정세가 더욱 악화되리라는 불안감이 커졌습니다. 이스라엘의 우방국인 미국이 직접 휴전안을 내놓고 국제사회도 휴전을 끊임없이 촉구하고 있음에도, 네타냐후 이스라엘 총리는 강경 입장을 고수했습니다.

이스라엘의 가자 학교 폭격에 약 100명 숨져 ⋯ 국제사회 맹비난

하마스-이스라엘 전쟁이 이어지는 가운데, 이스라엘군이 팔레스타인 가자지구 북부 가자시티의 한 학교건물을 공격해 약 100명이 숨지는 참사가 벌어졌다. 하마스가 통치하는 가자당국은 팔레스타인 난민들이 머물던 학교가 공격받아 이스라엘군 로켓 3발에 90∼100명이 사망했다고 주장했다. 일부 시신은 불에 타 심하게 훼손됐다며 이번 폭격이 "끔찍한 학살"이라고 비난했다. 국제사회도 이번 참사에 일제히 이스라엘을 규탄하고 나섰다. 이에 이스라엘군은 이 학교에 하마스와 그 무장조직 소속대원 약 20명이 있었던 것으로 파악해 공습에 나선 것이라고 해명했다. 앞서도 가자시티 학교 두 곳이 폭격당해 18명 넘게 숨지는 등 최근 이스라엘군은 하마스 지휘부가 은신하고 있는 것으로 파악된 학교건물을 잇달아 표적으로 삼아 공격을 가했다.

출처 : 연합뉴스/일부인용

상식UP! Quiz

문제 현재 가자지구를 실질적으로 통치하는 단체는 '팔레스타인 해방 기구(PLO)'다.

ㅇ / ✕

해설 '하마스'라는 정당이자 무장단체가 현재 가자지구를 실질 지배하고 있다.

답 ✕

✈

G7에 대항하는 신흥경제국 모임?!

브릭스(BRICS)는 브라질·러시아·인도·중국·남아프리카공화국의 신흥경제 5국을 하나의 경제권으로 묶은 신흥시장입니다. 브라질(Brazil), 러시아(Russia), 인도(India), 중국(China), 남아공(South Africa) 5국의 영문 머리글자를 딴 것이죠. 본래 창립국은 브라질, 러시아, 인도, 중국이고 2011년에 남아공이 공식회원국으로 가입하면서 기존 'BRICs'에서 'BRICS'로 의미가 확대되었죠. 사실 브릭스라는 명칭은 2001년 미국 골드만삭스자산운용 회장이던 '짐 오닐'이 위 네 창립국을 빠르게 성장하는 신흥경제국으로 꼽아 브릭스라고 부르면서 정립됐죠. 이러한 분위기를 타서 브릭스 4개국은 교류를 갖기 시작했고, 브릭스 정상회의가 2009년부터 시작이 돼 매년 열리고 있습니다. 이들은 회의를 통해 경제협력을 강화하고 상호 지속가능한 성장을 돕는 계획을 구상합니다.

지난 2023년 8월에는 남아공에서 15차 브릭스 정상회의가 열렸는데요. 이 회의에서 사우디아라비아와 이란, 아랍에미리트(UAE), 아르헨티나, 이집트, 에티오피아를 새 회원국으로 품게 됐죠. 브릭스의 주도권을 쥔 국가는 아무래도 중국과 러시아라고 할 수 있는데요. 이 두 국가는 브릭스의 회원국을 늘려 외연을 확장시키기 위해 적극적으로 목소리를 내고 있습니다. 그것은 이들이 현재 미국을 비롯한 G7과 서방 유럽국가와 대치하고 있는 국제정세 때문이죠. 러시아는 우크라이나 침공 이후로 서방의 경제·안보제재를 받고 있는 중이고, 중국은 최근 한국·미국·일본이 국제공조를 강화하고 있어 다른 나라들과 연대해야 하는 입장이죠.

그러나 한편 인도와 브라질은 브릭스를 G7과 미국에 대항하는 연대로 삼는다는 두 나라의 생각에 미온적인 태도를 보였습니다. 특히 룰라 브라질 대통령은 브릭스가 G7의 대항마가 아니라고 공개적으로 의견을 밝히기도 했는데요. 2023년 회의에서 5개국 정상은 예정된 기자회견까지 취소하고 새 회원국 가입에 대한 장시간의 토론 끝에 6개 국가를 새로 맞이하기로 결정했습니다. 이로써 브릭스의 정식회원국은 11개국으로 늘어났습니다. 뿐만 아니라 추가로 22개국이 공식적으로 가입을 요청했다고도 알려졌죠. 브릭스는 기존 5개 회원국만으로도 이미 전 세계인구의 42%, 영토의 26%, 국내총생산(GDP)의 23%, 교역량의 18%를 차지한다고 하는데요. 이들이 회원국을 점차 늘려 정말 G7의 대항마가 될 수 있을지는 지켜봐야 하겠습니다.

🔍 **정치 · 경제 · 사회 · 국제 · 문화 · 미디어 · 과학 · IT · 스포츠**

"너 친구 많아?" 중 · 러 브릭스 확장의 함의

캠프 데이비드에서 한 · 미 · 일 정상회의가 열린 후 중국은 신흥 경제 5개국 협의체 브릭스(BRICS)를 11개국으로 확장했다. 월스트리트저널은 "(중국과 러시아가) 서구권과 지정학적 · 경제적으로 치열하게 경쟁하는 상황에서 경제블록을 강화하려던 시진핑 중국 국가주석과 블라디미르 푸틴 러시아 대통령이 승리했다"고 평가했다. 신냉전 구도에서는 프렌드쇼어링(Friend-shoring)이 핵심이고, 결국 친구를 많이 두는 쪽이 유리하기 때문이다. 브릭스의 확장은 그간 자국 상황에 발목이 잡혀있던 푸틴 대통령이 본격적으로 신냉전이란 무대에 등장하는 계기가 됐다. 미국 등 서구권에서 중국의 대안으로 거론되는 인도를 다독이는 것도 푸틴의 몫이었다. 러시아 대통령실은 푸틴 대통령이 나렌드라 모디 인도 총리와 앞서 화상회의를 갖고 브릭스 확장의 중요성을 강조했다고 밝혔다.

출처 : 더스쿠프/일부인용

상식UP! Quiz

문제 브릭스(BRICS)는 2023년 회원국을 늘리면서 각 회원국의 영문 앞 글자를 딴 명칭을 변경할 것으로 알려졌다.   ○ / ×

해설 브릭스는 회원국이 늘더라도 기존 5개 회원국 이름의 첫 알파벳을 딴 명칭은 유지할 것으로 전해졌다.

답 ×

유럽, 이제는 우향우?!

최근 들어 유럽에 극우의 물결이 일렁이고 있습니다. 프랑스에서는 극우정당 '국민연합(RM)'이 득세하고 있고, 독일에서는 '독일을 위한 대안(AfD)' 등의 극우정당을 지지하는 청년층이 급증했다고 합니다. 이탈리아에서는 극우정당 '이탈리아의 형제들(Fratelli d'Italia)'을 이끈 '조르자 멜로니'가 2022년 새 총리로 당선됐죠. 아울러 2024년 6월에 치러진 유럽연합(EU)의 유럽의회 선거에서도 극우정당들의 약진이 두드러졌습니다. 좌파성향의 '녹색당−유럽자유동맹(Greens/EFA)'이 쪼그라든 반면, '유럽보수와 개혁(ECR)'과 '정체성과 민주주의(ID)' 같은 극우성향 정당들이 현 집권당보다 더 많은 표를 얻었죠.

이러한 유럽 내 극우돌풍은 코로나19 팬데믹 이후에도 끝나지 않는 불황, 빈부격차, 사회복지 축소 등 다양한 문제를 집권당이 제대로 해결하지 못하는 것에 대한 불만 때문이라고 분석됩니다. 유럽에 유입되는 이민자에게로 향하는 반감도 극우의 약진을 촉진하는 계기가 됐죠. 유럽의 극우정당들은 대체로 자국 우선주의를 내세우고 스스로를 애국우익, 민족우파 등으로 포장합니다. 또 난민, 이민자들에 대한 배타적 입장을 견지하며 대중을 자극하는데요. 일자리 부족이나 주택 임대료 상승 같은 문제들을 이민자 유입과 연관 지으며 젊은 유권자들의 지지를 끌어 모읍니다. 그런가하면 대외적으로는 북대서양조약기구(나토·NATO)의 우크라이나 지원에 반대하고, 국가의 자주성을 흔드는 유럽연합의 손에서도 벗어나야 한다고 주장합니다.

한편으로 극우정당들은 '지지할만한 정상적인 정치집단'이라는 이미지를 구축하기 위해, 이전과는 다른 '부드러운' 정당을 표방하는 모습도 보입니다. 극단적이고 과격한 정당이라는 인식을 걷어내고 중도층의 마음을 잡기 위해서죠. 그러나 이들의 원초적인 이념과 주요 지지세력은 엄연히 극단적인 성향을 띠고 있습니다. 이 같은 극우물결은 2024년 7월 치러진 프랑스와 영국의 총선결과에 따라 일단 제동이 걸렸는데요. 영국에서는 집권당인 보수당에 대한 심판론으로 14년 만의 정권교체가 이뤄졌고, 프랑스 총선 결선에서도 좌파연합이 예상 밖의 1위를 차지했죠. 이로써 유럽의 정치지형은 다시 출렁이게 됐지만, 러시아-우크라이나 전쟁 장기화와 경제 불황, 이민자 문제 등 쟁점사안이 여전히 남아 있어 극우약진의 불씨는 언제든 다시 당겨질 수 있습니다.

🔍 **정치** · 경제 · 사회 · **국제** · 문화 · 미디어 · 과학 · IT · 스포츠   ⬆ 🗐 ,가 🖶

메촐라 유럽의회 의장 재선 … 극우 득세 속 '통합' 방점

로베르타 메촐라 유럽의회 의장이 압도적인 지지로 재선에 성공했다. 여성 의장 최초의 연임기록도 세우게 됐다. 메촐라 의장의 재선은 어느 정도 예견됐다는 평가다. 메촐라 의장이 소속된 유럽국민당(EPP)은 유럽의회 내 1위 교섭단체이며, EPP를 비롯한 주요 정치 그룹들은 지난달 유럽의회 선거 이후 메촐라 의장의 연임을 지지하기로 잠정합의 한 것으로 알려졌다. 인구 50만명의 소국 몰타 출신인 메촐라 의장은 실용주의 노선으로 의회 내 다양한 목소리를 통합하는 데 기여했다는 평가를 받는다. 특히 지난 유럽의회 선거로 극우 세력이 대거 득세하면서 메촐라 의장을 위시한 중도세력이 '통합의 보루' 역할을 수행해야 한다는 목소리가 커졌다.

출처 : 아시아경제/일부인용

상식UP! Quiz

문제 2022년 프랑스 대선에서 국민연합(RM) 후보로 나선 인물은 '안 이달고'다.

○ / X

해설 2022년 치러진 프랑스 대선의 국민연합 후보는 '마린 르펜'이다.

답 X

관광객 때문에 못 살겠다!

엔데믹 시대를 맞아 해외여행객이 급증하고 있습니다. 세계관광기구(UNWTO)에 따르면 2022년 9억 6,300만명이던 전 세계 해외여행객 수가 2023년에는 12억 8,600만명으로 약 34%나 증가했다고 하는데요. 이에 따라 각국의 유명 관광지가 외지사람들로 붐비고 있습니다. 하지만 여러 부작용이 나타나면서 일부 도시들이 관광객들을 대상으로 입장료를 받기 시작했습니다.

관광지가 수용할 수 있는 범위를 초과한 관광객의 방문으로 지역주민의 삶과 환경에 나타나는 부작용을 '오버투어리즘(Overtourism)'이라고 합니다. 실제로 세계 유명 관광지들은 환경오염과 물가상승, 소음 문제뿐만 아니라 산업화에 따라 임대료가 올라 원주민이 터전 밖으로 내몰리는 젠트리피케이션 현상까지 나타나고 있다고 합니다. 이런 문제가 점점 심각해지면서 대책 마련이 시급해진 것이죠.

이탈리아 베네치아는 관광 성수기인 2024년 4월 25일부터 7월까지 당일치기 관광객에게 입장료 5유로(약 7,400원)를 받았고, 6월부터는 단체관광객의 규모를 25명으로 제한하고 관광가이드의 확성기 사용을 금지했습니다. 이밖에 영국의 맨체스터나 스페인 발렌시아, 포르투갈 어촌마을 올량 등에서도 관광세를 속속 도입하고 있죠. 또 인도네시아의 최대 관광지로 꼽히는 발리는 2024년 2월부터 외국인 관광객을 상대로 발리에 도착할 경우 15만루피아(약 1만 3,000원)의 관광기여금을 걷는다고 합니다.

이처럼 세계 각국의 유명 관광지에서 관광세를 도입하는 표면적인 이유는 지나치게 몰리고 있는 관광객의 유입을 막고, 물가관리와 더불어 환경을 보호하거나 문화유산을 관리하기 위해서입니다. 하지만 결국은 정책 실행에 필요한 재원을 마련하기 위해서입니다. 일각에서는 이러한 관광세가 실질적인 문제해결에 도움이 되지 않는 데다 '이동의 자유'를 침해한다는 지적도 나오고 있는데요. 제주도는 관광객을 대상으로 제주 환경보전을 위한 비용이라는 명목하에 '입도세(환경보전분담금)' 부과를 추진하다가 지나치다는 반발이 제기되면서 결국 '당분간'이라는 조건하에 유보하기로 결정한 바 있습니다. 지역주민과 관광객 모두 '윈윈'할 수 있는 해결법이 마련될 필요가 있어 보입니다.

🔍 정치 · 경제 · **사회** · 국제 · 문화 · 미디어 · 과학 · IT · 스포츠

'오버투어리즘'에 몸살 앓는 북촌한옥마을

북촌한옥마을은 숙박과 한복 입기 등 서울시내에서 한국의 전통문화를 느끼고 체험할 수 있는 대표적인 관광지로 자리 잡았다. 문제는 밤낮을 가리지 않고 늘어난 관광객으로 인해 주민들의 거주지와 일상공간까지 피해를 보고 있다는 점이다. 쓰레기와 소음 문제부터, 일반 가정집 문고리를 열고 들어가려는 경우도 있다. 연이은 민원과 함께 주민들의 불만이 커지자 종로구는 북촌한옥마을 일대를 관광진흥법상 '특별관리지역'으로 지정해 밤 시간대 관광객들의 통행을 제한하기로 했다. 북촌을 둘러싼 이러한 갈등은 이른바 '오버투어리즘'이다. 오버투어리즘은 수용 가능한 범위를 넘어서는 수준으로 관광객이 몰리면서 주민들의 삶을 침범하거나 피해를 일으키는 현상을 말한다. 그러나 학계에서조차 오버투어리즘과 관련한 개념이 아직 정립되지 않았고 법령 또한 갖춰져 있지 않다 보니, 여전히 지자체 차원에서 조례를 만들어 관리하거나 주민과 상인이 자체적으로 상생방안을 찾아가야 하는 상황이다.

출처 : 주간조선/일부인용

상식UP! Quiz

문제 유명 관광지에 관광객이 몰려들어 현지주민의 생활에 피해를 끼치는 현상을 다크투어리즘이라고 한다.

ㅇ / ×

해설 관광지가 수용할 수 있는 범위를 초과한 관광객의 방문으로 지역주민의 삶과 환경에 나타나는 부작용을 오버투어리즘이라고 한다.

답 ×

변화하는 미국과 서방의 대중국 전략?!

최근 국제기사를 읽다보면 디리스킹(De-risking)이라는 용어를 종종 볼 수 있습니다. 디리스킹의 중심에는 세계정치·경제의 선두에서 미국과 쌍벽을 이루는 중국이 있습니다. 미국을 비롯한 서방국가들은 대체로 중국을 견제하는 스탠스를 취해왔는데요. 중국과는 거리를 두고 공급망에서 배제하는 '디커플링(De-coupling, 탈동조화)' 전략을 택해왔죠. 그런데 2023년에 들어 그런 기조에 변화가 생겼습니다. 중국과의 긴장을 완화하고 좀 더 유연한 관계로 전환을 시도하고 있는데요. 중국의 거대한 국제적 영향력을 무시할 수 없다는 점을 감안한 것이죠.

디리스킹은 '위험제거'를 뜻하는 말로 본래는 금융기관이 위험을 관리하기 위해 광범위하고 무차별적으로 거래를 중단하는 것을 의미합니다. 그런데 지난 2023년 3월 우르줄라 폰데어라이엔 유럽연합(EU) 집행위원장이 "세계시장에서 '탈(脫)중국'이란 불가능하고 유럽의 이익에도 부합하지 않는다"면서, "디리스킹으로 전환해야 한다"고 말해 주목받았습니다. 이는 중국과 경제적 협력관계를 유지하면서도 중국에 대한 과도한 외교·경제적 의존도를 낮춰 위험을 관리하겠다는 의도로 풀이됐습니다.

엄격한 대중관계를 유지하던 미국도 자세를 고쳐 앉기 시작했는데요. 미중 무역전쟁의 격화로 세계 각국에서 경제적 손실이 발생하고 신냉전 위기가 초래하고 있다는 지적이 제기되면서, '반도체 지원법'처럼 공급망 재편 등을 통해 중국을 강하게 압박했던 '디커플링'에서 상대적으로 강도가 약한 '디리스킹' 카드를 꺼내는 모양새입니다. 조 바이든 미국 대통령도 2023년 5월 G7 정상회담에서 "중국과의 관계 다변화를 통해 위험을 제거하고자 한다"고 발언했죠. 이는 국제시장에서 중국의 영향력을 아예 벗어나기란 힘들다는 판단에 의한 것으로 해석됐습니다. 사실 최근 경제 둔화를 겪고 있는 중국으로서도 서방의 이런 태도는 나쁠 것이 없죠.

그러나 한편에선 이 같은 디리스킹 전략이 각국의 이해관계에 따라 그 범위와 수준이 다를 것이라고 예측합니다. 또 겉으로는 대중관계를 완화하는 척하면서 무역에서는 자국이익을 위해 여전히 디커플링 전략을 취할 것이라는 전망도 있는데요. 세계정세가 시시각각 변화하고 각국이 눈치를 보며 수시로 이합집산하는 상황에서, 앞으로 서방과 중국의 관계가 어떻게 변화할지 주목할 필요가 있습니다.

🔍 정치 · 경제 · 사회 · **국제** · 문화 · 미디어 · 과학 · IT · 스포츠

中 디리스킹 방법 못 찾은 기업들, 그냥 짐 싸나

최근 지정학적 갈등이 심해지면서 글로벌기업들이 중국시장에서 속속 빠져나가고 있다. 미국과 유럽 등 서방국가들이 디커플링(분리)에서 **디리스킹**(위험제거)으로 대중국 전략을 전환하고 있지만, 적절한 방법을 찾지 못한 기업들은 중국시장에서 발을 빼는 것에만 집중하고 있다는 분석이 나왔다. 전문가들은 글로벌기업들이 디리스킹 전략에 대한 대책을 마련하지 못하고 지정학적 갈등을 최소화하기 위한 방어적 자세만 펼치고 있다고 분석했다. 유럽외교위원회의 선임연구원 아카테 데마라이스는 "유럽의 기업들은 아직도 디리스킹이 무엇인지, 그리고 어떻게 대처할 것인지를 고민하고 있다"며 "지난 1년간 민간기업들이 많은 논의를 해왔으나 투자부문에서도 디리스킹 전략이 실행되려면 몇 년이 더 걸릴 것"이라고 설명했다.

출처 : 아시아경제/일부인용

상식UP! Quiz

문제 디리스킹이란 대중관계에서 위험을 제거하기 위해, 중국을 강하게 압박하는 것을 뜻한다.

o / x

해설 디리스킹은 중국과 경제적 협력관계를 유지하면서도 중국에 대한 과도한 외교 · 경제적 의존도를 낮춰 위험을 관리하는 전략이다.

 답 x

중국은 사실 분단국가!

양안관계(兩岸關係)란 대만(중화민국)과 중국(중화인민공화국)의 관계를 말합니다. 여기서 '양안'이라는 명칭은 자연적인 군사분계선 역할을 하고 있는 대만해협을 두고 서안(대륙)과 동안(대만)으로 마주 보는 관계라고 해서 붙였습니다. 이들의 관계는 '두 국가의 외교'가 아닌 '특수한 상태의 관계'에 놓여 있습니다.

양안관계 갈등은 1949년으로 거슬러 올라가죠. 당시 중국 본토에서 공산당과의 국공내전에서 패한 장제스의 국민당 세력은 대만 섬으로 몸을 피해 망명정부인 중화민국을 수립합니다. 양국의 헌법상 대만과 중국은 '분단'된 국가인데요. 양안관계의 핵심은 바로 '하나의 중국' 원칙입니다. 대만과 중국은 모두 하나의 중국을 표방해왔으며, 스스로를 유일한 합법정부로 보고 자국영토를 불법적으로 점거한 단체로 서로를 규정하고 있죠. 양안관계는 초기부터 냉전시기까지는 군사적 대치를 벌이다가 이후에는 안정세를 띠기도 했습니다. 그러나 실질적인 국력차이 때문에 국제사회에서 중화인민공화국만이 정통 중국정부로 인정되었고 중화민국은 미승인국 취급을 받았는데요. 중국 본토와는 다른 별도의 정치체제를 갖추고 있음에도 중화민국정부를 공식적으로 인정하는 나라는 많지 않았습니다. 때문에 중화민국에서는 '두 개의 정부'를 인정하고 분리독립하자는 움직임도 나왔지만, 중국의 입장은 변화가 없었죠.

양안관계는 미국과 중국 관계에도 영향을 미칩니다. 미국은 공식적으로 중국 측의 하나의 중국 원칙을 수용하며 중국과 수교관계를 맺어왔는데, 2019년 트럼프정부 당시 전략보고서에 대만을 국가로 분류하며 새 국면을 맞았습니다. 만약 이로써 미국이 중국과 단교하고 대만과 국교를 맺게 되면 대만에 군대를 주둔시킬 수 있는데, 이는 중국에게 크나큰 위협이죠. 이후로 양안관계는 물론 미중관계에도 긴장감이 고조되기 시작했습니다. 중국은 시위하듯 대만해협에서 군사훈련을 벌이고, 대만해협 중간선을 수시로 넘나들기 시작했는데요.

갈등은 2021년 미국 정계서열 3위인 낸시 펠로시 하원의장이 대만을 방문하면서 폭발했죠. 이 방문은 '대만의 민주주의를 수호하기 위한 미국의 공식적 연대표명'이라는 평가와 함께, 태평양 지역의 안보강화를 위한 우방 확보라는 분석이 나왔습니다. 중국은 '대만 무력통일'까지 운운하며 강하게 반발했고, 2022년에는 러시아가 우크라이나 침공을 감행하자 '대만해협에서도 전쟁이 현실화되는 게 아니냐'는 우려가 나왔습니다. 이렇듯 양안관계가 크게 경색되는 사이, 2024년 1월 대만에서는 분리독립론자이자 친미성향인 라이칭더 총통이 새롭게 당선됐습니다. 중국의 압박에도 대만여론이 미국을 선택한 만큼, 선거결과가 글로벌 안보 · 경제에 가져올 후폭풍에 귀추가 주목됩니다.

정치 · 경제 · 사회 · **국제** · 문화 · 미디어 · 과학 · IT · 스포츠

중국, '주권확보' 언급 라이칭더 총통에 "대만, 국가 될 수 없어"

중국 신화통신에 따르면 천빈화 국무원 대만판공실 대변인은 라이칭더 총통이 민주진보당 전당대회에서 한 발언에 대해 "비록 양안이 아직 통일되지 않았으나 중국의 주권과 영토보전은 분할된 적이 없다"며 "대만 독립행위를 단호하게 반대한다"고 밝혔다. 앞서 라이칭더 총통은 전당대회에 참석해 "주권을 확보하는 것이 지금이 책무"라며 "힘을 모아 국가의 정체성을 확립해야 한다"고 했다. 천 대변인은 "대만은 한 번도 국가가 아니었고, 국가가 될 수도 없다"면서 "민진당이 과거사와 사실, 민의를 무시하고 '대만독립'의 분열된 입장을 고수하고 탈중국화와 점진적 대만독립을 추진함으로써 대만국민을 속이고 본토에 대한 혐오를 선동한다"고 지적했다. 이어서 "이는 양안관계를 긴장시키고 대만해협의 평화를 위협하며 양안동포들의 이익을 해친다"고 말했다.

출처 : 뉴스1/일부인용

상식UP! Quiz

문제 **2024년 1월 중화민국의 새 총통에 당선된 인물은 차이잉원이다.** ○ / ×

해설 2024년 1월 대만에서는 라이칭더 신임 총통이 집권하게 됐다.

답 X

신문으로 공부하는 청소년
말랑말랑 시사상식

CHAPTER 06

문화 · 미디어

위대한 문학가에게

2016년 한국 문학계가 열기를 띠었던 걸 기억하나요? 소설가 한강이 소설 〈채식주의자〉로 번역가 데보라 스미스와 함께 맨부커상 인터내셔널 부문을 수상하였기 때문이었죠. 우리나라 작가의 수상 소식에 국내는 물론 세계의 이목이 집중되었습니다. 유독 문학에서 제대로 된 평가를 받지 못했다고 평가되는 우리나라는 한강의 맨부커상 수상으로 비로소 첫 세계 3대 문학상 수상이라는 빛을 보게 되었습니다.

부커상(Booker Prize, 2018년 '맨' 삭제)은 1969년 영국의 부커사가 제정한 문학상입니다. 노벨문학상, 프랑스의 공쿠르 문학상과 함께 세계 3대 문학상 중의 하나입니다. 해마다 영국연방국가에서 출판된 영어 소설들을 대상으로 시상했습니다. 그러다 2005년에는 영어로 출간하거나 영어로 번역한 소설을 대상으로 상을 수여하는 인터내셔널 부문을 신설했습니다. 신설된 후에 계속 격년으로 진행되다가 2016년부터 영어 번역 소설을 출간한 작가와 번역가에 대해 매년 시상하는 것으로 변경했습니다.

노벨문학상은 알프레드 노벨의 유언으로 설립된 노벨 재단에서 시상하는 문학상입니다. 1901년에 처음 제정된 이후 2019년까지 총 111차례 동안 무려 116명의 수상자를 배출했습니다. 일반적으로 한 작가의 작품 전체에 수여되지만, 부커상처럼 특정 작품을 지정하는 경우도 있습니다. 선발 원칙은 노벨의 유언에 따라 인류사에 위대한 공헌을 하거나, 이상적인 방향으로 전망을 제시한 작품을 발표한 사람에게 주고 있습니다.

프랑스에서 가장 권위 있는 문학상인 '공쿠르 문학상'은 프랑스 공쿠르 아카데미에 의해 1903년부터 시상되기 시작했습니다. 공쿠르 상은 노벨상과 마찬가지로 작품이 아닌 작가에게 수여합니다.

"세계로 가는 K문학, 부커상 영광 잡으려면 번역 더 지원해야"

최근 몇 년 새 세계 3대 문학상 중 하나로 꼽히는 부커상과 한국문학의 '궁합'이 좋다. 2016년 한강이 〈채식주의자〉로 수상한 이후 2018년 한강의 또 다른 소설 〈흰〉, 2022년 정보라의 소설집 〈저주토끼〉, 2023년 천명관의 장편 〈고래〉, 그리고 2024년 황석영의 장편 〈철도원 삼대〉가 최종후보에 올랐다. 최근 부커상 인터내셔널 부문 심사위원으로 지명된 번역가 '안톤 허'는 이런 한국문학의 부상에는 번역 스타일의 변화가 큰 몫을 차지했다고 설명했다. 영국인 데보라 스미스의 〈채식주의자〉 번역을 계기로 영미독자들에게 읽히는 '의역'이 본격화됐다는 것. 이전에는 영문학자들 위주로 딱딱한 직역이 이뤄져 영미 등 시장에서 외면을 받았다는 얘기다. 허 번역가는 더 많은 한국작품이 해외에서 주목받기 위해선 번역에 대한 지원확대가 중요하다고 했다. 영문으로 번역되는 한국작품이 1년에 10~20권에 불과하다는 것. 그는 "한국문학작품을 해외에서 팔려면 번역가가 그 작품을 더욱 돋보이게 해야 한다"고 강조했다.

출처 : 동아일보/일부인용

세계가 주목하는 레드카펫!

2020년 2월 미국 아카데미 시상식에서 한국 영화 〈기생충〉과 봉준호 감독이 작품상 · 감독상 · 각본상 · 국제영화상을 수상했습니다. 아카데미 시상식이 미국 내 상영된 작품만을 대상으로 하는 '로컬 영화제'였던 만큼, 국산 영화의 수상은 더 대단한 기록이었죠. 우리나라의 영화는 놀랄 만큼 눈부신 발전을 이뤄 점차 전 세계의 인정을 받고 있습니다. 그렇다면 매년 세계의 이목을 집중시키는 국제영화제에는 어떤 것들이 있을까요?

세계 3대 영화제에는 베니스 영화제, 칸 영화제 그리고 베를린 영화제가 있습니다. 먼저 이탈리아에서 매년 8~9월에 열리는 베니스 영화제는 세계 최초의 영화제로 오랜 역사를 지니고 있습니다. '예술성'을 주된 평가 기준으로 한다고 합니다. 최고의 작품상에는 '황금사자상'이 수여되고, 감독상에는 '은사자상'이, 남여주연상에는 '볼피컵상'이 수여됩니다. 2012년 김기덕 감독의 〈피에타〉가 '황금사자상'을 수상했습니다.

매년 5월 프랑스에서 열리는 칸 영화제는 영화감독의 재능과 창의성을 중점적으로 평가한다고 합니다. 작가 위주로 작품을 선정한다고 볼 수 있죠. 대상에는 '황금종려상'이 수여되며 시상은 경쟁부문과 비경쟁부문, 주목할 만한 시선부문 등으로 나뉩니다. 우리나라에서는 박찬욱 감독의 〈올드보이〉(심사위원대상)와 〈박쥐〉(심사위원상), 이창동 감독의 〈시〉(각본상)와 〈밀양〉(여우주연상-전도연), 임권택 감독의 〈취화선〉(감독상), 김기덕 감독의 〈아리랑〉(주목할 만한 시선상), 홍상수 감독의 〈하하하〉 등의 수상작을 배출했습니다. 2019년에는 봉준호 감독의 영화 〈기생충〉이 최고작품상인 황금종려상을 받았고, 2022년에는 〈브로커〉의 송강호 배우가 남우주연상을, 〈헤어질 결심〉의 박찬욱 감독이 감독상을 받았습니다.

베를린 영화제는 매년 2월 독일에서 열립니다. 비평가를 기준으로 예술성이 큰 영화를 주로 초청하며 영화의 가치와 철학 그리고 시대성을 중시한다고 합니다. 최우수 작품상에는 '황금곰상'이 수여되고, 심사위원 대상·감독상·주연상·조연상 등에는 '은곰상'이 수여됩니다. 2020년에는 홍상수 감독이 〈도망친 여자〉로 은곰상(감독상)을, 2021년에는 〈인트로덕션〉으로 은곰상(각본상)을 수상했습니다. 또 2022년에는 〈소설가의 영화〉로 은곰상(심사위원대상)을 받으면서 3년 연속 수상의 영광을 안았습니다.

🔍 정치·경제·사회·**국제·문화**·미디어·과학·IT·스포츠   ⬆ 💬 🔤 🖨

"세계 5대 영화제 도약과 '문화의 일상화' 계기로"

"칸, 베를린, 베니스 영화제가 세계 3대 영화제라면, 우리는 토론토 영화제와 함께 비경쟁 영화제이자 미래 영화제로 전 세계 5대 영화제의 경쟁력을 확보할 수 있도록 노력하겠습니다." 부산국제영화제(BIFF) 초창기 멤버이자 현재까지 BIFF를 이끌고 있는 이용관 이사장의 말이다. 그동안 BIFF는 정치적 부침뿐만 아니라 재정적 위기, 오래된 조직에서 초래하는 경직된 조직 문제를 겪었다. 또 세계적인 영화산업의 패러다임 전환으로 변화에 대한 압박도 받아왔다. 매번 위기가 닥칠 때마다 완벽하진 않지만 조금씩 문제를 해결해가며 지금까지 왔다. 그는 "칸이나 베를린처럼 글로벌 스폰서와 손을 잡고 BIFF 개최를 위한 안정적인 재정을 마련하는 것이 가장 큰 목표다"라고 강조했다. 그러면서 "지난 5~6년간 어려움과 코로나 시대를 겪으며 BIFF의 체질이 그래도 강해지지 않았느냐는 생각을 한다"며 "영화제를 통해 '문화의 일상화'를 이뤄내고 해외 경쟁력을 확보하는 일에도 힘쓰겠다"고 말했다.

출처 : 부산일보/일부인용

상식UP! Quiz

문제 세계 3대 영화제는 칸 영화제, 베니스 영화제, 모스크바 영화제이다.   ○ / ×

해설 세계 3대 영화제는 칸 영화제(프랑스), 베를린 영화제(독일), 베니스 영화제(이탈리아)이다.

답

문화재만은 파괴하면 안 돼요!

반달리즘은 다른 문화·예술 등에 대한 무지로 인해 문화유적 및 공공시설을 파괴하는 행위를 말합니다. 5세기 초 로마를 침략해 문화를 파괴하고 약탈행위를 거듭한 반달족에서 유래한 것으로 알려져 있죠. 후대 역사가들에 따르면 반달족이 무자비한 파괴행위를 하지 않은 것으로 보인다는 주장도 나오고 있습니다만, 역사적 사실이 다르더라도 이미 사용하는 용어로 굳어졌으니 이제 와 용어를 바꾸긴 힘들지 않을까 싶습니다.

오늘날 반달리즘은 도시의 문화유적이나 공공시설 등을 파괴하는 행위를 가리키는 용어로 쓰이고 있습니다. 대체로 다른 문화나 종교·예술 등의 가치를 모르거나 무시하는 데서 벌어지는 행동들입니다. 먼 과거에서부터 이어져오는 문화재는 다시 만들어낼 수도 없는 소중한 인류의 유산인데 이렇게 무차별적으로 파괴하는 행동은 결코 방치해서는 안 되겠지요.

대표적인 사례로는 중동을 암흑으로 몰고 갔던 IS의 종교 문화재 파괴행위를 들 수 있습니다. 이들은 다른 종교의 문화재를 파괴했을 뿐만 아니라 자신들의 교리에 맞지 않다면 같은 이슬람의 문화재도 거침없이 파괴하여 모두의 공분을 샀죠. 역사 속에서 반달리즘의 예시를 찾아보자면 중세에 동로마의 성상파괴운동과 근대에 중국에서 벌어진 문화대혁명을 들 수 있습니다.

우리나라에서 발생한 반달리즘의 대표적인 사례로는 2008년 있었던 숭례문 방화 사건이 있습니다. 당시 방화를 일으킨 60대 노인은 국가와 사회에 대한 반감을 표출하기 위해 문화재 방화라는 반달리즘 범죄를 저질렀다고 밝혔죠. 역사 속에서 살펴보자면 1866년 병인양요 당시 프랑스군이 외규장각의 도서를 약탈하고 불을 지른 사건을 예로 들 수 있습니다. 당시 흥선대원군이 천주교를 탄압하자 이에 대한 보복으로 프랑스 함대가 강화도에 침입하였는데, 외규장각 도서를 약탈하고 훼손하는 등 반달리즘 행위를 한 것으로 알려져 있습니다.

🔍 정치・경제・**사회**・국제・**문화**・미디어・과학・IT・스포츠   ⬆ 🗨 가 🖨

경복궁 '낙서 테러'와 '반달리즘'

서울 경복궁 담장에 스프레이로 '낙서 테러'를 벌인 10대 남녀 청소년이 나흘 만에 붙잡혔다. 이들은 텔레그램을 통해 접촉한 누군가로부터 "불법영상 공유 사이트를 낙서로 쓰면 돈을 주겠다"는 제안을 받고 이런 일을 벌였다고 진술해 경찰이 낙서 의뢰자 추적에 나섰다. 사건 다음 날 같은 방식으로 모방범죄를 저지른 20대는 "관심을 받고 싶어 낙서를 했다"고 털어놨다. 이처럼 문화유산이나 예술품 등을 함부로 파괴하거나 훼손하는 행위를 **'반달리즘**(vandalism)'이라고 한다. 넓게는 낙서나 무분별한 개발 등으로 공공시설의 외관이나 자연경관 등을 훼손하는 행위도 포함한다. 이번 테러를 계기로 문화재청은 경복궁 외곽 순찰 인력을 늘리고 외곽경계를 모니터링하는 폐쇄회로(CC)TV 등을 설치해 보다 견고한 방재시스템을 구축할 계획이다. 또 국가유산에 낙서하는 행위는 문화재보호법에 따라 처벌받을 수 있는 범죄라는 사실을 알리기 위해 홍보와 교육도 강화할 예정이다.

출처 : 아시아경제/일부인용

상식UP! Quiz

문제 **예술품이나 공공시설을 파괴하는 행위를 일컫는 말을 반달리즘이라고 한다.**

 O / ×

해설 반달리즘은 공공시설이나 예술품을 파괴하는 행위를 가리킨다.

답 O

시간이 지나도 변하지 않는 명작!

뮤지컬이란 연기와 노래, 춤이 어우러진 종합예술입니다. 해마다 다양한 뮤지컬들이 관객들의 마음을 사로잡고 있지요. 수많은 작품 가운데 전 세계인들의 꾸준한 사랑을 받는 세계 4대 뮤지컬이 있습니다. 세계 4대 뮤지컬로 꼽히는 작품은 〈캣츠〉·〈레 미제라블〉·〈미스 사이공〉·〈오페라의 유령〉입니다.

먼저, 〈캣츠〉는 영국의 대문호 T. S. 엘리어트의 시 '지혜로운 고양이가 되기 위한 지침서'를 바탕으로 하여 고양이로 분장한 배우들을 통해 인간의 구원이라는 주제를 표현한 작품입니다. 전 세계 30여 개 국가에서 공연되어 5,000만명 이상의 관객들이 관람했고, 공연 수입으로 22억달러를 올리는 등 경이로운 기록을 세웠습니다. 〈미스 사이공〉은 베트남 전쟁 속에서 꽃피운 베트남 여인 킴과 미군 장교 크리스의 아름답지만 비극적인 사랑 이야기를 그린 뮤지컬로, 일본 여인 초초상과 미군 해군 장교와의 비극적인 사랑을 그린 오페라 〈나비부인〉의 현대판으로 불립니다.

〈오페라의 유령〉 역시 많은 사람들에게 알려진 뮤지컬입니다. 이 작품은 프랑스의 작가 가스통 르루의 원작 소설을 찰스 하트가 뮤지컬 극본으로 만들어 무대에 올린 작품입니다. 한때 오페라 작곡가로 명성을 날렸으나 잊힌 천재가 되어버린 '오페라의 유령'이 호숫가에서 은둔 생활을 하던 중 미모의 오페라 가수 크리스틴에게 반하지만 결국 사랑은 실패로 끝난다는 내용을 담고 있습니다. 4대 뮤지컬 가운데 가장 늦게 국내 무대에 오른 〈레 미제라블〉은 빅토르 위고의 소설을 뮤지컬화한 작품으로, 영화로도 제작되며 큰 사랑을 받았습니다.

재밌는 점은 위의 네 작품 모두 한 프로듀서에 의해 제작되었거나, 재창작되어 명작의 반열에 올랐다는 점입니다. 그의 이름은 바로 카메론 매킨토시입니다. 세계 뮤지컬계의 절대적 권위자인 그는 1980년대 영국 웨스트엔드에서 수많은 뮤지컬 작품을 히트시키며 그 명성을 알렸습니다. 1996년 영국 왕실에서는 이런 그의 문화적 공로를 기려 기사 작위를 수여하기도 했습니다.

'세계 4대 뮤지컬' 고향은 하나 …
올해 세 작품 한국 관객 만난다

뮤지컬의 고향은 영국 런던 웨스트엔드다. 미국 브로드웨이의 '형님' 격이다. 연극 오페라 오페레타 등 19세기 유럽에서 인기를 끈 장르가 웨스트민스터 동부 지역에서 뮤지컬로 변신했다. **세계 4대 뮤지컬**로 꼽히는 '오페라의 유령', '레 미제라블', '캣츠', '미스 사이공'이 모두 이곳에서 태어났다. 네 작품 다 1980년대 웨스트엔드의 거물 프로듀서 카메론 매킨토시가 제작했다. 올해는 뮤지컬 애호가들에겐 더할 나위 없이 좋은 해다. 이 중 세 작품이 국내 무대에 올라서다. 빅토르 위고의 동명소설을 원작으로 한 뮤지컬 '레 미제라블'이 개막한다. 웨스트엔드에서 가장 오래 공연 중인 작품이다. 거장 뮤지컬 작곡가 앤드루 로이드 웨버가 만든 '캣츠'와 '오페라의 유령'도 올해 국내에서 개막한다. '캣츠'는 T.S. 엘리엇의 시 '지혜로운 고양이가 되기 위한 지침서'를 기반으로 만들었다. '오페라의 유령'은 인기 배우 조승우가 주인공 유령 역에 캐스팅돼 화제다. 작품 내내 가면을 쓰고 등장하는 유령은 오페라 극장에 숨어 살며 무명의 아름다운 오페라 가수 크리스틴에 대한 사랑과 집착을 보인다.

출처 : 한국경제/일부인용

상식UP! Quiz

문제 **세계 4대 뮤지컬은 캣츠 · 오페라의 유령 · 레 미제라블 · 위키드이다.**

해설 4대 뮤지컬은 캣츠 · 레 미제라블 · 미스 사이공 · 오페라의 유령이다.

답 ×

가짜뉴스의 발원지?

방송의 형태에는 세 가지가 있는데요. 먼저 국가가 방송주체가 되어 국가재원으로 운영하거나 국가의 통제를 받는 '국영방송'이 있습니다. 우리나라에서는 KTV 국민방송, TBS 교통방송 등이 있죠. 또 방송광고를 통해 이윤을 얻고 방송을 운영하는 SBS 서울방송 같은 '민영방송'이 있고요. 끝으로 영리를 직접목적으로 하지 않고 국가와는 독립적으로 운영되는 '공영방송'도 있죠. 한국교육방송공사 EBS, 한국방송공사 KBS, 문화방송 MBC가 이에 해당합니다.

윤석열정부 들어 이 공영방송과 관련된 이슈는 뜨거웠는데요. 먼저 MBC는 2022년 9월 윤석열 대통령의 미국 순방 중 욕설 발언논란을 왜곡해 보도했다며 정부·여당의 거센 비난을 받았습니다. 대통령실은 MBC 기자들의 대통령 전용기 탑승을 배제하는 등 공개적으로 MBC에 제재를 가했습니다. 이후로도 정부·여당은 MBC가 확인되지 않는 가짜뉴스를 양산하고 정부를 근거 없이 비판하는 등 공영방송으로서의 공정성을 잃었다고 주장했습니다. 그런가하면 KBS와 EBS는 오랫동안 논쟁이 이어지던 수신료 분리징수로 홍역을 치렀습니다.

정부는 공영방송이 정치적 편향성을 갖고 가짜뉴스로 국론분열을 일으켜 왔다는 주장을 굽히지 않았습니다. 또 공영방송의 공정성 확립을 위해 경영진을 개편하고 방송노조로부터도 독립시키겠다고 공언했죠. 새로 취임한 박민 KBS 사장도 그동안 불공정 편파보도로 공영방송이 국민의 신뢰를 잃었다고 사과하기도 했습니다. 그러나 야권과 언론노조는 이를 정부의 언론장악 시도로 규정하면서 박 사장의 즉각적인 사퇴를 촉구하고 나섰습니다.

또한 공영방송의 이사회 추천권을 가진 방송통신위원회가 정치권 대결의 장으로 떠올랐는데요. 정권이 바뀌면서 이전 문재인 정권에서 임명된 한상혁 방통위원장이 국내 한 종편방송의 재승인심사 점수를 조작해 고의로 탈락시키려 했다는 의혹에 휘말려 면직됐습니다. 그러면서 MBC·KBS·EBS의 야권 성향 이사진도 대거 동시 해임됐는데, 이에 언론계와 야권은 '정부의 방송장악 시도'라며 거세게 반발했습니다.

본래 위원장 1명, 부위원장 1명, 상임위원 3명으로 구성되는 방통위는 2023년 8월 윤 대통령이 첫 임명한 이동관 전 위원장 이후로 1~2인 체제를 반복했습니다. 대통령이 위원장을 임명하면 야권은 청문회를 통해 이를 극렬히 반대하고, 대통령이 그럼에도 임명을 강행하면 야당이 탄핵소추를 하는 상황이 반복됐죠. 위원장은 탄핵소추 전에 자진사퇴하면서 탄핵을 피했습니다. 거기에 대통령은 앞서 야권의 추천인사를 임명하지 않기도 했는데요. 애초에 방통위는 구성원 5명의 합의로 사안을 결정하는 기구인데, 1~2인 체제에서의 결정은 위법성이 있는데다가 그 의미도 퇴색될 수밖에 없습니다.

'방송장악' 3차 청문회 파행 …
'탄핵 → 청문 → 고발' 방통위 무한궤도

국회 과학기술정보방송통신위원회의 3차 '방송장악' 청문회가 반쪽짜리로 끝이 났다. 여당의원들은 '위법 청문회'라고 주장하며 퇴장하고, 야당의원들만 남은 채 진행됐다. 이진숙 방송통신위원장과 김태규 직무대행(부위원장)이 불출석하자 야당은 이들을 고발하기로 의결했다. 이날 청문회에선 방통위 운영체제 관련 논의가 먼저 오갔다. 방통위가 1년가량 1인 혹은 2인 체제로 운영된 가운데 국민의힘은 야당이 국회 몫 방통위원을 추천하지 않고 위원장 탄핵을 추진해 방통위를 무력화했다고 비판했다. 민주당은 방통위 수장이 1년여 간 7번 교체되는 동안 **공영방송** 이사 선임 등 2인 체제에서의 의결이 위법하다고 지적해왔다. 반면 여당과 방통위는 2인 체제가 장기화한 책임은 야당에 있으며 속히 상임위원을 추천해야 한다고 주장했다. 이후 야당 단독으로 진행된 청문회에서도 방통위가 2인 체제로 의결한 KBS · 방송문화진흥회 이사 선임과정에 대한 적절성을 두고 공방이 펼쳐졌다.

출처 : 시사저널/일부인용

상식UP! Quiz

문제 공영방송은 국가가 방송주체가 되어 직접 통제 · 관리하는 방송형태다.

해설 공영방송은 시청자의 수신료로 운영되며 영리를 직접목적으로 하지 않고 국가와는 독립적으로 운영되는 방송형태다.

답 ✕

인류가 보호해야 할 보편적 가치

우리가 흔히 유네스코라고 부르는 유엔교육과학문화기구(UNESCO ; United Nations Educational Scientific and Cultural Organization)는 국제연합(UN)의 산하기구입니다. 교육, 과학, 문화 등의 분야에서 국제 협력을 통해 인류의 발전과 세계평화를 증진하기 위한 기구죠. 이러한 유네스코에서는 인류가 보호해야 할 인문 · 자연 유산을 지정함으로써, 인류의 발자취를 되새기고 그 보편적 가치를 보존하려 합니다. 그중 유네스코 세계유산은 문화유산, 자연유산, 복합유산으로 나누어지죠. 우리나라의 세계유산에는 2024년 8월 기준으로 총 16개가 등재되어 있습니다.

세계유산으로 등재된다는 것은 여러 의미가 있습니다. 먼저 뛰어난 보편적 가치를 가지고 있다는 의미이기 때문에, 국내외적 관심과 지원을 받을 수 있습니다. 또한 등재국의 문화 수준이 그만큼 높다는 증명과 자부심이 되는 것이죠. 또한 세계유산 목록에 등재된 유산들은 유네스코의 영향력 아래 국제적 협력의 대상이 됩니다. 때문에 유산을 보호하기 위한 사업들에 국제기구 및 단체들의 기술 · 재정적 지원을 받을 수 있게 되죠. 등재국은 유산에 대한 상태를 정기적으로 세계유산위원회에 보고해야 하며, 상태에 영향을 끼치는 요소가 있을 경우에도 보고해야 합니다.

최근 우리나라는 일본과 문화유산에 대한 갈등을 빚었는데요. 일본이 일제강점기 조선인 강제노역 현장인 일본 니가타현의 '사도광산'을 세계문화유산으로 등재하기 위해 애썼기 때문입니다. 일본정부는 사도광산 추천서에서 대상 기간을 16~19세기 중반으로 한정해 일제 강점기 조선인 강제 노동을 사실상 배제했습니다. 우리나라는 그간 사도광산의 세계유산 등재 추진에 대한 문제점을 유네스코와 일본에 지속적으로 제기해왔죠.

그러다 2024년 6월 유네스코의 자문기구인 국제기념물유적협의회는 사도광산의

'등재권고 보류' 판결을 내리며, 일본정부에게 광산의 전체역사를 추천서에 반영하고 주변국과도 협의를 이뤄 오라고 통보했습니다. 그러나 우리나라로서는 이전 군함도 등재 이후와 마찬가지로 일본정부가 조선인 강제노동에 대한 사실을 제대로 홍보하지 않는 등 협의사항을 어길 수 있다는 우려가 남았는데요.

그런데 같은 해 7월 우리정부가 일본정부와 협상 중 사도광산 등재에 동의했다는 소식이 나오면서 논란을 불렀습니다. 정부는 조선인 노동자 관련 전시물을 사전에 설치하고, 노동자 추도식을 매년 개최하는 등 일본이 조치를 약속함에 따라 등재에 찬성했다고 하는데요. 그런데 일본이 사전 설치한 전시물에는 조선인 노동자가 강제로 동원됐다는 사실이 명시되지 않은 것으로 나타났습니다. 전시물이 설치된 박물관조차 사도광산의 문화유산구역을 벗어난 곳에 위치해있죠. 여기에 '강제성' 표현을 명시하라는 우리정부의 요구를 일본 측이 거부한 것으로 드러나면서 논란이 폭발했습니다. 일본의 묵살에도 등재에 동의한 것을 두고 야권에서는 '굴욕외교'라는 비판이 쏟아졌습니다.

조태열 "日 사도광산 등재, 반대가 목표 아니었다"

조태열 외교부 장관은 일제강점기 조선인 강제노역 현장인 일본 사도광산의 유네스코 세계유산 등재 협상이 9년 전 군함도 때보다 후퇴한 '굴욕외교'라는 지적에 대해 "부당한 비판이라고 생각한다"는 한편 "등재 반대는 협상의 목표가 아니었다"고 말했다. 조장관은 국회 외교통일위원회 전체회의에 출석해 "2015년 군함도 협상결과에서 후퇴하는 것으로는 이번 협상을 진전시킬 수 없다는 점을 분명히 하고 협상 테이블에 앉았다"고 한 뒤 "강제성이 빠졌다면 이 자리에 앉아 있지도 않았을 것"이라고 했다. 그러면서 일본의 실질적 이행조치를 확보했다는 점에서 '진전된 협상'이었음을 조 장관은 강조했다. 그는 "실질적 이행조치를 확보해 기록을 역사에 남기고 축적시키는 것이 우리의 목표가 돼야 한다"며 "국민 한풀이하듯이 등재에 반대해 그냥 자폭하듯이 하면 과연 국익에 좋은 것인지 깊은 고민을 하면서 국익수호를 위해서 끝까지 최선을 다했다"고 밝혔다.

출처 : 세계일보/일부인용

상식UP! Quiz

문제 2024년 8월 기준 우리나라에 등재된 세계유산은 16개다. ○ / ×

해설 우리나라에는 2024년 8월까지 석굴암·불국사, 해인사 장경판전, 종묘, 창덕궁, 수원화성, 경주역사유적지구, 고창·화순·강화 고인돌 유적, 제주화산섬과 용암동굴, 조선왕릉, 한국의 역사마을, 남한산성, 백제역사유적지구, 산사·한국의 산지승원, 한국의 서원, 한국의 갯벌, 가야고분군 등 총 16개의 세계유산이 지정되어 있다.

답 ○

꿈의 시상, 최고의 명예

매년 연말이면 누군가에게는 환희를, 누군가에게는 아쉬움을 남기는 시상식이 있습니다. 바로 모두가 꿈꾸는 상, '노벨상' 수상자가 결정되는 시상식이 있기 때문입니다. 그렇다면 노벨상은 어떻게 시작된 걸까요? 다이너마이트를 발명한 스웨덴의 알프레드 노벨은 '인류 복지에 가장 구체적으로 공헌한 사람들에게 나누어 주라'는 유언과 함께 자신의 유산(3,200만 스웨덴 크로나)을 스웨덴의 왕립과학아카데미에 기부하였습니다. 당시 노벨은 다이너마이트가 무시무시한 군사적 무기로 사용되면서 '더러운 상인'이라고 불리기도 했지만 이 때문에 그는 속죄하는 의미에서 노벨상을 만들기로 결심했다고 합니다. 스웨덴의 왕립과학아카데미는 노벨의 유산을 바탕으로 노벨재단을 설립하였고, 1901년부터 노벨상을 수여하기 시작했습니다.

노벨위원회는 물리학 · 화학 · 생리의학 · 경제학 · 문학 · 평화의 6개 부문에서 인류 문명의 발달에 공헌한 사람이나 단체를 선정합니다. 선정 기준으로 '독창성'을 가장 중시하는 것으로 알려져 있습니다. 즉, 인류에 큰 기여를 한 연구를 했을 경우 그 아이디어를 가장 처음 실현한 사람에게 상을 수여합니다. 또한 노벨상은 반드시 살아 있는 사람에게만 주어집니다. 따라서 아무리 위대한 업적을 남겼어도 사망한 이후에는 수여하지 않습니다. 다만 수상자로 지정된 후 사망한 경우에는 상을 수여할 수 있습니다.

시상식은 매년 노벨의 사망일인 12월 10일에 스톡홀름에서 열립니다. 단, 평화상만 같은 날 노르웨이의 오슬로에서 시상합니다. 우리나라 사람으로는 최초로 김대중 전 대통령이 민주주의 및 북한과의 평화와 화해를 위해 노력한 공로를 인정받아 2000년에 노벨평화상을 받았습니다.

한편, 노벨상을 패러디하여 만들어진 상도 있습니다. 바로 '이그노벨상'입니다. 1991년 미국의 유머과학잡지인 〈기발한 연구 연보(The Annals of Improbable

Research)〉가 제정한 이 상은 '흉내낼 수 없거나 흉내내면 안 되는 업적'에 수여되며 매년 진짜 노벨상 수상자가 발표되기 1~2주 전에 시상식이 열립니다. 이그노벨상은 상금이 주어지지 않으며 실제 논문으로 발표된 과학 업적 가운데 재미있거나 엉뚱한 연구에 수여합니다.

$\mathcal{Q}$ 정치 · 경제 · 사회 · **국제** · 문화 · 미디어 · **과학** · IT · 스포츠

왜 한국엔 노벨과학상 수상자가 없을까

우리나라가 기초연구사업에 2조 5,000억원을 투자한다고 발표했다. 노벨상 수상자가 발표되는 10월이면 나라에서 이렇게 큰 투자를 함에도 우리나라 과학계는 왜 아직 수상자를 배출하지 못하는지에 대한 분석을 내놓는다. 먼저 노벨 과학상 수상자들이 해당 연구업적을 수행한 연령을 조사해보면 대략 30~44세로. 이 연령대 과학자가 전체 수상자의 70%를 차지한다. 따라서 우리나라가 노벨상 수상자를 배출하려면 젊은 연구자가 초기에 안정적인 연구 환경을 갖추도록 지원하는 것이 중요하다. 이 점에서 우리나라 기초연구사업의 주요 추진방향 중에서 최우선으로 제시된, '젊은 연구자에 대한 지원을 확대해 안정적인 초기 연구 환경을 조성토록 지원'은 매우 바람직하다. 그리고 노벨상은 기존 기초과학 분야에 새 화두를 던진 '퍼스트(first)'에 헌정하는 상이다. 따라서 우리나라가 노벨상 수상자를 배출하려면 성공이 보장되는 뻔한 연구보다 혁신적이고 도전적인 연구를 지원해야 한다.

출처 : 세계일보/일부인용

상식UP! Quiz

문제 사망한 사람도 노벨상 수상자로 지명될 수 있다.　　　　　 ○ / ✕

해설 노벨상은 반드시 살아 있는 사람만 지명한다.

답 ✕

세계를 아우르는 부드러운 힘

지난 2021년, 넷플릭스의 오리지널 시리즈인 〈오징어게임〉이 전 세계를 강타했습니다. 외국인들이 길거리에 모여 작품에 나온 딱지치기를 하거나, 심혈을 기울여 달고나를 쪼개는 모습이 등장했죠. 거기서 그치지 않고 극중의 '깐부 할아버지'역으로 출연한 오영수 배우는 제79회 미국 골든글로브 시상식에서 TV부분 남우조연상을 수상하는 쾌거를 이루기도 했습니다. 이렇게 우리나라에서 만든 드라마 한 편이 세계인을 사로잡고 해외 매체의 대호평을 받으면서, 한 국가가 세계에 미치는 문화적 영향력이 다시금 화두에 올랐습니다. 이를 바로 '소프트파워(Soft Power)'라고 합니다.

소프트파워는 교육·학문·예술 등 인간의 이성 및 감성적 능력을 포함하는 문화적 영향력을 말합니다. 군사력이나 경제력과 같은 '하드파워(Hard Power)'에 대응하는 개념으로 설득을 통해 자발적 순응을 유도하는 힘을 말하는데요. 21세기에 들어서며 세계가 군사력을 바탕으로 한 하드파워, 즉 강성국가의 시대에서 소프트파워를 중심으로 한 연성국가의 시대로 접어들었다는 의미를 갖습니다. 이 용어는 하버드대 케네디스쿨의 '조지프 나이' 교수가 처음 사용했는데요. 대중문화의 전파와 특정 표준의 국제적 채택, 도덕적 우위의 확산 등을 통해 그 중요성이 점점 커지고 있습니다. 세계 여러 나라에서는 자국의 소프트파워를 키우고 활용하기 위한 노력을 계속하고 있죠. 나이 교수도 우리나라를 언급하며 한국의 대중문화가 강력한 소프트파워를 생산하고 있으며 더욱 세계적인 관점과 태도로 소프트파워를 창출해야 한다고 강조했습니다.

우리나라의 소프트파워 사례는 〈오징어게임〉말고도 더 있습니다. 지난 2020년 아시아 영화 최초로 미국 아카데미 작품상을 비롯해 시상식을 휩쓸었던 봉준호 감독의 〈기생충〉이 있고, K-pop의 선두주자 방탄소년단(BTS)은 빌보트 차트 꼭대기를 점령하며, 이제는 K-pop의 대명사로 자리 잡고 있습니다. 더 이전으로 거슬러 올라가면 가수 싸이의 〈강남 스타일〉이 있죠. 〈강남 스타일〉 뮤직비디오의 유튜브 조회수는 2020년 이미 40억회를 넘어섰고, 현재도 누적되고 있습니다. 2012년에 발표된 곡이 10년이 넘게 지난 지금까지도 세계인의 눈과 귀를 즐겁게 해주고 있는 것이죠.

🔍 정치 · **경제** · 사회 · **국제** · **문화** · 미디어 · 과학 · IT · 스포츠   ⬆ 💬 ,가 🖨

K소프트파워의 저력

섬세함에 기반을 둔 한국문화의 확산은 K콘텐츠를 넘어 경공업 등에서 새로운 경제가치를 창출하고 있다. 한국무역협회에 따르면 농식품, 화장품 등 경공업이 우리나라 수출에서 차지한 비중은 2000년대 후반 6%까지 떨어졌다가 지난해 29.8%로 수직상승했다. 경공업의 인기제품이 상대적으로 단가가 낮다는 점을 고려하면 더욱 유의미한 실적이다. '경공업 2.0' 시대가 열린다는 분석이 나오는 이유다. K콘텐츠와 K경공업은 별개 지표가 아니다. 식품, 뷰티와 같은 소비재는 콘텐츠로 촉발된 한국에 대한 관심을 쉽게 수익화할 수 있고, K콘텐츠처럼 트렌디하고 섬세한 감성이 강점이기 때문이다. 중국과 동남아시아에 치중됐던 과거 한류와 달리 최근에는 미국, 유럽, 아프리카 등으로 다양해졌다. K소프트파워의 세계적 성공은 우연이 아니다. 뛰어난 상상력, 치밀한 기획력 및 섬세한 감각으로 이미 경쟁력을 가지고 있던 K콘텐츠가 넷플릭스와 같은 글로벌 플랫폼을 만나 세계적으로 인정받을 수 있는 시점이 된 것일 뿐이다. K식품과 K뷰티로 대표되는 경공업 분야 역시 그러하다.

출처 : 매일경제/일부인용

상식UP! Quiz

문제 **소프트파워에 대응되는 개념은 하드파워다.**   [○ / ×]

해설 하드파워는 국가의 군사 · 정치적 영향력을 뜻하는 말로 다른 나라에게 강제적인 힘을 행사하는 것을 말한다. 소프트파워와 반대되는 개념이다.

답 ○

세계화합을 위한 지구촌 운동회

고대 그리스의 '올림피아 제전'에서 기원한 올림픽(Olympic Games)은 각 대륙에서 모인 선수들이 스포츠 경기를 하는 국제 스포츠 대회입니다. 2년마다 하계올림픽과 동계올림픽이 번갈아 열리는데요. 프랑스 파리에 본부를 둔 국제올림픽위원회(IOC)가 감독을 맡아 개최도시를 선정하고 대회마다 열리는 종목도 결정합니다. 근대올림픽을 창시한 사람은 프랑스의 교육자이자 체육행정가인 '피에르 드 쿠베르탱'입니다. '전 세계 청년의 화합의 장'으로서 올림픽을 기획한 쿠베르탱은 1894년에 IOC 창설을 주도했죠. 그리고 1896년 그리스 아테네에서 대망의 제1회 하계올림픽이 열립니다. 초대 올림픽에서는 14개국 9종목의 241명의 선수가 출전했는데요. 특이했던 건 오로지 아마추어 선수만 출전할 수 있었다고 하네요.

전 세계 모든 체육인들이라면 올림픽을 최대목표로 삼아 구슬땀을 흘립니다. 100년이 훌쩍 넘는 시간동안 특히 하계올림픽 참가국은 206개국, 참가선수는 1만명을 넘어섰습니다. 경기종목도 그동안 추가·제외되는 변화가 있었지만 32개로 늘어났죠. 종목은 시대흐름과 상황에 따라 다변화합니다. 최근 개최된 2024 파리올림픽에서는 브레이킹, 서핑, 스케이트보딩, 스포츠 클라이밍이 추가됐죠. 또 2028 LA 올림픽에서는 2020 도쿄올림픽 이후 퇴출됐던 야구가 복귀한다고 합니다. 유명 구기종목치고 세계적 인기도가 떨어지는 야구는 퇴출과 복귀를 반복하고 있죠.

8월 11일 막을 내린 최근 파리올림픽은 사실 개최 전부터 잡음이 많았는데요. 수상 개막식과 수영경기가 열리는 센강의 최악의 수질이 도마에 올랐고, 일부 파리시민 사이에서는 테러와 범죄우려가 있다며 올림픽을 반대하는 과격한 캠페인이 전개됐습니다. 아울러 올림픽 조직위원회가 친환경 올림픽을 표방하며 각국 선수단에 에어컨 사용을 금지하면서 선수들이 찜통더위에 시달려야 했죠. 우리 대표단 또한 황당한 상황을 겪었는데요. 개막식에 우리나라를 북한으로 소개하는 대실수를 저질렀고, 펜싱 사브르 개인전에서 금메달을 딴 오상욱 선수의 이름을 잘못 표기하기도 했습니다. IOC의 SNS 영상에 우리나라 국기인 태권도를 일본 유도로 잘못 기재하는 해프닝도 있었죠.

한편 우리나라는 여자 핸드볼을 제외한 모든 구기종목이 이번 올림픽 진출에 실패하면서 제21회 몬트리올올림픽 이후 48년 만에 최소인원으로 대표단을 꾸렸는데요. 그러면서도 효자종목인 양궁과 함께 사격, 펜싱, 배드민턴 등에서 값진 메달을 획득하며 종합 8위로 선전했습니다.

🔍   정치・경제・사회・**국제**・문화・미디어・과학・IT・**스포츠**   ⬆ 🗨 ⅔ 🖨

IOC, '대한민국 → 북한'이어 '태권도 → 유도' 오기

국제올림픽위원회(IOC)가 또 오기 실수를 반복했다. IOC는 SNS 계정에 태권도 관련 영상을 올리면서 '유도'로 소개해 또 논란이 됐다. 서경덕 성신여대 교수는 자료를 내고 "많은 누리꾼의 제보로 확인한 결과 태권도 영상 아래에 'Judo'로 잘못 표기했다. 세계 곳곳에서 파리올림픽에 관한 보도를 하며 대한민국에 대한 잘못된 표기가 계속해서 이어지고 있다"고 우려했다. 이어 그는 "비난과 분노만 할 것이 아니라 정당한 항의를 통해 올바르게 시정하는 것이 더 중요하다"고 했다. 파리올림픽에서는 개회식부터 장내 아나운서가 '대한민국'을 '북한'으로 소개해 큰 논란이 된 바 있다. 또한 펜싱 남자 사브르 개인전에서 금메달을 딴 오상욱의 소식을 전하면서 대회 조직위는 '오상욱'의 영문 이름을 '오상구'로 오기하기도 했다. 게다가 한 프랑스 언론은 한국과 일본의 국기를 합쳐서 한국 국기를 제작했고, 메달집계차트에서는 한국순위를 소개하면서 태극기가 아닌 남아프리카공화국 국기를 잘못 써 빈축을 샀다.

출처 : 이데일리/일부인용

상식UP! Quiz

문제 역사적인 제1회 하계올림픽은 프랑스 파리에서 열렸다.   ○ / ✕

해설 제1회 하계올림픽은 그리스 아테네에서 개최됐다.

답 ✕

누구나 안방에서 스포츠를 즐길 수 있는 권리

보편적 시청권이란 전 국민이 올림픽이나 월드컵 같이 국민적 관심을 받는 스포츠를 시청할 수 있는 권리입니다. 이 권리가 보장되기 위해서는 TV만 틀면 누구든 시청할 수 있는 무료 지상파 채널이 우선 스포츠 중계권을 소유해야 합니다. 누구라도 별도 비용 없이 쉽게 접할 수 있는 방송수단을 확보해야 한다는 의미죠. 유럽의 '보편적 접근권'에서 따온 제도로 2007년에 방송법이 개정되면서 도입됐습니다.

2016년 방송통신위원회는 방송수단을 확보해야 하는 '국민적 관심이 매우 큰 체육경기대회'를 두 가지 그룹으로 구체화했는데요. 그룹A는 국민 전체가구 수의 90% 이상이 시청 가능한 방송수단을 확보해야 하는 행사로 동·하계올림픽, FIFA 월드컵 등이 해당되고, 그룹B는 75% 이상이 시청 가능한 수단을 확보해야 하는 행사로 WBC(월드 베이스볼 챔피언) 등이 있습니다. 다만 유럽연합과 영국 등과 비교하면 그룹A의 가구 수가 매우 적은데다가 분류기준의 근거도 모호하다는 의견이 나왔는데요. 유럽연합과 영국 등에선 아예 시청 가구 수를 규정하지 않았다는 지적도 덧붙였죠.

그런데 2024년 1월 국내 한 대기업이 우리나라에서 프로스포츠 중 가장 인기가 많은 프로야구를 자사 OTT플랫폼에서 유료로 중계하겠다고 밝혔습니다. 또 잇달아 6월에는 프로농구의 독점 중계권 계약도 체결했죠. 프로축구의 경우 이미 2023년부터 2023-2025시즌을 국내 한 OTT에서만 유료로 시청할 수 있습니다. 뿐만 아니라 손흥민, 김하성 등 우리나라의 유명 스포츠 스타가 소속된 해외프로리그의 중계도 독점하는 양상이 나타났습니다.

물론 방송사나 OTT플랫폼이 경쟁적으로 중계권을 사와 독점 방송하는 것은 지극히 상업적인 영역입니다. 프로리그도 중계권을 높은 가격에 판매해 수익을 올리고 싶어 하죠. 프로스포츠는 보편적 시청권에 포함되지 않기도 하고요. 그러나 과거에는 TV만 틀면 누구든 즐길 수 있었던 프로스포츠를 이제는 보편적으로 누릴 수 없는 현실은 팬들에게 부담이 됩니다. 외려 프로스포츠의 독점·유료중계가 팬들의 외면을 부를 수 있다는 지적도 있죠. "기존 OTT회원이라면 몰라도 프로스포츠를 시청하기 위해 굳이 OTT에 가입할 유인이 얼마나 되겠느냐"는 것입니다. 아울러 경제적 능력에 따라 국민의 기본권인 정보권이 차등돼선 안 된다는 비판도 잇달았습니다. 그래서 일각에서는 공영방송에 스포츠 중계권을 의무적으로 할당하도록 하는 방안이 검토돼야 한다는 주장도 있습니다.

🔍 정치·경제·사회·국제·문화·**미디어**·과학·IT·**스포츠**　　⬆ 🗨 가 🖨

티빙 안 보는 야구팬 어쩌라고? 보편적 시청권 요구↑

고민수 강릉원주대 교수는 한국방송협회가 'OTT 시대 스포츠 중계와 **보편적 시청권**'을 주제로 개최한 스터디에서 "유료방송 서비스 제공자가 방송권을 독점적으로 확보하면, 경제적 여건이 좋지 않은 시청자는 중요 정보에 접근할 기회를 박탈당할 수 있다"고 말했다. 이런 주장의 배경은 OTT가 서비스 경쟁력을 높이는 차원에서 대형 스포츠 중계권을 잇달아 독점적으로 확보하면서 보편적 시청권을 침해한다는 목소리도 함께 나오기 때문이다. 문제는 OTT의 영향력이 점점 커지면서 서비스를 유료로 이용하지 않는 시청자는 대형 스포츠 이벤트에 대한 접근권 자체가 주어지지 않을 것으로 우려된다는 점이다. 고 교수는 "어떤 스포츠 이벤트를 보편적 시청권 리스트에 넣을 것인지 평가하는 지표를 여러 요소를 고려해 만들어야 한다"고 제안했다. 현행법에서 규정하는 보편적 시청권을 보장해야 하는 스포츠 종류에 대한 논의부터 시작해야 한다는 것이다.

출처 : 비즈니스워치/일부인용

상식UP! Quiz

문제 방송법상 국내 프로야구는 보편적 시청권이 보장되어야 하는 프로스포츠다.

○ / ×

해설 국내와 해외 프로스포츠는 보편적 시청권을 위해 무료 지상파 채널이 중계권을 우선 확보해야 할 대상은 아니다.

답 ✕

과자처럼 가볍게 맛보는 콘텐츠

짧은 길이의 동영상 콘텐츠인 이른바 '숏폼(Short-form)'이 콘텐츠 시장의 대세로 자리잡았습니다. 숏폼 열풍은 중국의 IT 기업 바이트댄스가 출시한 플랫폼 '틱톡(TikTok)'에서부터 시작했다고 할 수 있는데요. 틱톡은 15초에서 1분 사이의 짧은 동영상 서비스로 주목 받으면서 전 세계 이용자를 끌어 모았습니다. 2021년 9월을 기준으로 전 세계 이용자수가 10억명을 넘어섰다는 보도도 있었죠. 이렇게 숏폼이 시장을 주름잡는 트렌드로 자리 잡으면서, 경쟁 플랫폼들도 이 숏폼 전쟁에 뛰어들고 있습니다. 유튜브는 틱톡의 대항마를 자처하며 '유튜브 쇼츠(Shorts)'를 선보였고 인스타그램은 숏폼 서비스인 '릴스(Reels)'를 운영하고 있죠.

이렇게 사람들이 향유하는 콘텐츠의 길이는 점점 더 짧아지고 있습니다. 스마트폰이 보편화되면서 인터넷에 유통되는 콘텐츠의 양은 더욱 방대해졌는데요. 이런 방대한 양의 콘텐츠가 빠르게 소비되고 또 원활히 순환되기 위해서 자연스레 길이가 짧아졌다고도 볼 수 있습니다. 콘텐츠 제작자는 짧은 분량과 시간 안에 강렬한 인상을 주어야 하죠. 사람들은 이러한 짧은 콘텐츠들을 시간과 장소에 구애 없이 마치 과자를 먹듯이 소비할 수 있는데요. 이에 등장한 용어가 '스낵컬처(Snack Culture)'입니다.

스낵컬처는 장소를 가리지 않고 가볍고 간단하게 즐길 수 있는 문화스타일입니다. 과자를 의미하는 '스낵(Snack)'과 문화를 의미하는 '컬처(Culture)'를 더한 합성어죠. 출퇴근시간이나 점심시간은 물론 잠들기 직전에도 향유할 수 있는 콘텐츠로 시간과 장소에 구애받지 않는 것이 스낵컬처의 가장 큰 장점입니다. 방영시간이 1시간 이상인 일반 드라마와 달리 10~15분 분량으로 구성된 웹드라마, 빠르게 넘겨보는 웹툰, 웹소설 등이 대표적인 스낵컬처로 꼽히는데요. 최근의 숏폼 열풍도 스낵컬처와 유사한 맥락을 띠고 있다고 할 수 있습니다. 스낵컬처와 숏폼이 주류가 되어가면서 콘텐츠 제작의 진입장벽도 낮아지고 있는 추세입니다.

5분 만에 소설 즐겨볼까? '웹소설 플랫폼' 인기

그야말로 웹소설 전성시대다. B급 문화로 취급받던 웹소설이 드라마. 영화 등 다양한 콘텐츠로 확장하는 사례가 늘면서 독자들의 관심을 끌어 모으고 있다. 최근 네이버, 카카오 등 대기업의 웹소설 플랫폼 인수 행보가 이어지며 웹소설에 대한 관심은 더욱 커졌다. 웹소설 플랫폼은 로맨스. 판타지, 무협 등 다양한 장르를 제공하며 독자들을 사로잡는다. 웹소설 플랫폼의 수요는 어느 정도일까? 빅데이터 전문기업 TDI가 웹소설 플랫폼 문피아. 조아라, 네이버시리즈. 카카오페이지를 중심으로 올해 상반기 앱 이용 현황을 알아봤다. 1월 대비 7월 설치자 수를 분석한 결과, 네 개의 플랫폼 모두 수요가 늘어났다. 그중 가장 큰 폭으로 설치자 수가 증가한 앱은 '문피아'로 45.6%를 기록했다. '조아라' 28.1%, '네이버시리즈' 19.0%, '카카오페이지' 9.6%로 집계됐다. 웹소설 플랫폼의 수요 증가는 다양한 사회 변화가 반영된 결과임을 시사한다. 스마트폰, 태블릿PC 등을 통한 독서 활동 선호. 짧은 호흡의 빠르게 읽히는 스낵컬처 지향. 비대면 문화로 인해 실내에서 혼자 즐기는 콘텐츠 서비스 증가 등이 영향을 미친 것으로 해석된다.

출처 : 매일경제/일부인용

상식UP! Quiz

문제 글로벌 동영상 플랫폼 유튜브가 2021년 출시한 숏폼 서비스는 '릴스(Reels)'다.

○ / ✕

해설 유튜브는 2020년 9월 인도에서부터 숏폼 콘텐츠 플랫폼 '쇼츠(Shorts)'의 베타 테스트를 시작했다. '릴스(Reels)'는 페이스북(현 메타)의 자회사인 인스타그램의 숏폼 콘텐츠 플랫폼이다.

 답 ✕

문화재를 가상공간에서 만난다

디지털 복원은 첨단 과학기술을 이용하여 문화재의 원형을 복원하는 것인데요. 문화재의 세세한 형상을 컴퓨터에 저장되는 데이터로 기록하고 고증자료를 통해 복원한 뒤 가상공간에서 구현할 수 있도록 하는 것입니다. 디지털 복원이 가능한 문화재는 매우 다양한데요. 건축물과 회화부터 장신구나 공예품 같은 작은 유물까지 내·외부 형상의 데이터를 스캔하고 고증할 자료가 있다면 복원이 가능합니다. 심지어는 무용처럼 형태가 없는 문화재도 복원할 수 있죠.

디지털 복원은 해당 문화재가 어떤 상태냐에 따라 복원 과정도 다릅니다. 문화재가 현존하는 경우 정밀 3D 스캔기술로 문화재 구석구석을 촬영한 뒤에 이 데이터 조각들을 한 데 모아 문화재 전체의 3D 형상을 완성합니다. 오랜 풍파를 겪은 문화재들은 대개 훼손되고 손실된 부분이 있기 마련인데요. 이때에는 고증자료를 수집해 훼손된 부분을 따로 떼어 모델링을 진행합니다. 그리고 온전한 다른 부분들과 비교하여 제 모습을 갖추게 만들죠. 시간이 흐르며 칠이 벗겨지거나 변색된 부분들을 보정할 수도 있습니다. 복원된 문화재는 디지털 공간에서 이미지의 형태로 저장돼 사람들과 만납니다. 아예 흔적조차 찾을 수 없이 완전히 소실된 문화재들은 문헌과 기록 등에 의존할 수밖에 없습니다. 고증기록을 바탕으로 증강현실(AR)을 통해 구현해내죠.

디지털 복원은 현존하는 문화재보다는 고대건축물 같은 상당 부분 소실된 문화재 복원에 적용하는 편이 더 합리적이라는 의견이 있는데요. 손실된 지 오래된 문화재들은 고증자료가 적어 아무래도 정확한 복원이 어렵습니다. 이 때문에 실물로 복원할 경우 이후 새로운 고증이 나오게 되면 복원한 부분을 철거하고 재복원해야 하는데, 시간과 비용이 많이 소비되겠죠. 그러나 디지털 복원은 그럴 우려가 적습니다. 쉽게 새로운 고증으로 수정할 수 있죠. 또한 문화재를 현재 고증대로 실물 복원했을 때 문제점이나 잘못된 점은 없는지 사전에 파악할 수 있게 합니다.

잠든 문화유산에 디지털 숨결을 불어넣다

지난 2008년, 당시 국보 1호였던 숭례문에 화재가 일어나 전부 불타는 사건이 발생했다. 전 국민이 충격과 슬픔에 빠진 와중에 숭례문 복원 및 복구에 대한 이슈가 뜨겁게 떠올랐다. 그런데 불행 중 다행으로 화재사건이 있기 6년 전 숭례문 전체를 '3D 레이저 스캔'으로 기록한 적이 있었다. 스캐너를 이용한 3차원 촬영을 하면 건축물의 3D 입체 도면이 제작되는데, 이 기술 덕분에 숭례문의 완벽한 복원에 많은 도움이 되었다고 한다. 이전에 수기로 작성된 도면은 불완전한 기록이 많았기 때문이다. 문화재청은 그 이후로 주요 문화재의 3차원 촬영을 진행했다. 디지털 문화재 복원에 대한 개념이 국내에 잘 알려지게 된 것도 이때부터다.

출처 : 한겨레/일부인용

상식UP! Quiz

문제 소실된 지 오래된 문화재는 디지털 복원을 적용하기에 적합하지 않다.

○ / ✕

해설 디지털 복원은 현존하는 문화재보다는 고대건축물 같은 상당 부분 소실된 문화재 복원에 적용하는 편이 더 합리적이다.

답 ✕

083 뉴라이트

대한민국의 건국일은?

2024년 광복절 기념식은 안타깝고도 해괴한 형식으로 진행됐습니다. 우리민족 모든 구성원에게 경사스런 날의 기념식이 두 곳에서 따로 열린 건데요. 광복회 등 독립운동단체와 더불어민주당을 비롯한 야당은 정부가 개최하는 경축식에 참여할 수 없다며, 별도로 행사를 열겠다고 밝혔습니다. 결국 광복절 행사는 사상초유로 두 쪽으로 갈라져 진행됐는데, 관례대로 독립기념관에서 열리던 정부의 경축식마저도 다른 곳에서 거행됐죠.

이렇듯 광복절 행사로 갈등을 빚은 것은 광복절을 앞두고 독립기념관장에 취임한 김형석 신임 관장의 '뉴라이트' 논란 때문이었습니다. 그가 과거 한 보수단체에서의 강연에서 "1948년 8월 15일 정부가 세워지고 대한민국이 시작된 것"이라고 발언했는데 이것이 뉴라이트 사관인 '건국절 주장'과 같은 맥락이라는 지적이 나왔습니다. 아울러 "일제강점기 당시에 우리국민의 국적은 일본이었다. 민족문제연구소가 발간한 친일인명사전 내용의 검증이 필요하다"는 등 그의 지론 또한 문제가 됐죠. 김 관장은 뉴라이트 의혹을 강하게 부인하며, 야권과 독립운동단체의 사퇴 압박에도 굽히지 않았는데요. 그렇다면 논란이 되는 뉴라이트의 정체는 무엇일까요?

우리나라에서 뉴라이트(New Right)는 '신흥 우파'라고 할 수 있습니다. 군사정권 시기에 과격한 좌파운동을 벌였던 주체사상파(주사파)가 우파로 전향하면서 기존과는 다른 새로운 우파세력을 형성하게 되었다고 합니다. 1990년대부터 모습을 드러내 2000년대를 기점으로 활동을 시작했는데요. 이들은 극우스펙트럼 상에서 시장경제와 자유주의를 신봉하고, 식민지근대화론 같은 친일성향의 역사관을 띠고 있습니다. 특히 역사관 중 가장 대표적인 것은 상술한 건국절 주장입니다. '최초로 건국된 대한민국정부가 무엇이냐'에 대한 문제죠.

뉴라이트는 1919년 중국 상해에 세워진 대한민국임시정부가 주권을 제대로 갖추지 못한 문자 그대로 임시정부에 불과하며, 1948년 8월 15일 수립된 대한민국정부야 말로 국제적으로 승인된 합법적인 정식국가라고 봅니다. 그 이전까지 대한민국은 없었으며, 국제법적으로 일본에 나라를 빼앗겨 병합된 상태였다고 말하죠. 아울러 임시정부와 대한민국정부가 '정통성'이라는 정신적 연속성은 있을지언정 적법성을 계승하지는 못했다고 주장합니다. 그래서 이 날을 건국절로 삼자고 하는데요.

뉴라이트의 주장대로 1948년 건국절을 따른다면, 그 이전의 친일행위는 정당화되고 1910년 일제가 강제로 맺은 한일합병조약 또한 합법적인 것으로 해석될 소지가 생깁니다. 말 그대로 우리민족의 우리나라는 없었던 것이 되기 때문이죠. 2018년 대법원의 강제징용 손해배상 판결도 일제강점이 불법적 식민지배였다는 것을 전제로 하고 있죠. 또 이들의 건국절 주장에는 맹점이 있는데요. 먼저 우리나라 현행헌법 전문에는 '임시정부의 법통을 계승한다'고 명시되어 있고, 제헌헌법 전문에도 '기미 삼일운동으로 대한민국을 건립하여 민주독립국가를 재건함'이라고 적혀 있죠. 특히 뉴라이트는 이승만 대통령을 이른바 '국부', '건국대통령'으로 우상화하고 있는데, 그 이승만 대통령조차도 1948년 5월 31일 제헌국회 개헌축사에서 "이 국회에서 건설되는 정부는 즉 기미년에 서울에서 수립된 민국 임시정부의 계승"이라고 똑똑히 말했습니다.

이미 2015년에 역사 국정교과서로 논란을 일으킨 바 있는 뉴라이트 세력은 윤석열 정부 들어 다시 입김을 키우고 있습니다. 뉴라이트 성향을 띠거나 지목된 인사가 배치됐는데요. 어떤 인사들은 건국절 발언으로 논란을 빚기도 했죠. 일례로 고용노동부 장관 후보로 지명된 김문수 경제사회노동위원회 위원장의 과거 건국절 발언이 발굴되면서, 왜 이런 논란이 될 만한 인사를 자꾸 기용하는 것인지 이해할 수 없다는 반응도 나왔습니다. 또 육군사관학교에서 독립유공자 흉상 철거가 시도되거나 군 정신교육 교재에 독립투사의 이름이 빠지는 등 독립운동의 흔적을 지우려는 것은 아닌지 의심되는 행보가 있었습니다.

뉴라이트의 생명력

뉴라이트는 이명박 정권과 손잡고 성장했다. 뉴라이트전국연합은 2007년 한나라당 대선후보 경선에서 이명박 후보를 지지했다. 신혜식 전 독립신문 대표는 "뉴라이트 운동은 결국 이명박 정권 만들기였다"고 했다. 뉴라이트는 식민지 근대화론, 이승만 · 박정희 긍정적 재평가, '1948년 건국절' 주장 등을 펴면서 극우 · 친일 이미지를 강화했다. 교과서포럼이 2006년 내놓은 '대안교과서 한국 근현대사' 시안은 5 · 16 쿠데타를 혁명이라고 하고 4 · 19 혁명은 학생운동이라고 표기했다. 박근혜정부는 한국사 교과서의 국정화를 시도했다가 교육현장에서 외면당했다. 2019년 발간된 〈'반일 종족주의'〉(이영훈 · 이우연 · 김낙년)는 '뉴라이트=친일' 인식을 키웠다. 뉴라이트는 윤석열정부에서 다시 득세했다. 김영호 전 뉴라이트싱크넷 운영위원장은 현재 통일부 장관, 신지호 전 자유주의연대 대표는 국민의힘 전략기획부총장이다. "내 생각은 뉴라이트로 바뀌었다"는 김문수 전 경기지사는 고용노동부 장관 후보자다. 정부 행보도 마찬가지다. 일제 강제동원 피해자 '제3자 변제' 해법을 비롯해, 육군사관학교 홍범도 장군 흉상 철거 시도, 일본 사도광산 유네스코 등재 과정에서의 대일 저자세, '일본 빠진' 대통령의 광복절 경축사 등이 그러하다. 김태효 국가안보실 1차장은 "중요한 건 일본의 마음"이라고 했다. 이 정부에 '내가 뉴라이트요'라는 사람은 없지만, 뉴라이트 세력과 기조는 끈질기게 생명력을 유지하고 있다.

출처 : 한겨레/일부인용

상식UP! Quiz

문제 **뉴라이트가 주장하는 건국절은 1948년 5월 31일 제헌국회 출범일이다.**

○ / ✕

해설 뉴라이트는 대한민국 정부가 수립된 1948년 8월 15일을 건국절로서 주장한다.

답 ✕

신문으로 공부하는 청소년
말랑말랑 시사상식

CHAPTER 07

과학 · IT

수입국도 여기저기 뚫어놔야 해

지난 2021년 우리나라에는 '요소수'의 품귀 사태가 일어나 한창 시끄러웠는데요. 요소는 소변에도 포함된 유기화합물로 보통 암모니아와 이산화탄소를 합성해 생산합니다. 요소는 농업에 쓰이는 비료를 만드는 데 사용되고, 또한 요소를 물에 녹인 요소수는 화물차 등 디젤차량에서 발생하는 질소산화물(NOx)을 정화하는 장치인 'SCR'에 쓰입니다. 배기가스가 지나는 통로에 요소수를 뿌리면 질소산화물이 물과 질소로 환원되는데요. 2015년에 유럽의 배기가스 규제인 '유로6'가 국내에 도입되면서, 디젤차량에 반드시 SCR을 탑재하고 요소수가 소모되면 보충해야 합니다. SCR이 설치된 디젤차량은 요소수가 없으면 아예 시동이 걸리지 않죠. 유통을 담당하는 화물차에게는 필수적인 물질입니다.

그런데 2021년 요소의 최대생산국인 중국이 요소 수출을 중단하면서 세계적인 대란이 일어났습니다. 중국의 요소는 중국 내의 석탄을 통해 주로 생산되는데, 석탄 공급이 부족해지자 중국은 석탄으로 만들어지는 요소의 수출 중단조치를 내려버렸죠. 중국에서 거의 대부분의 요소수를 수입하는 우리나라도 정면타격을 받았습니다. 요소수 값이 천정부지로 치솟고 주유소에서는 요소수 품귀 현상이 발생했습니다. 화물차들이 운행을 멈추기 시작하자 유통망 마비 위기가 눈앞에 닥쳤고, 정부와 국내 유통업체들은 부랴부랴 요소수를 확보하기 위해 동분서주했습니다. 정부는 호주 등 해외로까지 공군기를 급파해 요소수를 공수해오기도 했죠.

그런데 2023년 9월 중국이 다시 요소의 수출중단을 선언하면서 불안감을 키웠습니다. 정부는 요소수의 비축량이 충분하다고 했는데요. 기존에 중국으로부터 수입한 요소수가 이미 확보됐고, 국내업체도 요소수 생산을 늘리고 있다며 진화에 나섰습니다. 그럼에도 요소수 거래가 폭증하고 가격이 급등하는 등 대란 조짐이 일어났죠. 이는 화물·유통업 종사자들이 이전 요소수 대란의 재현을 우려해 미리 요소수를 챙겨두려는 불안심리 때문이라는 분석이 나왔습니다.

사실 우리나라는 요소뿐 아니라 산업에 쓰는 많은 원자재를 수입에 의존하고 있죠. 특히 마그네슘, 희토류, 수산화리튬 등 자동차와 배터리 제조에 꼭 필요한 원자재를 대부분 중국에서 수입하는 실정입니다. 그러다보니 요소수 대란처럼 중국이 자국 사정을 이유로 수출을 제한해버리면 제조업 중심의 우리나라로써는 치명상을 입을 수밖에 없죠. 그래서 수입처 다변화를 서둘러 꾀해야 한다는 목소리가 높습니다.

🔍 정치 · 경제 · 사회 · 국제 · 문화 · 미디어 · 과학 · IT · 스포츠 　⬆ 🗩 가 🖨

제2요소수 터지나 … 핵심광물 13종, 中 쏠림 심해졌다

미중갈등이 '뉴노멀'이 되면서 둘 사이에 긴 한국의 공급망에도 빨간불이 들어왔다. 하지만 정부의 다변화 속도는 국제정세변화를 따라가지 못하고 있다. 이종배 국민의힘 의원이 산업통상자원부 등에서 받은 자료에 따르면 전략적 중요성이 큰 핵심광물 33종 중 3대 수입국 안에 중국이 포함된 건 25종이었다. 한 대기업 관계자는 "중국산 원자재가 제일 싸고, 지리적으로 가까우니 물류비도 적게 든다. 기업으로선 리스크가 있어도 대중의존도가 높을 수밖에 없다"라고 말했다. 상황이 이렇다보니 반도체 등 핵심산업이 걸린 한국은 중국정부의 작은 움직임에도 민감할 수밖에 없다. 2021년 하반기 극심한 공급난이 발생했고, 이후 다시 위기설이 퍼졌던 **요소수**가 단적인 예다. 중동 · 동남아 대체선 확보에도 차량에 쓰는 산업용 요소 90.2%는 여전히 중국에서 수입하고 있다. 중국의 수출중단이 실제로 이뤄지면 국내운송 등에서 혼란이 불가피하다.

출처 : 중앙일보/일부인용

상식UP! Quiz

문제 요소수가 소모되어도 SCR이 설치된 차량운행에는 문제가 없다. 　 ○ / ✕

해설 SCR이 설치된 디젤차량은 요소수가 없으면 시동이 걸리지 않는 등 운행할 수 없다.

답 ✕

첨단산업계의 비타민, 누가 많이 갖고 있나?

희토류는 첨단산업의 비타민으로 불리는 비철금속 광물입니다. 희소성이 있고, 자연계에 매우 드물게 존재하는 금속원소라는 뜻에서 희토류라는 이름이 붙여졌습니다. 희토류는 화학적으로 안정되면서 열을 잘 전달하기 때문에 반도체나 2차전지 등 전자제품에 필수로 들어가는 재료입니다. LCD, LED, 스마트폰, 카메라, 컴퓨터 등의 제품에 필수적일 뿐만 아니라 원자로의 제어제로도 널리 사용됩니다. 물리·화학적 성질이 비슷한 원소 17종을 통틀어서 희토류라고 부르는데 스칸튬·이트륨·란타넘·세륨·프라세오디뮴·네오디뮴·프로메튬·사마륨·유로퓸·가돌리늄·터븀·디스프로슘·홀뮴·어븀·툴륨·이터븀·루테튬 등이 있습니다.

희토류는 희소성과 자원으로서의 중요성 때문에 외교 관계에서 자원무기화되는 양상을 보이고 있습니다. 전 세계에서 이 희토류를 가장 많이 생산하고 있는 국가인 중국은 자국 내 희토류 생산량을 제한하고 수출량을 감축하며, 희토류에 부과하는 세금을 대폭 인상하는 등 정부 통제 하에 희토류를 무기화하려는 모습을 보여주었습니다.

또 중국은 지난 2009년 희토류 저가 대량 수출을 저지하기 위해 환경 및 자원보호를 이유로 수출쿼터와 20% 이상의 수출세를 부과했습니다. 이후 희토류 가격이 최고 7배 급등했고 미국과 일본, 유럽연합(EU) 등이 세계무역기구(WTO)에 협정 위반을 이유로 중국을 제소한 바 있죠. 이에 따라 2014년 WTO 분쟁조절패널은 중국의 희토류 수출쿼터 제한이 협정에 위배된다며 폐지를 권고하는 판결을 내렸습니다. 이에 중국은 2015년 희토류 수출쿼터 및 관세를 모두 없앴고, 수출쿼터의 폐지 후 희토류의 국제가격은 급락했습니다.

미국, 반도체로 압박하자 … 중국은 희토류로 응수

미국 · 중국 갈등이 반도체와 희토류 전쟁으로 진화하고 있다. 미국이 인플레이션 감축법(IRA) 등을 전방위 동원해 중국으로 반도체 기술이 유입되는 것을 차단하고 있다면, 중국은 대항마로 '산업의 비타민'인 희토류 통제를 강화하는 상황이다. 반도체와 희토류 모두 국가안보에 막대한 영향을 미친다는 점을 감안하면 양국 갈등이 격화될수록 상호 타격은 불가피하다. 반도체 강국이지만 미국의 간섭을 피할 수 없는데다, 희토류 중국 의존도가 높은 우리나라 역시 고래 싸움의 유탄을 피하기 어렵다. 우리나라의 입장에서는 포괄적 · 전략적 동맹 관계인 미국 뜻을 거스를 수도, 영구자석에 쓰이는 네오디뮴의 86%, 반도체 연마제로 사용되는 희토류의 54%를 의존하고 있는 중국과 등을 지기도 쉽지 않다는 점이다.

출처 : 파이낸셜뉴스/일부인용

상식UP! Quiz

문제 **다음 중 희토류에 대한 설명으로 틀린 것은?**

① 17개의 원소를 총칭하며 산업의 비타민이라고 불린다.
② 빛에 민감하며 자성을 띠고 있다.
③ 미국이 전 세계 공급량의 대부분을 점유하고 있다.
④ 열과 전류를 잘 전달한다.

해설 희토류는 중국이 전 세계 전체 매장량의 58%, 전 세계 공급량의 95%를 점유하고 있다.

답 ③

융합으로 이루는 변화

2016년 세계경제포럼(WEF, World Economic Forum)에서 향후 세계가 직면할 화두로 '4차 산업혁명'을 던진 이후 우리의 일상에서뿐만 아니라 전 세계적으로 4차 산업혁명이 크게 이슈화되었습니다. 무엇을 하더라도 4차 산업혁명이 꼭 붙었지요. ICT가 눈부신 속도로 발전함에 따라 전에 경험하지 못했던 새로운 기술들이 속속 등장하면서 우리가 직접적으로 느낄 수 있게 해주고 있습니다. 인공지능 바둑 프로그램인 '알파고(AlphaGo)'와 '딥젠고(DeepZenGo)', 인공지능 비서 '알렉사', '빅스비' 그리고 증강현실게임 '포켓몬고'에 혁신적 챗봇인 '챗GPT'까지 다양한 형태로 우리를 놀라게 한 것입니다.

이렇듯 4차 산업혁명은 기존의 생산설비에 정보통신기술(ICT)을 융합시켜 경쟁력을 제고시키는 차세대 산업으로의 변화라고 할 수 있습니다. 증기기관차의 발명으로 시작된 1차 산업혁명은 기계화, 2차 산업혁명은 대량생산, 3차 산업혁명은 정보화 및 자동화라는 특징을 가집니다. 4차 산업혁명은 기존의 산업에 정보통신기술(ICT)을 융합시켜 능동성을 갖춘다는 점을 특징으로 합니다. 이전의 산업혁명과 다르게 인간과 사물을 포함한 모든 것들이 연결되고, 현실과 가상이 융합되는 패러다임의 모습을 보입니다. 또한 완전히 새로운 것이라기보다는 기존의 것들을 연결함으로써 창출된 효과라는 것입니다. 이러한 4차 산업혁명은 '지능적 가상물리시스템'이 핵심 키워드라 할 수 있습니다. 우리나라에서 '제조업 혁신 3.0 전략'이라는 것이 같은 선상의 개념이고, 미국에서는 'AMI(Advanced Manufacturing Initiative)'라고 부르며 독일과 중국에서는 '인더스트리(Industry)4.0'으로 부르고 있습니다.

'찐 4차 산업혁명'이 시작됐다

4차 산업혁명은 지능정보화 혁명이고 초연결과 초지능이 키워드다. 그런 의미에서 챗 GPT의 등장은 초지능 국면으로의 진입이라 할 수 있고 진짜 4차 산업혁명의 시작이라 할 만하다. 기술, 산업, 경제영역의 거대한 변화로만 인식되던 4차 산업혁명이 이제 일 상의 삶으로 쑥 들어왔다. 첨단기술은 어렵고 복잡하지만 대중과 만날 때 비로소 진정 한 변화와 혁명이 일어난다. 아무리 엄청난 기술이라도 대중이 잘 알지 못하고 대중의 삶과 만나지 못하면 혁명은커녕 '찻잔 속 태풍'에 그치고 만다. 알파고는 대중을 못 만 났지만 챗GPT는 대중을 만났다. 생성형 인공지능이 야기하는 변화는 인간의 삶과 인공 지능에 대한 인식을 바꿔나간다. 이제까지 구호와 정책에 머물렀던 4차 산업혁명이 보 통 사람의 일상과 만난다는 데 주목해야 한다. 시장을 봐도 코로나 이후 투자붐을 불러 일으킨 메타버스는 한풀 꺾였고 그 자리를 대신 꿰찬 것은 생성형 인공지능이다. 챗 GPT는 그 선두주자다.

출처 : 머니투데이/일부인용

상식UP! Quiz

문제 다음 중 4차 산업혁명과 직접적인 관련이 없는 것은?

① 인공지능　　　　　　　　② 빅데이터
③ 엔트로피　　　　　　　　④ 인더스트리4.0

해설 엔트로피는 물리에서 열의 이동과 더불어 유효하게 이용할 수 있는 에너지의 감소 정 도를 나타내는 것으로 4차 산업혁명과는 직접적인 관련이 없다.

답 ③

인간을 뛰어넘는 기계의 두뇌

인공지능은 로봇이 아닌 사람의 지적 능력을 컴퓨터 프로그램으로 구현해놓은 것을 말합니다. 1950년대부터 개념이 정립된 인공지능은 컴퓨터 공학이 발달하고 컴퓨터가 대응할 수 있는 데이터의 총량이 폭발적으로 증가하기 시작하면서 발전을 거듭해왔습니다. 결국 인공지능의 본질은 학습이라고 할 수 있는데, 이 인공지능의 학습에 이용되는 주된 알고리즘 기술 중 하나가 '머신러닝(기계학습)'입니다. 이 머신러닝 기술의 발전이 사실상 인공지능의 진화를 이끌어내는 열쇠라고 할 수 있죠.

일반적인 컴퓨터 프로그램은 인간이 설계해둔 일정한 알고리즘을 바탕으로 작동합니다. 조건을 달아두고 이에 부합하면 특정한 결괏값을 내도록 미리 설계하는 것이죠. 반면 인공지능은 데이터를 받아들이고 이에 대한 패턴을 스스로 파악해 데이터를 분류합니다. 이것이 머신러닝의 원리인데, 인공지능은 데이터만 주어지면 그것의 특징 및 정보를 스스로 파악하여 일정한 기준으로 분류합니다. 예를 들어 인공지능에게 사과의 이미지와 함께 이름과 외형 등 외적인 정보를 제공합니다. 그러면 인공지능은 사과를 포함한 갖가지 과일에 관한 데이터 안에서 '빨간색', '둥근 것', '꼭지'라는 사과 고유의 외형적 특성들을 파악하고 전체 과일 데이터 안에서 사과의 이미지를 분류해냅니다. 이렇듯 데이터를 특정 조건에 의해 분류하는 것은 매우 중요한데요. 위와 같은 일련의 작업은 '경험'으로 작용하여 인공지능이 다양한 사건을 스스로 판단하고 적절하게 대응하는 능력의 기초가 되기 때문입니다.

머신러닝에는 지도학습과 비지도학습이 있는데, 앞서 설명한 사과의 예가 지도학습의 패턴이라고 할 수 있습니다. 반면 비지도학습은 '사과' 자체의 정보를 주지 않죠. 다시 말해 데이터에 라벨을 붙이지 않은 채 과일 전체의 데이터만 부여합니다. 인공지능은 과일이 무엇인지 모르므로 각각의 과일 데이터에 무엇이라 라벨을 붙일 수 없죠. 대신 각 과일에 대한 특성과 정보를 파악해 스스로 분류하고 군집화합니다. 지도학습은 추천 알고리즘이나 데이터 안에서 특정한 것들을 검색하는 기능에 사용됩니다. 비지도학습은 데이터를 이루는 거시적 성향이나 성질을 분석하는데 쓰이고요. 이러한 머신러닝 알고리즘은 현재도 끊임없는 발전을 거치고 있는데, 2016년에는 구글 딥마인드가 개발한 바둑 프로그램 '알파고'가 아직은 불가능할 것이라 여겨졌던 인간 프로기사와의 대국에서 압승하며 세계를 놀라게 했었습니다.

🔍 **정치** · 경제 · 사회 · **국제** · 문화 · 미디어 · 과학 · **IT** · 스포츠　　　⬆ 🖅 ₂가 🖨

"얼굴인식 수집하지마"
세계최초 인공지능 규제법, 유럽서 나왔다

세계최초로 **인공지능(AI)** 규제법에 대한 합의가 이뤄졌다. 유럽연합(EU)이 논의를 시작한 지 2년여 만에 '인공지능 규제법(AI ACT)' 합의안을 마련하면서다. 챗GPT 출시 이후 생성형AI가 봇물을 이루면서 AI 대중화 시대가 성큼 다가온 가운데 이 분야를 선도하고 있는 미국 빅테크를 견제하기 위해 EU가 서둘러 규제의 칼을 뽑았다는 분석이 나온다. 이 법은 AI를 활용하지 말아야 하는 행위를 구체적으로 명시했다는 데 가장 큰 의의가 있다. 예를 들어 그동안 무분별하게 시행해온 '얼굴인식 데이터 수집'이나 'AI를 활용한 사회적 감시시스템 운영'을 금지했다. 정부규제를 받아야 하는 '고위험AI'와 '범용인공지능'을 명확히 정의해 반드시 보고하도록 의무화하는 조항도 포함했다. 이를 위반할 경우 기업은 최대 3,500만유로(약 497억원) 또는 전 세계 매출의 7%에 해당하는 벌금을 내야 한다.

출처 : 매일경제/일부인용

상식UP! Quiz

문제 일상 속 실용적인 목적에서 개발된 인공지능을 '강 인공지능'이라 한다.

ㅇ / ✕

해설 우리가 일상에서 흔하게 만날 수 있는 인공지능은 '약 인공지능'으로 어떤 특정한 목적을 부여받고 임무를 수행하는 인공지능을 말한다.

답 ✕

AI 챗봇 전쟁이 시작됐다

최근 IT업계의 화두는 단연 '챗GPT(ChatGPT)'입니다. 챗GPT는 인공지능 연구재단 오픈AI(Open AI)가 개발한 대화 전문 생성형 인공지능 챗봇입니다. 사용자가 대화창에 텍스트를 입력하면 그에 맞춰 대화를 나누는 인공지능 서비스죠. 오픈AI가 직접 개발한 대규모 인공지능 모델 'GPT-3.5' 언어기술을 기반으로 합니다. 챗GPT는 인간과 자연스럽게 대화를 나누기 위해 수백만개의 웹페이지로 구성된 방대한 데이터베이스에서 사전 훈련된 대량생성 변환기를 사용하고 있죠. 또 사용자가 대화 초반에 말한 내용을 기억해 답변하기도 합니다. 다만 GPT-3.5 기술 하에서는 이미지를 인식하거나 생성하는 것은 불가능하죠.

챗GPT가 학습기술을 활용해 MBA와 로스쿨, 의사면허 시험에 합격했다는 소식에 이어 소설이나 논문, 기사 등의 문서작성까지 가능하다는 사실이 알려지면서 출시 2개월 만인 2023년 1월에 이미 사용자가 1억명을 돌파했죠. 챗GPT가 선풍적인 인기를 끌면서 유수의 IT기업들도 각자의 인공지능 기술을 이용해 생성형 AI 챗봇 서비스를 개발·출시하기 시작했습니다. 2023년 2월 마이크로소프트가 챗GPT기술을 탑재한 검색엔진 '빙(Bing)'의 새 버전을 내놓자 구글은 AI 챗봇 검색서비스 '바드(Bard)'를 부랴부랴 출시하기도 했습니다.

챗GPT는 침체에 빠진 글로벌 반도체업계에 활기를 불어넣을 새로운 수요처로도 주목받고 있는데요. 그러나 한편으론 과제도 많이 남아 있죠. 우선 현재의 챗GPT는 2021년까지의 정보만 분석해 최신정보 탐색에 제한적인 데다 인터넷상에서 확률적으로 분석해 답변을 찾다 보니 잘못되거나 편향된 정보를 제공할 수 있고, 가치판단을 할 수 없어 혐오 또는 차별적인 내용을 기술할 수도 있습니다.

저작권 문제 역시 해결할 숙제인데요. AI가 데이터베이스를 기반으로 정보를 대량으로 학습하는 과정에서 기존의 저작물이 무단으로 이용될 수 있기 때문입니다. 이로 인해 저작물의 독창성과 고유성을 둘러싼 저작권과 표절문제를 재정의하는 과정이 필요하다는 의견이 대두되고 있죠. 현재의 저작권법에서 '저작자'는 인간만 인정하고 있어 챗GPT가 쓴 소설을 그대로 낸다고 해도 저작권법 위반에 해당하지는 않습니다. 그러나 챗GPT와 같은 생성형 AI가 진화를 거듭하면서 인간과 비슷하거나 혹은 그것을 뛰어넘는 수준의 창작물을 만들어낼 수 있게 되면 AI의 창작물에 대한 저작권 인정문제는 첨예한 쟁점의 대상이 될 수 있습니다.

🔍 정치 · 경제 · **사회** · **국제** · 문화 · 미디어 · 과학 · **IT** · 스포츠   ⬆ ▤ 가 🖨

챗GPT 석달 연속 접속량 줄더니 개학하니 증가세

로이터통신은 웹 트래픽 분석 서비스를 제공하는 시밀러웹(Smilarweb) 분석 결과를 인용해 **챗GPT**의 월간 웹사이트 방문자 수가 3개월 연속 줄었지만, 그 감소세가 끝나가는 조짐을 보이고 있다고 보도했다. 데이비드 F. 카 시밀러웹 분석가는 "숙제 도움을 받으려는 학생들의 챗GPT 사용이 증가했기 때문"이라며 "여름 동안 챗GPT를 사용하는 학생들의 비율이 감소했다가 개학으로 다시 반등하기 시작했다"고 설명했다. 챗GPT 등장 이후 교육계에선 과제나 시험에 악용 우려 때문에 경계의 목소리가 커졌지만, 일부 학교에서는 선제적으로 수업에 접목하는 곳도 늘고 있다. AI의 확산을 더는 외면하기 어렵다는 판단에서다.

출처 : 이데일리/일부인용

상식UP! Quiz

문제 **챗GPT는 구글이 개발한 대화형 인공지능이다.**   ⭕ / ❌

해설 챗GPT는 인공지능 연구재단 오픈AI가 개발한 대화 전문 생성형 인공지능 챗봇이다.

답 ×

에너지 위기의 대안이 될까?

소형모듈원자로(SMR ; Small Modular Reactor)는 쉽게 말해 작은 규모의 원자력 발전소를 말합니다. 현재의 원자력발전은 '핵분열' 에너지를 주로 이용합니다. 기존의 대형 원전은 핵분열 발전과정을 위해서 원자로와 증기발생장치, 냉각제 펌프 등 갖가지 장치가 각각의 설비로서 설치돼야 합니다. '모듈'이라는 단어에서 알 수 있듯이 SMR는 이 장치들을 한 공간에 몰아넣어 크기를 대폭 줄일 수 있죠. 하지만 발전용량도 300MW(메가와트) 정도로 적은데요(대형 원전은 1,000~15,000MW). 그렇다면 크기도, 발전용량도 작은 SMR이 주목받는 이유는 무엇일까요?

SMR의 장점 중 하나는 대형 원전에 비해 방사능유출 위험이 적다는 것입니다. 원전의 중심에는 핵연료인 방사능물질이 들어가는 '노심'이 있는데요. 방사능물질이 핵분열하며 노심에 많은 열이 발생하는데 이를 냉각제로 식혀주는 게 중요합니다. 노심이 과열되면 결국 녹아내리는 '노심 용융'이 일어나게 되고, 방사능물질이 유출되는 재앙이 터질 수 있죠. 대형 원전에서는 보통 열을 식히기 위해 배관을 설치하고 바닷물을 끌어오는데, 이 배관이 파손되면서 방사능이 유출될 위험도 있습니다. 하지만 배관을 쓰지 않는 SMR은 노심이 과열되면 아예 냉각수에 담가버릴 수 있죠. 과열될 만한 설비의 수 자체도 적고, 나아가 원전 크기가 작은 만큼 노심에서 발생하는 열도 낮아 대형 원전에 비해 식히기도 쉽습니다.

또 하나의 장점은 굳이 강물이나 바닷물을 끌어올 필요가 없기 때문에 입지를 자유롭게 고를 수 있다는 겁니다. 우리나라 원전의 위치를 살펴보면 모두 해안가 근처에 있는데, 냉각수인 바닷물을 쉽게 끌어오기 위함입니다. 반면 냉각수가 비교적 적게 필요한 SMR은 내륙에도 건설할 수 있죠. 또 공산품처럼 모듈 안에 들어갈 각 설비를 공장에서 제조한 다음 건설장소에 옮겨 조립할 수 있어 건설기간이 짧고 비용도 적게 든다고 합니다. 뿐만 아니라 출력조절이 가능해 유연하고 융통성 있는 발전이 가능하다는 것도 SMR의 장점 중 하나입니다.

그러나 아무리 작다 해도 원전은 원전이기 때문에 각종 사고와 방사능유출 가능성을 아예 배제할 순 없습니다. 또 발전용량이 적으니 대형 원전과 맞먹으려면 그만큼 많이 지어야 할 텐데, 결국 비용이 추가로 드는 것은 매한가지라는 주장도 있죠. 원전의 크기가 작아진 만큼 건설단가도 높고, 입지선정이 자유롭다고 해도 많은 SMR을 수용하려면 결국엔 한계가 있을지 모릅니다. 이러한 이유로 SMR이 진정으로 에너지 위기의 대안이 될지는 지켜봐야 합니다. 이와 함께 정말 안전하고 효율 높은 신재생에너지를 개발하는 것도 시급합니다.

🔍 **정치**·경제·사회·국제·문화·미디어·**과학**·IT·스포츠   ⬆ ▢ 가 ▤

혁신형 SMR 기술개발 본격시동

정부가 민관합동으로 차세대 원전기술인 혁신형 **소형모듈원자로**(i-SMR)와 해양용 용융염원자로(MSR) 기술개발을 본격 추진한다고 밝혔다. 2026년까지 SMR 표준설계 신청을 완료하고 최종적으로 2028년 인가를 마무리한다는 계획이다. SMR은 발전규모가 300MW 이하로 원자로와 증기발생기 등이 원자력 압력용기에 함께 담겨 있는 일체형 원전을 말한다. 대형 원전보다 안전하며 건설기간이 짧고 비용도 덜 든다는 이점이 있다. 특히 i-SMR은 중대한 사고의 발생 가능성이 10억년에 1회 미만으로 현재 신형원전 대비 1,000배의 안전성을 목표로 한다.

출처 : 매일경제/일부인용

상식UP! Quiz

문제 다음 중 발전용량 300MW급의 소형원자로를 뜻하는 용어는?
　　　① RTG　　　　　　　　　　　② SMR
　　　③ APR+　　　　　　　　　　 ④ BWR

해설 SMR은 발전용량 300MW급의 소형원자로로서 차세대 원전으로 떠오르고 있다. 대형 원전에 비해 크기는 작지만, 그만큼 빠른 건설이 가능하고 효율이 높다.

답 ②

대한민국, 우주강국의 반열에 오르다

한국형 발사체 누리호(KSLV-Ⅱ)에 실린 성능검증위성과 위성모사체가 지난 2022년 6월 21일 2차 발사에서 궤도에 안착했습니다. 이로써 대한민국은 세계 7번째로 1톤(t) 이상인 실용적 규모의 인공위성을 우주발사체에 실어 자체기술로 쏘아 올린 우주강국의 반열에 올랐죠.

누리호는 오후 4시 전남 고흥군 나로우주센터에서 발사돼 성능검증위성과 위성모사체 분리를 성공적으로 마쳤습니다. 누리호 위성모사체와 성능검증위성은 계획대로 지표면 기준 700km 고도에서 초속 7.5km의 속도로 지구 주위를 돕니다. 누리호는 순수 국내기술로 설계·개발된 우리나라 최초의 우주발사체인데요. 앞서 2013년 3차 발사에 성공한 나로호(KSLV-Ⅰ)는 2단만 국내기술로 개발됐고 1단은 러시아에 의존했습니다. 이와 달리 누리호는 75t급·7t급 액체연료 엔진부터 위성을 보호하는 덮개인 페어링에 이르기까지 핵심기술과 장비 모두 국내 연구진이 개발했습니다. 특히 향후 대형·소형 발사체 개발에 지속적으로 활용할 수 있는 75t급 엔진의 성능을 성공적으로 입증함에 따라 향후 진행될 우주개발의 발판을 만들었다는 평가가 나왔습니다. 해당 엔진은 1단에 엔진 4기가 '클러스터링'으로 묶여 마치 하나의 300t 엔진처럼 작동했고, 2단에는 1기가 쓰였습니다.

발사 하루 뒤인 22일 새벽에는 누리호에 실려 궤도에 오른 성능검증위성과 지상국 사이의 쌍방향 교신도 성공적으로 이뤄졌습니다. 누리호 발사 성공과 위성의 궤도 안착에 이어 쌍방향 교신을 통해 위성의 정상작동까지 확인됨에 따라 우리나라는 실용위성 자체발사 역량을 완벽하게 갖추게 됐죠. 성능검증위성은 발사체인 누리호의 궤도 투입성능을 검증하기 위해 국내기술로 제작된 위성으로 임무수명기간인 2년 동안 지구 태양동기궤도에서 하루에 약 14.6바퀴 궤도운동을 하도록 설계됐으며, 한 달간 초기 운영기간을 거친 후 본격적인 임무를 수행하게 됐습니다.

한화, 누리호 기술이전 받는다 …
'한국판 스페이스X' 탄생할까

한화에어로스페이스가 앞으로 한국항공우주연구원과 한국형발사체 **누리호**(KSLV—Ⅱ)를 4차례 발사하고 설계 · 제작 · 발사 기술을 이전받는다. 한화에어로스페이스는 한국항공우주산업(KAI)과 정부 입찰경쟁에서 치열한 접전을 펼친 끝에 우선협상대상자로 선정됐다. 정부의 체계종합기업 선정은 누리호 설계 · 제작 · 총조립 · 발사 등 기술 전 과정을 민간에 이전하기 위한 목적이다. 우리나라도 미국항공우주국(NASA)이 과거 기술 공유를 통해 스페이스X와 같은 우주기업을 만든 것처럼 점진적 기술이전으로 우주산업을 조성한다는 계획이다.

출처 : 머니투데이/일부인용

상식UP! Quiz

문제 2022년 6월 누리호에 실려 발사된 실용위성의 무게는 1t 이하이다.　　○ / ×

해설 누리호에 실려 발사된 성능검증위성의 무게는 1t 이상이다.

답 ×

그냥 인공위성과는 달라!

한국항공우주연구원에 따르면 2020년을 기준으로 우주에서 지구를 돌고 있는 전세계의 인공위성은 2,666개라고 합니다. 뿐만 아니라 매년 150기가 넘는 위성들이 우주로 나가고 있죠. 인공위성은 지구의 자기장이나 기상을 관측하는 과학 연구용으로 쓰이기도 하고, 군사 정보를 수집하는 역할도 합니다. 또한 전자통신을 주목적으로 하는 위성들도 있는데요. 사실 기존에 운용되던 위성통신은 이용하려면 가격도 비싸고 속도도 빠르지 않으며 망을 구축하는데도 큰 비용이 소모되었습니다. 우선 인공위성을 하나 쏘아 올리는 데만도 어마어마한 돈이 들어가니까요.

이러한 단점을 보완하기 위해 고안된 것이 저궤도 위성통신입니다. 말 그대로 지상에서 200~2,000km인 지구의 저궤도를 도는 위성인데요. 낮은 궤도를 도는 만큼 데이터를 송수신하는 시간도 짧아지고, 지구를 더 빠르게 돌 수 있으며 통신망 운용에 소요되는 비용도 내려갑니다. 또 기지국이 지상이 아닌 하늘에 있어 어디서나 데이터 중계가 가능한데요. 다만 위성을 더 촘촘하게, 또 더 많이 배치해야 한다는 단점이 있긴 하죠.

그런데 일론 머스크가 설립한 미국의 우주기업 스페이스X는 2020년대 말까지 무려 4만 2,000개에 달하는 군집위성을 궤도에 올려 통신망을 구축한다는 계획을 내놓았습니다. '스타링크(STARLINK)'라고 불리는 이 사업을 진행하면서 스페이스X는 실제로 2022년 1월까지 약 1,800개의 저궤도 위성을 쏘아 올렸고, 미국을 비롯한 일부 국가에서 이미 통신 서비스를 제공하고 있습니다. 이들은 획기적인 방법으로 무수한 위성을 발사시키고도 비용을 절감할 수 있었는데요. 바로 재사용이 가능한 발사체를 개발한 덕분입니다.

통상 인공위성이든 탐사선이든 발사체 즉 로켓에 실려 우주로 나아가야 합니다. 그리고 로켓에서 분리되어 목적지로 향하게 되는 것이죠. 기존의 로켓은 위성을 분리한 뒤 버려졌지만, 스페이스X가 개발한 로켓 '팰컨 9(Falcon 9)'은 발사되어 위성을 궤도에 올린 후 다시 지구로 착륙할 수 있습니다. 무려 수직 착륙이 가능하다고 하는데요. 이 기술로 위성 발사에 따르는 비용을 절감할 수 있었죠. 스페이스X는 앞으로도 꾸준히 저궤도 위성을 올려 전 세계 어디서든 1Gbps의 통신 속도가 가능하도록 한다는 계획입니다. 한편 저궤도 위성통신이 향후 통신기술의 첨단화를 가능케 한다는 전망에 세계의 여러 기업들도 경쟁에 뛰어들고 있습니다.

🔍 정치 · 경제 · 사회 · **국제** · 문화 · 미디어 · **과학** · IT · 스포츠　　↑ 🗨 개 🖨

중국 우주정거장, 미국 스타링크 위성과 부딪힐 뻔

중국 우주정거장이 스페이스X의 스타링크 위성과 충돌을 피하려고 회피기동한 사실이 알려지면서 중국에서 일론 머스크에 대한 비난이 쏟아졌다고 로이터통신이 보도했다. 중국 측은 당시 안전상의 이유로 우주정거장이 예방적 충돌회피 제어를 수행했다고 밝혔다. 중국 네티즌들은 스타링크 위성을 미국의 우주무기라고 맹비난하며, 머스크의 우주사업으로 대가를 치르게 될 것이라고 주장했다. 머스크도 당시 충돌 가능성을 줄이기 위해 스타링크 위성의 궤도를 조정했다고 밝혔다. 스페이스X의 스타링크 위성 인터넷 사업은 **저궤도 소형위성**들을 쏘아 올려 지구 전역에서 이용 가능한 초고속 인터넷 서비스를 구축하는 사업이다. 스페이스X는 '셸(Shell)'로 불리는 5개의 궤도 위성망을 단계적으로 구축해 1단계 위성 인터넷 사업을 2027년 3월까지 완수한다는 구상이다.

출처 : 연합뉴스/일부인용

상식UP! Quiz

문제　**저궤도 위성통신망은 앞으로의 6세대 이동통신 기술의 핵심으로 평가받는다.**

〇 / ✕

해설　기존 5세대 이동통신(5G)보다 수십 배 더 빠를 것이라 알려진 6세대 이동통신(6G)은 그 데이터 이동량과 속도를 감당하기 위해 저궤도 위성통신망 구축이 필요할 것으로 전망됐다.

 답 〇

이제는 5G를 넘어 6G의 시대!?

현재 우리나라를 비롯한 세계 주요국은 2030년 이내 상용화를 목표로 6세대 이동통신, 즉 6G 연구개발에 몰입하고 있습니다. 무선통신에서는 데이터를 전파로 변조해 송출하고 이를 수신하는 측에서 복조해 원래의 데이터로 되살립니다. 주파수는 이 전파가 초당 진동하는 정도를 말하고 진동수가 많을수록, 다시 말해 주파수가 높을수록 더 많은 정보를 더 빠르게 전달할 수 있습니다. 다만 빠르게 진동하는 만큼 그 파장이 짧아 멀리 갈 수 없고, 직진성이 높아져 장애물에 쉽게 방해를 받습니다. 현재 5G는 밀리미터파(주파수 20~100GHz)를 사용하고, 향후 6G는 그보다 더 빠른 테라헤르츠(100GHz~10THz) 대역을 활용합니다. 따라서 고주파일수록 더 많은 기지국이 촘촘하게 설치돼야 안정적인 통화품질을 유지할 수 있죠.

가용주파수 범위가 테라비트에 도달하면서 이론적으로 6G는 5G보다 50배나 빠른 전송이 가능할 것으로 전망됩니다. 용량이 20GB(기가바이트)인 영화 한 편을 0.16초에 내려 받을 수 있는 것이죠. 뿐만 아니라 송수신 지연시간도 10배가량 단축될 것이라 알려졌습니다. 즉, 막대한 양의 데이터를 더욱 지체 없이 안정적으로 송수신할 수 있게 되죠. 이 같은 속도의 향상과 안정성은 특히 자율주행이나 로봇을 이용한 원격치료와 같이 즉각적인 데이터 송수신을 전제로 하는 첨단기술 분야의 발전을 앞당길 것이라 예상됩니다.

그러나 국내에서는 아직 기존 5G의 망 구축도 제대로 되지 않은 상황에서 6G 개발은 그저 뜬구름 잡는 논의에 불과하다는 의견도 있습니다. 현재 상용화된 5G의 통화품질에 대한 여론은 여전히 좋지 못한데요. 앞서 5G가 상용화될 당시 우리나라 통신 3사는 주파수를 할당받으며 2021년까지 총 4만 5,000개의 기지국을 구축하겠다고 약속했습니다. 그러나 2021년 11월 말 기준으로 통신 3사의 약속 이행률은 0.7%에 그쳤죠. 5G의 네트워크도 완벽히 구축하지 못한 상황에서 한층 수준 높은 기술력이 필요한 6G를 온전히 감당할 수 있을지 물음표가 떠오릅니다. 게다가 애초 5G가 상용화될 때 이야기했던 첨단미래기술도 현재로서는 가시적인 성과를 보이지 못했습니다. 당시에도 자율주행, 로봇, 드론 등 5G가 이뤄낼 신세계 같은 기술들이 홍보됐으나, 망 구축도 제대로 되지 않은 상황에서 여전히 국민들이 체감할 만한 변화는 가져오지 못했는데요. 때문에 고가의 5G 서비스가 그저 기업의 돈벌이 수단에 그친 것이 아니냐는 비판도 나오는 중입니다.

정치 · 경제 · 사회 · **국제** · 문화 · 미디어 · 과학 · **IT** · 스포츠

삼성 압도하는 유럽 · 중국 통신장비 … 6G 패권전쟁 가열

스페인 바르셀로나에서 개막한 모바일월드콩그레스(MWC)에서 노키아는 업계 최초로 관련 안테나 장비를 부스에 직접 설치하고 6G 네트워크를 실제로 구현해 보였다. 화면을 통해 가상으로 이동하던 차량이 현실 속 보행자 위치를 실시간으로 감지하고 충돌을 피하기 위해 이동을 멈추는 형태로 시연했다. 노키아 관계자는 "네트워크가 사물 위치를 정밀하게 감지해 직접 반응하는 것이 6G의 핵심"이라고 말했다. '세계 최초 달 통신 사업자'로서의 비전도 소개했다. 현재 노키아는 미 항공우주국(NASA) 파트너로서 달 표면에 4G LTE망을 구축하는 작업을 진행하고 있다. 달에 착륙할 로봇이 주변 환경을 파악하기 위해 데이터를 수집 · 처리하는 데 활용될 전망이다.

출처 : 매일경제/일부인용

상식UP! Quiz

문제 **모바일로 인터넷에 접속하고 멀티미디어를 감상하게 된 것은 2세대 이동통신이 등장하면서부터다.**

○ / ×

해설 2000년대 중반 3세대 이동통신이 등장하면서부터 모바일상에서 자유로운 인터넷 접속과 음악, 영상 등 멀티미디어를 감상할 수 있게 됐다.

답 ×

물티슈는 종이로 만들지 않아요

여러분은 물티슈를 자주 사용하나요? 손이나 책상, 식탁 등을 간단하게 닦아낼 수 있어서 흔히 쓰이는데요. 그런데 이 물티슈가 종이가 아닌 플라스틱으로 만들어진 다는 사실을 모르는 사람들이 많습니다. 물티슈는 부직포와 플라스틱의 일종인 '폴리에스테르'로 만들어집니다. 그래서 펄프로 제조되는 휴지와 달리 버려지면 썩는 데 수백년이 걸리죠. 더 큰 문제는 물티슈가 버려진 뒤 잘게 찢어지고 분해되면 '미세플라스틱'이 된다는 것입니다.

일반적으로 미세플라스틱은 크기가 5mm 이하인 플라스틱을 말합니다. 미세플라스틱은 제조될 때부터 작게 만들어지기도 하고, 플라스틱 제품이 폐기된 후 분해되면서 만들어지기도 합니다. 전자를 1차 미세플라스틱, 후자를 2차 미세플라스틱이라고 부르는데요. 피부의 각질을 제거해준다는 세안제나 치약에 들어가는 작은 알갱이(마이크로비즈)도 1차 플라스틱에 해당합니다. 이러한 것들은 사용 후 고스란히 하수도로 흘러가는데요. 크기가 작기 때문에 정제과정에서 걸러지지 않고 그대로 강·바다로 흘러갑니다. 나일론이나 폴리에스테르 같은 합성섬유로 만들어진 의류도 분해되면서 미세플라스틱이 됩니다.

바다에 유입된 미세플라스틱은 해양 생태계에 악영향을 끼치고 있는데요. 새나 물고기가 이를 먹이로 오인해 섭취하거나 토양에 쌓이면서 바다를 더럽힙니다. 산호초나 해조류의 생장을 방해한다는 연구결과도 나왔는데요. 더 심각한 문제는 우리가 마시는 물에도 섞여 들어갈 수 있다는 것입니다. 실제로 2021년에는 수도권의 상수원인 강원도 춘천시 의암호에서 무려 11억개에 달하는 미세플라스틱이 발견되기도 했죠. 이 미세플라스틱은 도로에 칠해진 페인트가 벗겨지고 물에 유입되면서 의암호에까지 흘러간 것으로 추측됐습니다.

또 식수뿐만 아니라 미세플라스틱에 오염된 수산식품을 통해서도 섭취하게 되니다. 실제로 2019년 세계자연기금(WWF)의 '미세플라스틱 섭취에 대한 연구'에 따르면 사람은 매주 2,000여 개의 미세플라스틱을 섭취하고 있다고 하는데요. 이는 플라스틱 카드 한 장 정도의 분량이라고 합니다. 그러니 우리는 매주 카드 한 장씩을 먹고 있는 셈이죠. 물론 이것이 너무 과장된 연구결과라는 주장도 있습니다만, 단순한 우려가 아니라 실제로 미세플라스틱이 지구와 우리 삶을 위협하고 있는 게 엄연한 현실입니다. 최근에는 미생물에 분해되는 플라스틱이 개발되어 포장재나 일회용 컵, 빨대 같은 가벼운 일상용품에 적용하는 연구가 진행되고 있습니다.

정치 · 경제 · **사회** · 국제 · 문화 · 미디어 · **과학** · IT · 스포츠

우리는 매일 미세플라스틱을 먹고 있다. 몰랐다고요?

배달 주문할 때 주로 사용하는 일회용기의 **미세플라스틱** 검출량이 다회용기보다 2.9~4.5배 많은 것으로 조사됐다. 한국소비자원(소비자원)은 시중에 유통되는 플라스틱 재질의 일회용기 16종과 다회용기 4종을 시험 평가한 결과 이같이 나타났다고 밝혔다. 소비자원에 따르면 일회용기의 경우 종류에 따라 1개당 1개~29.7개의 미세플라스틱이 검출됐다. 다회용기는 0.7개~2.3개의 미세플라스틱이 검출됐다. 소비자원은 미세플라스틱의 뇌 · 신경 질환 등 위해성은 아직 과학적으로는 밝혀지지 않았지만 선제적인 안전관리가 필요하다고 조언했다. 소비자원 관계자는 "배달 포장 시 일회용기 대신 다회용기를 사용하면 미세플라스틱 섭취를 줄일 수 있을 것"이라고 말했다.

출처 : 경향신문/일부인용

상식UP! Quiz

문제 2차 미세플라스틱은 제조될 때부터 5mm 이하의 작은 크기인 것을 말한다.

○ / ✕

해설 제조될 때부터 작게 만들어지면 1차, 플라스틱 제품이 폐기된 후 분해되면서 만들어지면 2차 미세플라스틱이다.

 답 ✕

사람은 우주도 더럽힌다?!

우주에도 쓰레기가 존재합니다. 물론 천체의 작용으로 자연스럽게 얻어진 가스나 여타 물질 같은 부산물이 아닙니다. 이 쓰레기 또한 인간이 남긴 것이죠. 우주쓰레기는 인류가 지구 밖으로 뭔가를 쏘아 올리기 시작하면서 생기기 시작했습니다. 중요한 것은 점점 더 많은 인공체가 지구 밖으로 나갈수록 인류의 우주 진출을 어렵게 만드는 아이러니한 상황이 만들어지게 된다는 겁니다.

알폰소 쿠아론 감독의 2013년 작 영화 〈그래비티〉를 보았나요? 포격된 위성이 남긴 잔해물이 우주망원경에 충돌하면서 우주에 표류하게 된 우주인의 이야기를 담고 있죠. 작품에서는 엄청난 속도로 공전하는 위성의 파편들이 총알처럼 우주인에게 날아들며 생명을 위협합니다. 이 파편들이 우주쓰레기라고 할 수 있는데요. 영화는 우주쓰레기의 위력과 그 피해에 대해서 잘 보여주고 있죠.

이렇듯 우주쓰레기에는 파괴된 위성의 잔해, 수명이 다한 위성과 그 부산물, 발사된 로켓이 분리되면서 남겨진 잔해 등이 포함됩니다. 아직은 지구 주변을 빼곡하게 둘러싸고 있는 것은 아니지만, 상황은 점차 심각해지고 있습니다. 이 공전하는 우주쓰레기들이 서로 충돌하면서 더 작은 크기로 조각나고 있기 때문입니다. 작은 돌멩이만한 파편도 공전으로 엄청난 운동에너지를 갖게 되면서 다른 인공물을 산산조각 낼 수 있습니다. 이런 파편들은 작아서 지상에서 요격하기도 어렵습니다. 우주쓰레기의 수가 더욱 늘어난다면 향후 우주 밖으로 나가는 것도 위험해지겠죠. 애써 만들어 쏘아 올린 로켓에 언제 어디서 우주 총알이 날아들지 알 수 없으니까요. 게다가 우주쓰레기가 중력에 이끌려 지상에 추락하면서 또 다른 위험이 되고 있기도 합니다. 현재도 꾸준히 지구 밖으로 뭔가가 나가고 있는 만큼 이 우주쓰레기를 해결할 방안을 빨리 찾아야 합니다. 과학자들은 거대한 그물망을 우주에 펼쳐 쓰레기를 수거하는 방안이나 쏘아 올린 위성을 이용해 쓰레기를 더 먼 우주로 날려 보내는 방법을 고안하고 있습니다.

지구 궤도는 인공위성 포화 상태

우주에서도 '쓰레기대란'이 벌어지고 있다. 지구에서 쏘아 올리는 인공위성의 수가 기하급수적으로 늘어나면서. 이제는 미국, 러시아 등 일부 강대국들뿐만 아니라 일론 머스크가 이끄는 스페이스X 등 민간 우주기업들도 앞 다퉈 인공위성을 발사하고 있다. 인기가 많은 궤도들은 이미 포화상태에 이르렀고 고장이 나거나 수명이 다한 위성들은 **우주쓰레기**로 전락한다. 최근 미국의 지구관측위성이 한반도 인근에 추락할 수 있다는 경계경보가 발령되면서 많은 사람이 처음으로 우주쓰레기의 위험성을 체감했다. 최은정 한국천문연구원 실장은 30년 가까이 우주쓰레기를 연구해오며 국내에서 이 문제를 가장 먼저 공론화한 우주과학자이기도 하다. 그는 우주를 둘러싼 전 세계 각국의 경쟁이 치열해질수록 우주쓰레기 문제가 심각하게 대두할 것이라고 전망했다.

출처 : 세계일보/일부인용

상식UP! Quiz

문제 우주쓰레기는 시간이 흐르면서 점차 감소하는 추세다.

해설 우주공간에 파괴된 위성의 잔해, 수명이 다한 위성과 그 부산물, 발사된 로켓이 분리된 후 남겨진 잔해 등이 많아지면서 우주쓰레기도 함께 늘어날 것이라 전망된다.

답 ×

안전과 효율, 두 마리 토끼를 잡아라!

현재 우리가 사용하는 스마트폰이나 전기차, 전기자전거에 주로 쓰이는 배터리는 2차 배터리인데요. 2차 배터리는 화학배터리의 일종으로 배터리 내부의 화학반응을 이용합니다. 2차 배터리는 방전된 후 충전하여 재사용이 가능하도록 만들어졌습니다. 이 2차 배터리 가운데서도 주로 사용되는 것은 '리튬이온배터리'인데요. 리튬이온이 전지의 양(+)극과 음(-)극을 이동하면서 일어나는 화학반응을 이용해 전기를 방출하고 충전하게 됩니다. 양극에서 음극으로 이동하면 충전되고 그 반대가 될 때 방출되면서 외부에 에너지를 공급하죠. 리튬은 금속원소 가운데 가장 가볍고 전압발생효율이 좋아 현재까지 애용되고 있습니다.

그런데 리튬이온배터리는 꾸준히 안전성에 대한 지적을 받아왔습니다. 미디어에도 보도됐다시피 휴대폰에 탑재된 리튬이온배터리가 폭발하는 사고가 종종 있었죠. 최근에는 전기자동차도 배터리에 화재가 발생하는 사건이 잇따르면서 안전성에 관한 문제가 도마에 올랐습니다. 배터리의 어떤 부분이 문제인지 정확한 화재원인을 규명하는 데도 어려움을 겪었죠. 설상가상 2022년 10월 카카오톡 먹통대란의 원인으로 지목된 판교 SK C&C 데이터센터의 화재 또한 리튬이온배터리에서 유발된 화재 때문이라는 분석결과가 나오면서 우려는 더 커졌습니다.

이 때문에 리튬이온배터리를 대체할 차세대배터리에 관한 개발논의에도 불이 붙었는데요. 그 가운데 거론되는 것이 '전고체배터리'입니다. 전고체배터리는 배터리 내부에 차 있는 전해질을 액체 대신 고체로 만드는 것인데요. 전해질은 배터리 내부에서 이온이 양쪽 극으로 수월하게 이동하도록 돕는 역할을 하는데, 기존의 액체전해질은 배터리가 외부의 압력이나 열을 받으면 부풀고 폭발할 가능성이 있기 때문에 비교적 위험했습니다. 하지만 전해질이 고체일 경우 구조적으로 좀 더 안정되기 때문에 훼손되더라도 그 형태를 유지할 수 있죠. 다만 이온이 이동하기에는 고체보다는 액체를 타는 편이 더 유리하기 때문에 '이온을 저장하는 양극의 소재와 방출하는 음극의 소재를 어떻게 개선하느냐'가 또 하나의 숙제로 지목되고 있습니다.

물론 안전성만이 전고체배터리 개발목적의 전부는 아닙니다. 현재 차세대배터리는 시장을 한창 넓혀가고 있는 전기자동차의 핵심이기 때문에 경쟁력을 위해서는 저장용량을 늘리는 것 또한 매우 중요한데요. 전고체배터리는 기존 리튬이온배터리보다 크기가 작기 때문에 에너지 밀도를 높일 수 있고, 결과적으로는 자동차의 출력도 증가시킬 수 있습니다.

🔍 정치·경제·사회·국제·문화·미디어·**과학**·IT·스포츠　　⬆ 🗩 가 🗐

차세대 전기차 배터리 내구성 3배 올렸다

국내 연구팀이 리튬메탈전지의 내구성을 3배 향상시키는 기술을 개발했다. 리튬메탈전지는 현재 전기차 배터리로 쓰이는 리튬이온전지보다 이론상 10배 높은 용량을 갖고 있어 **차세대배터리**로 주목받는다. 이성호 한국과학기술연구원(KIST) 연구팀은 리튬메탈전지의 내구성을 대폭 끌어올렸다고 밝혔다. 리튬메탈전지는 차세대 전기차 배터리로 주목받고 있지만 충·방전 중 리튬 표면에 결정돌기가 생성되면서 분리막을 찢는 현상이 일어난다. 분리막은 배터리 내부의 양극과 음극이 접촉하지 않도록 하는 절연소재의 얇은 막으로 배터리 안전성과 직결된다. 연구팀은 결정돌기가 생성되는 현상을 잡았다. 리튬메탈전지의 음극소재로 쓰이는 구리 박막을 얇은 탄소섬유로 대체했다. 탄소섬유는 종잇장 같은 형태로 탄소 단섬유 위에 무기 나노입자인 비결정질 탄소와 탄산나트륨으로 표면 처리를 한 것이다.

출처 : 동아사이언스/일부인용

상식UP! Quiz

문제　전고체배터리는 배터리 내부에 차 있는 전해질을 고체로 만드는 것이다.

　　　　　　　　　　　　　　　　　　　　　　　　　ㅇ / ✕

해설　전고체배터리는 배터리 내부의 전해질을 액체 대신 고체로 만드는 것이다. 액체 전해질에 비해 안정적이고 폭발 위험이 적다

　　　　　　　　　　　　　　　　　　　　　　　답 ○

지구온난화? 이제는 지구열대화!

"지구온난화를 넘어 지구열대화(Global Boiling)의 시대가 도래했다." 안토니우 구테흐스 유엔 사무총장이 지난 2023년 7월이 역대 가장 더운 7월로 기록될 것이라는 관측결과를 전하며 한 발언입니다. 지구가 단순히 따뜻해지는 것을 넘어 한마디로 '펄펄' 끓고 있다는 의미인데요. 점점 막심해지는 기후변화 양상을 살펴보면 구테흐스 사무총장이 전한 기록은 머지않아 우습게 깨질 것 같습니다. 우리 또한 봄과 가을이 그저 스쳐지나가는 것을 피부로 느끼고 있죠. 본래 사계절이 뚜렷한 온대성 기후였던 우리나라도 동남아시아 같은 아열대 기후로 변화하고 있다는 분석이 제기됐습니다.

이렇듯 기후변화가 이끌어내는 이상기후가 전 지구를 흔들고 있는데요. 2024년 7월 세계 최대규모의 선거를 치른 인도에서는 최고기온이 무려 43℃에 육박하는 폭염이 기승을 부리면서 투표율이 이전 선거보다 3~4%포인트가량 떨어졌습니다. 뉴스앵커가 생방송 중 실신하는 일도 있었죠. 그런가하면 비슷한 시기 아프리카 케냐와 남미 브라질, 중국에서는 전례 없는 폭우로 수많은 이재민이 발생했습니다. 중국 광저우에서는 영화에나 등장할 법한 토네이도가 4개 마을을 덮쳐 80여 명이 다치고 2,800여 채 건물이 붕괴됐습니다.

이른바 이러한 '극한 날씨'가 지구촌 곳곳에서 발생하고 있는데요. 극한 날씨는 급작스런 폭우, 홍수, 한파처럼 길어야 2~3일가량 지속되는 극단적 기후현상을 뜻하는 용어죠. 예측하기 힘든 이러한 이상한 기후현상은 큰 피해를 일으킵니다. 우리나라에서도 2024년 7월 한 순간에 지역을 물바다로 만드는 극한호우가 충남과 전라지역을 강타하면서 극심한 피해를 입었죠. 기후과학자인 캐서린 헤이호 텍사스 공과대 교수는 "지구온난화라는 용어가 이제는 시대에 맞지 않다"며 "요즘은 사는 곳마다 날씨가 이상해지고 있으므로 지구이상화(Global Weirding)라고 부르는 것이 더 적합할 것"이라고 경고했는데요. 전문가들은 극한 날씨의 피해를 줄이기 위해서는 도시 정비작업 등이 필요하다고 강조합니다. 전 세계 도시 대부분이 20세기에 설계되어, 당시의 기온과 강수량 변동 폭을 넘어선 재난에 취약하다는 지적입니다.

정치 · 경제 · 사회 · **국제** · 문화 · 미디어 · **과학** · IT · 스포츠

"지구가 끓고 있다 … 온난화 끝, 열대화 시대" 경고

"지구온난화(global warming)의 시대는 끝났다. 이제 **지구열대화**(global boiling)의 시대가 도래했다." 안토니우 구테흐스 유엔 사무총장은 "2023년 7월이 역사상 가장 더운 달"이라는 세계기상기구(WMO)의 분석을 토대로 이같이 경고했다. 구테흐스 사무총장은 이어 "현재 기후변화는 공포스러운 상황이지만 시작에 불과하다"고 덧붙였다. 실제로 아시아, 북미, 유럽 등 세계 곳곳이 이상고온으로 들끓고 있다. 미국에서는 일부 도시들의 기온이 50도를 넘나드는 등 기록적인 폭염이 이어지자 연방정부 차원에서 폭염경보 조치를 발령했다. 유럽 남부와 아프리카 북부 등 지중해 지역은 열파(熱波 · 장기간 폭염)와 산불로 몸살을 앓고 있다. "지구온도가 급격히 상승하는 추세의 일부"라는 분석이 나온다.

출처 : 동아일보/일부인용

상식UP! Quiz

문제 '극한 날씨'란 기록적인 폭우, 한파, 폭염 등이 7주일 이상 장기간 지속되는 극단적 이상기후를 말한다.

해설 극한 날씨는 급작스런 폭우, 한파 등의 이상기후가 길어야 2~3일가량 지속되는 극단적 기후현상을 뜻하는 용어다.

답 X

적당히 먹으면 괜찮아요

2023년 7월 14일 세계보건기구(WHO) 산하 국제암연구소(IARC) 식품첨가물합동전문가위원회(JECFA)가 인공감미료 중 하나인 아스파탐을 '발암가능물질 2B'로 분류했습니다. 2B군은 '암을 유발할 가능성이 있다'는 의미입니다. 그러나 인체 및 동물실험을 통해 그 가능성이 충분히 입증되지는 않은 경우 지정되죠. 2B군에는 김치와 오이피클 같은 절임음식도 포함됩니다.

그런데 IARC에서 아스파탐을 발암물질로 분류한다는 소식이 들리면서 식품산업, 보건계는 충격에 휩싸였습니다. 아스파탐이 최근 유행하는 '제로슈거' 음료나 술, 껌, 아이스크림 등 일상에서 흔히 접하는 음식에 널리 사용되고 있기 때문이죠. 인공감미료는 설탕보다 훨씬 더 적은 양으로도 설탕의 몇 백배에 달하는 단맛을 낼 수 있는데요. 그런 반면 칼로리는 거의 없는 비영양물질입니다. 그렇기 때문에 당뇨와 비만을 일으키는 설탕의 대체제로서 각광을 받았는데요. IARC에서 인공감미료를 발암가능물질 2B군으로 분류하긴 했지만, 사실 학계에서는 아스파탐 등 인공감미료와 암 발병과의 인과관계가 확실히 증명된 바 없다고 말하죠. 전문가들은 2B군 정도면 일상적으로 섭취해도 크게 위험하지는 않다고 합니다. 아스파탐의 경우 당장 먹으면 안 된다는 수준은 아니라는데요.

또 JECFA에선 아스파탐의 일일섭취허용량을 40mg으로 지정했는데 우리나라 사람은 그 양의 1%도 먹지 못하는 수준이라며 같은 2B군인 김치와 젓갈처럼 먹어도 무방하다고 합니다. 식품의약품안전처 역시 국내 아스파탐 섭취 수준은 해외에 비해 상당히 낮은 수준이라며 35kg인 어린이가 다이어트 콜라(250ml · 아스파탐 함유량 43mg 기준)를 하루에 33캔 이상 마셨을 때야 허용치를 초과한다고도 말했죠. 그러나 이러한 위해 수준과는 관계없이 식품업계는 아스파탐의 대체제를 찾는 등 대책마련에 분주한 모습입니다. 아무래도 발암가능물질이라는 용어에 소비자들은 민감할 수밖에 없기 때문이죠.

'아스파탐 안전 논란', 빈자리 채운 인공감미료는?

제로 열풍과 함께 인기를 끌던 아스파탐이 유해성 논란으로 주춤하는 사이 다른 **인공감
미료**가 빈자리를 채우고 있다. 식음료업계에 따르면 아스파탐 대신 사카린나트륨, 아세
설팜칼륨, 수크랄로스 등이 제로 열풍을 이어가고 있다. 그렇다면 사용량이 늘어난 다
른 인공감미료들은 안전할까. 우선 사카린나트륨은 발암물질이라는 오명을 벗었다. 사
카린나트륨은 1970년대 캐나다 보건연구소에서 쥐의 종양을 발생시킨다는 연구결과를
발표해 사용이 금지됐다. 하지만 1995년 유럽식품안전청은 재평가 결과 "캐나다의 실험
은 오류이며 사카린나트륨은 인체에 암을 유발하지 않는다"고 발표했다. 이후 2000년
국제암연구소는 사카린나트륨을 발암물질 목록에서 제외했고 현재 100개국 이상에서
감미료로 사용하고 있다.

출처 : 뉴시스/일부인용

상식UP! Quiz

문제 국제암연구소가 정한 '발암가능물질 2B'군은 '암을 유발할 가능성이 과학적으로 입
증됐다'는 의미다. ○ / ×

해설 발암가능물질 2B군은 '암을 유발할 가능성이 있다'는 의미로, 아직 인체 · 동물실험에
의해 충분히 입증되지 않은 상태다.

답 ×

신문으로 공부하는 청소년
말랑말랑 시사상식

CHAPTER 08

Hot People

098 젠슨 황

AI광풍의 최대수혜자

2024년 6월 미국의 반도체기업 '엔비디아(NVIDIA)'가 '마이크로소프트'와 '애플'을 제치고 전 세계 시가총액 1위에 올라섰다는 소식이 들렸습니다. 3조 3,350억달러, 우리 돈으로 약 4,600조원을 기록했는데요. 게임용 그래픽카드로 유명했던 이 기업이 세계 시총 1위로 등극한 데는 역시 공동창립자이자 CEO인 '젠슨 황'의 역할이 컸다고 할 수 있습니다.

대만계 미국인인 젠슨 황은 미국 실리콘 밸리의 1세대 반도체 기업인 AMD에서 엔지니어로 일했습니다. 그러다 1993년 동료들과 함께 엔비디아를 창립했는데요. 초기에 엔비디아는 PC용 시스템반도체를 생산했지만, 비디오게임 시장의 성장에 주목한 젠슨 황은 그래픽 칩셋(GPU ; Graphics Processing Units) 개발로 눈을 돌렸습니다. 그럼으로써 엔비디아는 고성능의 그래픽카드를 제조하는 기업으로 이름을 알렸고, 1999년에는 나스닥에도 상장됩니다.

젠슨 황은 이 그래픽카드의 범용성을 높이는 시도를 했는데요. 이 선택이 엔비디아의 대성공에 결정적인 역할을 했다고 평가됩니다. 그는 GPU를 단순한 그래픽처리만이 아닌 컴퓨터의 중앙처리장치인 CPU의 기능을 대신해 빠른 데이터 연산을 할 수 있는 범용계산장치로 발전시켰는데요. 이를 가능케 한 기술을 GPGPU(General-Purpose computing on Graphics Processing Units)라고 합니다. GPGPU는 머신러닝(기계학습)과 블록체인, 클라우드 등 현재 IT업계가 몰두하는 기술을 개발할 수 있는 강력한 무기가 되었죠.

2020년대에 들어서고 본격적인 인공지능(AI) 광풍이 불면서 인공지능에 관심이 있는 기업이라면 엔비디아의 GPU는 없어서는 안 될 필수상품이 되었습니다. 엔비디아는 AI칩 시장을 선점했고, 수요가 공급을 초과하면서 엔비디아 칩 가격도 급등했는데요. 덤으로 가상화폐 열풍이 불자 가상화폐 채굴을 위해 많은 이들이 엔비디아의 그래픽카드를 사들이면서 품귀현상이 일어나기도 했죠. 전 세계가 인공지능과 반도체 경쟁으로 뜨거운 지금, 젠슨 황은 세계에서 가장 주목받는 CEO가 되었습니다. 그는 AI칩 시장에서 엔비디아의 독주를 공고히 하겠다고 밝혔는데요. 칩뿐 아니라 데이터센터와 자율주행 등 엔비디아의 매출창구를 다각화할 수 있는 투자를 향후에도 아끼지 않겠다고 말했습니다.

🔍 정치 · **경제** · 사회 · **국제** · 문화 · 미디어 · 과학 · **IT** · 스포츠　　⬆ 💬 가↗ 🖨

최태원 "엔비디아, 2~3년 내엔 적수 없다"

최태원 SK그룹 회장은 제47회 대한상의 제주포럼에서 참석해 최수연 네이버 대표이사와의 'AI 시대. 우리기업의 도전과 미래비전' 토크쇼에서 "짧은 미래 안에 엔비디아의 아성이 부서지지는 않을 것 같다"며 "2~3년 내에는 적수가 없을 것"이라고 말했다. 엔비디아는 당초 그래픽처리장치(GPU)를 잘 다루는 기업이었고, AI 시대를 맞아 이를 더 발전시켜 아성을 굳건히 했다는 판단이다. 단 2~3년 이후에는 여러 시나리오가 있을 수 있다고 판단했다. 한편 최 대표는 최근 **젠슨 황** 엔비디아 CEO와의 미팅에서는 빅테크들이 AI 기술 패권을 주도적으로 가져가는 환경에서 각 기업만의 전략. 틈새시장에 대해 논의했다고 말했다. 최 대표는 "각 국가마다 하나하나 AI모델을 갖는 게 중요하겠다는 말을 했다"며 "나라마다 다르게 적용할 수 있는 소버린AI에 대해 논의했고, 젠슨 황 CEO도 이 부분을 이해했다"고 전했다.

출처 : 뉴시스/일부인용

상식UP! Quiz

문제 GPU는 컴퓨터의 '뇌'에 해당하는 중앙처리장치로 컴퓨터 운영체제에 필요한 명령을 실행한다.

　　　　　　　　　　　　　　　　　　　　　　　　　　　 ○ / ×

해설 GPU는 컴퓨터의 그래픽처리장치로 병렬로 작업을 수행해 빠른 연산이 가능하다.

- -

답 X

검찰총장 출신의 대통령

2024년 윤석열정부가 출범 3년차를 맞게 됐습니다. 검찰총장 출신인 윤석열 대통령은 공정과 상식을 바탕으로 자유민주주의를 끊임없이 강조해왔는데요. 그러나 출범 직후부터 국정운영은 갖가지 잡음으로 삐걱거렸습니다. 취임 전부터 논란이 된 부인 김건희 여사의 도이치모터스 주가조작 의혹과 최근엔 명품가방 수수 의혹이 이어졌고, 2022년 미국순방 중 대통령 비속어 논란 등 많은 사건사고가 발생했습니다. 정부와 관련된 의혹보도를 명확한 검증 없이 종종 '가짜뉴스'라고 치부하는 등 언론과의 갈등도 많았죠. 야권과의 소통과 협치는 거의 실종되었습니다.

윤석열정부가 들어서며 우리의 외교노선에는 큰 변화가 있었는데요. 크게 보면 한미안보동맹과 한미일 공조를 강화해 북한과 중국, 러시아와 대치하는 태도를 취하고 있죠. 한미일 세 정상은 지속적으로 만나 북핵 위험에 맞서고 유사시 서로 군사적 도움을 주고받는 협력관계를 단단하게 굳혔습니다. 그러나 미국 대 중국·러시아라는 신냉전 구도에 우리나라가 적극적으로 끼어드는 것에 우려하는 시선도 많습니다. 우리는 지정학적으로 휴전 중인 북한을 머리에 이고 있고, 중국·러시아와도 밀접하죠. 중국은 무역시장에서 우리의 최대 교역국이기도 하고요. 많은 전문가들은 미국 등 우방국과 외교관계를 돈독하게 하는 것도 좋지만, 동시에 북중러와의 외교적 문을 완전히 걸어 잠가서는 안 된다고 지적했습니다.

또 윤석열정부는 그동안 경색됐던 한일관계를 회복하는 데도 힘썼는데요. 그럼으로써 2019년 일본정부가 우리 측에 단행한 수출규제를 중지하는 등 무역분쟁을 종결하고 한일셔틀외교를 복원하는 성과를 얻었습니다. 그러나 한편으론 일본에 지나치게 우호적인 '굴욕외교'를 편다는 논란도 일었죠. 2023년 3월 한일관계 정상화를 명목으로 내놓은 '일제강점기 강제징용 피해자에 대한 해법'에 일본의 진정성 있는 사과와 실질적 배상은 빠지게 되면서 피해자 측과 사회각계의 비판을 받기도 했고요. 또 일본이 숙원하고 공표했던 후쿠시마 제1원전 오염수 방류의 안전성을 나서서 홍보하려는 태도를 보여 많은 비판을 받았습니다.

2024년 4월 10일에는 윤석열정부의 중간평가라고 할 수 있는 제22대 국회의원선거가 열렸습니다. 이 선거에서 여당은 108석을 차지하며 개헌저지선인 101석을 겨우 넘겼는데요. 대통령과 정부의 불통과 독선, 갖은 의혹과 무능에 대한 국민의 실망감이 그대로 반영된 결과라는 평가가 나왔습니다. 급기야 정치평론가 사이에서는 '정권의 몰락'이라는 말까지 나왔는데요. 덕분에 정부의 국정동력은 심각한 타격을 입게 됐고, 윤 대통령은 집권 3년차에 때 이른 '레임덕' 위기에 처했습니다.

🔍 **정치** · 경제 · 사회 · 국제 · 문화 · 미디어 · 과학 · IT · 스포츠   ⬆ 🗩 가 🖺

검찰, '김건희 여사 명품가방 무혐의' 결론

윤석열 대통령 부인 김건희 여사의 명품가방 수수 의혹을 수사해온 서울중앙지검이 김 여사에 대해 '혐의 없음' 결론을 내렸다. 수사팀은 김 여사가 2022년 9월 최재영 목사로부터 받은 300만원 상당의 명품가방은 청탁의 대가가 아니라고 판단했다. 최 목사는 김 여사에게 김창준 전 미국 연방하원의원 사후 국립묘지 안장 등을 청탁했다고 밝혔다. 하지만 수사팀은 이런 청탁이 김 여사에게 전달되지 않았거나 실현되지 않았고, 윤 대통령 직무와 관련성이 없다고 봤다. 이에 따라 윤 대통령에게 신고의무가 없다는 것이다. 김 여사 행위를 처벌할 법률적 근거가 없다는 게 검찰 판단이지만 '봐주기'란 비판을 피해가기는 어려울 것으로 보인다. 김 여사에 대한 '비공개 출장조사', '총장 패싱' 등 수사과정에서 공정성 논란도 있었다.

출처 : 경향신문/일부인용

상식UP! Quiz

문제 윤석열 대통령은 취임 초에 용산 대통령실로 출근하며 기자들과 간단한 문답을 주고받는 (   )을/를 진행했다. 빈칸에 들어갈 말은?

해설 도어스테핑이다. 대통령 등 주요 인사가 정문을 드나들 때 취재진들과 간단히 현안에 대한 문답을 주고받는 것을 말한다.

답   도어스테핑

중동분쟁의 중심

베냐민 네타냐후는 이스라엘의 최장수 총리로 지난 2022년 총선에서 승리하면서 도합 16년이 넘게 집권하고 있습니다. 1988년 국회의원에 당선되며 정계에 진출한 네타냐후는 유대인 민족주의를 강조하며 팔레스타인에 대해 강경한 태도를 보이는 등 강경우파의 행보를 밟아왔습니다. 그는 1996년 노동당 '시몬 페레스'에 신승을 거두며 최연소 총리에 당선됐습니다. 그는 이후 한 차례 실각하긴 했지만, 2009년 총리직에 복귀했고 이후로 6선 연임에 성공하는데요. 그는 집권하는 동안 팔레스타인과의 평화협상을 중단하고, 팔레스타인에게 이스라엘을 공식적인 유대인 국가로 인정하라고 압박했습니다. 그러나 팔레스타인 지도자들이 이를 순순히 따를 리 없었죠. 네타냐후의 강경노선 속에 가자지구를 통치하는 하마스와 이스라엘 간의 크고 작은 유혈사태가 이어졌습니다. 2014년에는 가자지구 공습으로 많은 민간인 희생자가 발생하면서 국제적인 비판이 쏟아졌는데요. 특히 이란과의 대외정책으로 골머리를 앓고 있던 미국 오바마 행정부와 갈등을 빚었죠. 트럼프 행정부가 들어서서는 미국과의 사이가 긴밀해지기도 했지만, 가자지구와의 끊임없는 무력분쟁은 민간인의 희생을 야기하고 동시에 네타냐후에 대한 비판을 가중시켰습니다.

유혈분쟁뿐 아니라 네타냐후의 행보는 부패 스캔들로도 얼룩졌는데요. 2016년에는 뇌물과 사기 등의 혐의로 기소됐고, 2020년에는 총리로서 처음으로 재판정에도 섰습니다. 결국 2021년 이스라엘의 8개 정당이 결집한 '반 네타냐후 블록'이 연정 구성에 성공하면서, 네타냐후는 다시 총리직을 내려놔야 했습니다. 그러나 그는 "우리는 조만간 돌아옵니다."라며 재집권을 예고했는데요. 거짓말처럼 2022년 12월 극우파와 유대인 초정통파 세력을 끌어 모은 우파연정으로 총리 임기를 다시 시작하게 됐습니다.

그는 2024년 현재 중동분쟁의 중심에 선 인물입니다. 2023년 하마스가 이스라엘을 공습하면서 시작된 전쟁이 장기화되고 피해가 극심해지자 국제사회는 휴전을 촉구했는데요. 그러나 하마스 완전 소탕을 천명한 네타냐후는 '적에 대항해 일단은 단결해야 한다'며 이를 듣지 않았습니다. 지속된 전쟁은 결국 앙숙 이란과 무장세력 헤즈볼라까지 끌어들이게 됐죠. 사우디아라비아나 아랍에미리트(UAE) 등 우호 관계를 쌓아가던 중동국가들도 분쟁이 격화되면서 이스라엘과의 관계에 부담을 느끼게 됐습니다. 점차 미국을 비롯한 국제사회는 물론 이스라엘 내부에서도 네타냐후의 퇴진을 요구하는 목소리가 나왔는데요. 그가 집권을 이어나가기 위해 전쟁을 이용하고 있다는 비판도 쏟아졌습니다.

🔍 **정치 · 경제 · 사회 · 국제 · 문화 · 미디어 · 과학 · IT · 스포츠**   ⬆ 🖃 가 🖨

네타냐후, 미국 · 이란 화해 막으려 중동전으로 확전 노린 듯

이스라엘이 골란고원 축구장 폭격에 대한 보복으로 레바논 베이루트와 이란 테헤란을 공습해 헤즈볼라와 하마스의 최고위급 인사를 동시에 제거했다. 이번 공습은 이스라엘 입장에서는 앙숙인 이란이 대통령 취임식을 계기로 '저항의 축'에 속한 무장세력과 연대를 과시한 직후 단행돼 상징성이 더 크다. 많은 전문가들은 이번 공격을 이스라엘의 최후통첩으로 보고 있다. 시아파의 맹주이자 저항세력을 지원하는 이란에 대한 선전포고다. 팔레스타인 가자지구에서 벌이는 전쟁을 계기로 이란과 하마스, 저항의 축 세력을 뿌리 뽑겠다는 **베냐민 네타냐후** 이스라엘 총리의 원리주의 과욕이 담겼다는 설명이다. 다만 이스라엘만으로 버거운 상황이다. 이 때문에 중동전쟁의 판을 키우고 미국의 개입을 끌어내 이란을 제압하려는 '차도지계(남의 칼을 빌려 일을 해결함)'로 분석한다.

출처 : 서울신문/일부인용

상식UP! Quiz

문제 2023년 베냐민 네타냐후 총리는 이스라엘의 사법개혁을 추진해 성공시켰다.

　　　　　　　　　　　　　　　　　　　　　　　　　　　　　○ / ✕

해설 네타냐후는 입법부 · 행정부에 대한 사법부의 영향을 강화하는 사법개혁을 추진했다. 그러나 총리의 사법부 장악과 민주주의 훼손 논란이 불거져 시민들이 대규모 반대시위를 일으켰다. 결국 2024년 1월 이스라엘 대법원은 투표로 사법개혁안을 무효화했다.

답 ✕

시진핑 리더십, 중국은 독재로

시진핑 주석은 2012년 제18차 전국대표대회에서 총서기 및 당 중앙군사위 주석에 선출되어 당·정·군 3대 권력을 장악하였습니다. 처음 중국의 지도자가 되어서 언론에 등장했을 때 그는 온화한 이미지였으나, 취임 이후 부패와의 전쟁을 선언하며 "호랑이에서 파리에 이르기까지 지위고하를 막론하고 한꺼번에 척결해야 한다"며 고위층부터 차례로 단죄하였습니다. 그는 현재도 '당풍염정(黨風廉政, 기품 있는 당과 청렴정치)'을 내세우며 부정부패에 강경한 모습을 보이고 있습니다. 그런데 한편으론 이러한 부패 척결이 결과적으로 시 주석의 정적 세력을 제거하고, 1인 독주체제를 굳히게 한 첫 단추가 되었다는 시각도 있죠.

시 주석은 그동안 장기집권을 위한 과정을 차근차근 밟아왔는데요. 2018년 전국인민대표대회 3차 전체회의에서 개헌의 방향성을 제시하며 '국가주석 및 부주석 임기 2연임 초과 금지' 조항을 삭제했습니다. 그간 중국에서는 주석이 10년을 집권하고 권좌를 이양하는 것이 규정으로 이어져왔는데요. 시 주석의 임기가 끝나는 2022년을 넘어 그 이상의 집권을 겨냥한 것이죠. 그리고 이어진 전 인민 개헌투표에서 이것이 성사되었는데, 별도의 가림막도 없이 투표가 진행되어 국제사회에서 논란이 일기도 했습니다. 그는 또 중앙군사위원회를 비롯한 군권을 장악하고, 2021년 11월에는 중국 공산당 100년 역사를 결산하는 '제3차 역사결의'를 통해 마오쩌둥, 덩샤오핑에 이은 중국 공산당의 제3지도자 반열에 오르고자 했죠. 그리고 결국 2022년 10월 16일 제20차 공산당 전국대표대회 개막식을 열며 자신의 집권 3기 시작을 알렸습니다.

시 주석은 '신시대 중국 특색 사회주의'라는 통치철학을 천명했는데요. '샤오캉(小康)', 즉 모든 중국 인민이 풍족하고 편안한 생활을 누리는 사회를 실현하겠다는 것이 핵심입니다. 이를 위해 '공동부유'라는 개념이 등장하기도 했죠. 경제 성장과 함께 만연한 빈부격차를 해소하고자 제시한 것으로 부의 재분배를 강조하는 것인데,

이 때문에 중국의 거대 기업들은 많은 압박을 받았죠. 또한 시 주석은 이 통치철학을 장기집권의 명분으로 삼고자 하고 있습니다. 중국은 우리와도 밀접한 국가인 만큼 시 주석의 향후 정치적 노선과 집권행보가 크든 작든 영향을 미칠 것으로 보입니다.

🔍 **정치** · 경제 · 사회 · **국제** · 문화 · 미디어 · 과학 · IT · 스포츠   ⬆ 🗨 가 🖨

시진핑 방한의 한 가지 해법

지도자 우의를 다지려면 교류부터 해야 한다. 가장 좋은 건 상호 방문의 정상외교다. 이를 한·중 관계에 대입하면 윤석열 대통령이 방중하거나 **시진핑** 중국 국가주석이 한국을 찾는 것이다. 한데 코로나 사태가 진정되면 한국부터 찾겠다는 시 주석의 방한 계획은 감감한 상태다. 코로나는 핑계일 뿐 사드 사태 이후 양국 관계가 바닥이 어딘지 모를 정도로 추락하며 분위기가 뜨지 않는 게 진짜 이유일 거다. 그렇다고 윤 대통령이 먼저 중국을 찾는 것도 국내 정서상 쉬운 문제가 아니다. 어떻게 해야 하나. 우리 정부가 연내개최를 목표로 추진 중인 한·중·일 3국 정상회의가 돌파구가 될 수 있겠다. 2008년 시작된 3국 정상회담은 2018년 일본, 2019년 중국에서 열린 뒤 한·일 관계 악화와 코로나 사태 등으로 중단됐다. 올해 연다면 의장국은 한국으로 중·일 정상이 와야 한다. 이제까지 중국에선 총리가 참석해 리창 총리의 방한이 유력하다.

출처 : 중앙일보/일부인용

상식UP! Quiz

문제 중국에서 유행하는 '마오덩시'에는 마오쩌둥, 시진핑, 후진타오가 속한다.

o / ×

해설 마오덩시는 중국에서 유행하는 신조어로 마오쩌둥, 덩샤오핑, 시진핑을 말한다. 이는 시진핑이 이미 마오쩌둥이나 덩샤오핑과 같은 반열에 올랐다는 평가가 담겨 있다.

답 ×

돌아온 룰라 대통령

루이스 이나시우 '룰라' 다 시우바, 일명 룰라 대통령은 브라질의 제39대 대통령입니다. 그는 지난 2003년 제35대 대통령으로 당선되어 2006년 연임에 성공했고, 2022년 대통령 선거에서 승리해 3선을 이뤘습니다. 그는 2022년 10월 열린 브라질 대선에 노동자당 소속으로 출마해, 같은 달 30일 결선투표까지 가는 끝에 50.9%를 얻어 49.1%를 득표한 자이르 보우소나루 자유당 후보를 근소하게 물리쳤죠.

포퓰리즘 성향의 전임 보우소나루정부는 2018년 출범 이후 민주주의제도 위협, 코로나19 방역 실패, 빈부격차 심화, 아마존 열대우림 파괴 등으로 안팎의 질타를 받아왔습니다. 반면 룰라 대통령은 이전 2003~2010년 집권 당시 대규모 복지프로그램으로 빈곤율을 끌어내려 서민층의 희망으로 떠올랐습니다. 2017년에는 비록 대형 부패스캔들에 연루돼 정치적 어려움을 겪었지만, 당시 수사와 판결이 검사와 판사에 의해 편파적으로 진행됐다는 것이 드러나고 과거 유죄판결이 잇달아 '무효'로 돌아선 것이 가산점이 됐습니다. 다만 당선 이후 2023년 1월 보우소나루 전 대통령의 지지자들이 대선결과에 불복해 대규모 폭동을 일으키기도 했는데요. 지지자들은 수도 브라질리아의 의회에 난입해 기물을 파손하는 등 난동을 부렸습니다.

룰라는 초등학교도 졸업하지 못한 대통령으로도 유명합니다. 가난한 집안에서 태어난 그는 어릴 적부터 돈을 벌어야 했고, 금속을 가공하는 공장에서 일을 배웠는데요. 여기서 그는 불의의 사고로 새끼손가락을 잃기도 했죠. 이후 불합리한 노동환경에 문제의식을 느낀 그는 노동조합에서 활동하며 노동자의 권리보호를 위해 힘쓰는 등 노동운동에 투신했습니다. 그는 1980년 노동운동 동지들과 노동자당을 창당했고 1986년 연방하원의원 선거에서 당선되면서 정계에 진출했습니다. 그는 2003년 대통령으로서 첫 내각을 구성하며 자신의 정치철학인 이른바 '룰라주의'를 내세웠는데요. 브라질 국민의 가난을 뿌리 뽑기 위한 대규모 복지정책기조로서, 빈민에 대한 지원을 강화하는 것이 골자였죠. 아이들을 반드시 학교에 보낸다는 것을 조건으로 가족지원금을 지급하는 '보우사 파밀리아' 정책은 룰라주의의 꽃이라 할 수 있습니다. 이 정책은 그가 퇴임한 후 중단되었다가 2023년 다시 룰라가 집권하고 부활했죠.

한편 룰라의 재집권으로 중남미에 좌파정권이 물밀 듯 들어서는 '핑크타이드(Pink Tide)'가 재현됐는데요. 2018년 이후 중남미 경제 상위 6개국 중 브라질과 멕시코, 아르헨티나, 페루, 칠레, 콜롬비아 정권이 줄줄이 우파에서 좌파로 교체되면서 핑크타이드가 현실화됐습니다.

정치 · 경제 · 사회 · **국제** · 문화 · 미디어 · 과학 · IT · 스포츠

룰라, 아마존 개발 · 보호 · 빈곤퇴치 줄타기 '진땀'

브라질 대선에서 **루이스 이나시우 룰라 다 시우바** 후보의 당선이 확정됐을 때, 기후변화를 걱정하는 이들은 안도의 한숨을 쉬었다. 자이르 보우소나루 당시 대통령이 2019년부터 4년 동안 재임하면서 파괴한 아마존 열대우림을 룰라 당선자가 다시 보호해줄 것으로 기대했기 때문이다. 룰라 대통령은 이런 기대를 저버리지 않고 2030년까지 아마존 열대우림에서 불법벌목을 모두 중단시키겠다는 야심 찬 계획을 내놓았다. 브라질 정부는 룰라 대통령 취임 반년 만에 전년도 같은 기간보다 열대우림의 벌목이 3분의 1 남짓 줄어들었다고 밝혔다. 그러나 이런 초기 성과에도 룰라 대통령의 취약한 집권기반과 정책추진력 탓에 약속대로 아마존을 지켜낼지는 두고 봐야 한다는 목소리가 나왔다. 강력한 로비집단인 기업농 세력도 이러한 정책에 부정적이며, 아마존 지역의 개발 없이는 해당 지역의 빈곤을 해결하기 어려운 탓에 보호와 개발의 균형을 꾀해야 한다는 과제도 상존한다.

출처 : 한겨레/일부인용

상식UP! Quiz

문제 중남미 지역에 우파 정권이 다수 들어선 경향을 핑크타이드라 한다.   ○ / ×

해설 핑크타이드는 중남미 국가에 좌파성향 정권이 들어서는 경향을 말한다.

답 ×

21세기의 차르

러시아의 독재자 블라디미르 푸틴은 두 번의 대통령 재임(8년간) 뒤 메드베데프 대통령 정부의 총리로 4년간을 지낸 뒤 또다시 2012년에 이어 2018년 러시아 대통령 선거에 출마·당선되었습니다. 3선 연임을 금지하는 러시아 헌법을 우회하기 위한 꼼수라고 비판받았죠. 푸틴 대통령은 '21세기의 차르'라고 불립니다. '차르'란 과거 제정 러시아의 황제를 일컫는 말입니다. 이렇듯 러시아 대통령 블라디미르 푸틴은 강력한 카리스마로 러시아를 휘어잡았습니다.

옛 소련 국가보안위원회(KGB) 요원과 총책임자를 거쳐 러시아의 총리와 대통령을 오가며 강한 러시아를 추구하고 있는 그는 언론 통제와 야당 탄압을 하고, 국제적으로도 힘을 과시하고 있지만 친서민 정책과 경제성장에 힘입어 러시아 내 지지율은 40% 수준을 유지했는데요. 또한 푸틴은 사람들에게 자신은 강한 사람으로, 러시아를 회복시켰고 유럽·미국에 맞서고 있다고 강조하면서 러시아가 마침내 강국으로서 부활했다는 것을 호소하기도 합니다. 사이가 좋지 않은 국가의 지도자들과 만날 때 의도적으로 몇 시간씩 지각을 하는 면도 유명하죠. 이렇게 구소련 시절의 강한 영향력을 대외적으로 되찾겠다는 정책으로 러시아 국내에서는 전폭적인 지지를 받으며 4선에 성공했습니다. 2020년에는 개헌 과정에서 자신의 재임 경력을 백지화시켜 30년이 넘도록 집권할 수 있는 길을 마련하기도 했죠.

그러나 푸틴 대통령은 2022년 2월 감행한 우크라이나 침공으로 인해 전 세계적인 비판을 받고 있습니다. 명분 없는 무리한 침공이었다는 비판과 함께 무자비한 폭격으로 민간인 사상자가 속출하면서, 푸틴 대통령은 카리스마 있는 독재자에서 학살자로 변해가고 있습니다. 러시아 내에서도 전쟁에 대한 반대 여론이 높아져 반전 시위가 벌어지기도 했는데요. 미국과 유럽의 각종 경제 제재로 러시아 경제도 위기를 맞게 됐죠. 이에 대응해 푸틴이 유럽으로 가는 천연가스를 끊어버리면서 상황은 더 악화되었습니다. 전쟁의 여파는 전 세계로 뻗어나가서, 자원과 식량 부족 문제가 만연하고 물가는 급등하는 세계 경제 위기의 그림자가 드리웠습니다. 이렇듯 러시아의 우크라이나 침공은 푸틴 대통령을 넘어 러시아 역사상 최대의 실책으로 기록될 형국입니다.

🔍 **정치**·경제·사회·**국제**·문화·미디어·과학·IT·스포츠

격해지는 러-우 전쟁 ···
"푸틴, 이제 우크라와 대화 없다고 했다"

우크라이나의 러시아 본토 공격이 지속되고 있다. 볼로디미르 젤렌스키 우크라이나 대통령은 서방을 향해 다시 한 번 장거리 미사일 사용 제한을 풀어 달라 요청했고, **블라디미르 푸틴** 대통령은 "우크라이나와 더 이상 대화하지 않겠다"는 입장을 밝혔다고 전해진다. 전선에서의 전투도 치열해지고 있다. 세르게이 라브로프 러시아 외무장관은 현지 로시야-1 방송과 인터뷰에서 "푸틴 대통령은 쿠르스크 지역에 대한 공격, 침공 이후에는 우크라이나와 어떠한 대화도 불가능하다는 점을 매우 분명하게 말했다"고 밝혔다. 그 역시 러시아가 '우크라이나와 부분 휴전협상을 위한 회담을 비밀리에 추진했다'는 지난 워싱턴포스트(WP) 보도 내용을 일축했다.

출처 : 머니투데이/일부인용

상식UP! Quiz

문제 푸틴 대통령이 우크라이나 영토였던 것을 2014년 러시아 영토로 병합한 지역은 크림반도이다.

o / x

해설 푸틴 대통령은 2014년 우크라이나 영토였던 크림반도를 러시아 영토로 병합하고 우크라이나 동부지역에 대한 군사적 긴장을 고조시켰다.

답 o

재선 성공한 대통령, 다음 과제는 국민통합?

에마뉘엘 마크롱 프랑스 대통령이 2022년 4월 24일 치러진 대통령선거에서 극우 성향의 마린 르펜 국민연합(RN) 후보를 누르고 재선에 성공했습니다. 이로써 프랑스 역대 최연소 대통령이라는 기록에 이어 2002년 자크 시라크 전 대통령 이후 20년 만에 재선에 성공한 대통령이 됐죠. 그는 재선이 확실시되자, "이제는 한 진영의 후보가 아니라 만인의 대통령으로서 모두를 위한 대통령이 되겠다"며 국민통합을 역설했습니다.

그는 프랑스 전 대통령인 프랑수아 올랑드 정부에서 경제산업디지털부 장관으로서 2년여 재직하며 각종 우파 정책들을 추진했고, 경제활성화 차원에서 관광지구 내 상점의 일요일 및 심야 영업 제한을 완화하는 경제개혁법을 발표했습니다. 대선 출마를 위해 장관직을 사임하며 자신은 좌파도 우파도 아니라고 밝히며, 기존 정치에 맞서 민주혁명을 일으키겠다고 주장하였습니다. 취임한 이후에도 중도 통합에 대한 그의 전진은 강하게 추진되고 있다는 평가를 받아왔습니다. 2016년 4월 중도 성향의 정당인 앙 마르슈를 창당하고, 39세의 나이로 제25대 프랑스 대통령에 당선된 그에 대한 화젯거리는 연일 끊이지 않았습니다.

그는 대통령 취임 후 많은 정치적 개혁을 시도했습니다. 부유세를 폐지하고 해고를 유연화하는 등 친기업 정책을 펼치는가 하면, 실업급여 제한, 노조 혁파 등의 노동 개혁 정책을 펼치기도 했죠. 초반에는 이런 개혁에 대한 반발로 지지율이 10%대를 기록하는 등 정치적 위기를 맞기도 했습니다. 2018년에는 유류세 인상에 반발하여 일어난 '노란 조끼 운동'으로 곤혹을 치르며 인상 계획을 철회하기도 했죠. 그러나 그는 반발이 있을 때마다 '국민 대토론회'를 개최하여 국민을 설득하려고 했습니다. 이래저래 국내 현안은 복잡하게 돌아갔지만, 그는 비교적 코로나19 위기를 잘 넘겼다는 평가를 받았습니다. 또 실업률을 낮추는 등 경제활성화에 성공하고, 불안한 외교상황에서도 중재자로서 유연하게 입지를 다졌다는 평가도 받았습니다.

마크롱 "미국의 동맹이 곧 속국은 아니다"

에마뉘엘 마크롱 프랑스 대통령이 대만 문제에 있어서 유럽이 미국과 중국 중 어느 쪽도 추종해서는 안 된다는 발언으로 연일 외교가를 뜨겁게 달구고 있다. 중국방문을 마치고 프랑스로 돌아오는 비행기에서 미국 정치전문매체 폴리티코, 프랑스 경제전문매체 레제코 등과 인터뷰를 하면서 미국과 거리를 두는 듯한 입장을 밝힌 게 시작이었다. 마크롱 대통령은 당시 인터뷰에서 대만 문제를 "우리 일이 아닌 위기"라고 부르며 "최악의 상황은 유럽이 추종자가 돼 미국의 장단과 중국의 과잉대응에 맞춰야 한다고 생각하는 것"이라고 말했다. 미국 입장에서 불쾌할 수 있는 "추종자" 발언을 두고 유럽연합(EU) 안에서도 비판이 나오고 있지만 마크롱 대통령은 동맹이 곧 "속국"은 아니라는 더욱 강경한 표현을 들고 나왔다. 그는 "동맹이 된다는 것이 우리 스스로 생각할 권리가 없다는 것을 의미하지 않는다"며 이같이 말했다고 AFP 통신이 전했다.

출처 : 연합뉴스/일부인용

상식UP! Quiz

문제 '제거하다, 치우다'라는 의미의 프랑스어에서 유래한 것으로 구체제 · 인물의 청산을 뜻하는 단어는 무엇인가?

① 네포티즘 ② 나르시시즘
③ 마키아벨리즘 ④ 데가지즘

해설 데가지즘은 '제거하다, 치우다'라는 의미를 가진 프랑스어 'D´egager'에서 유래한 것으로, 구(舊)체제 · 인물의 청산을 뜻한다. 2011년 튀니지에서 23년간 독재한 벤 알리 정권의 축출을 요구한 시위에서 구호로 사용한 이후 각종 시위에서 종종 등장했다. 미국 시사지 애틀랜틱은 2017년 4월에 실시된 프랑스 대선에서 기존 유력 정당의 후보들이 탈락하고 '아웃사이더'라 불렸던 에마뉘엘 마크롱과 마린 르펜이 선전하면서 프랑스의 정치 지형이 바뀌고 있다고 분석하며 그 이념적 바탕을 '데가지즘'이라고 보았다.

 답 ④

21세기의 술탄

레제프 타이이프 에르도안 튀르키예 대통령이 2023년 5월 28일 대선 결선투표 끝에 재신임되었습니다. 그는 이로써 길게는 30년에 달하는 종신집권에 도전할 수 있게 됐는데요. 2018년 첫 취임한 에르도안 대통령은 이번 재선으로 2028년까지 추가로 5년 더 집권하게 됐습니다. 또한 중임 대통령이 임기 중에 조기대선을 실시해 당선되면 추가 5년 재임이 가능한 헌법에 따라 2033년까지도 집권할 수 있는 길을 열었죠. 이 경우 2003년 총리로 시작된 그의 집권기간은 30년까지로 연장됩니다.

의원내각제를 없애고 5년 중임의 제왕적 대통령제를 실시하는 이 같은 내용으로 헌법을 뜯어고친 이는 에르도안 바로 자신이었죠. 이 때문에 2017년 개헌 국민투표 당시에도 1인 지배체제가 민주주의를 훼손할 수 있다는 우려가 나왔습니다. 그런데 그는 앞서 2014년에도 총리 임기가 끝날 즈음 더 이상의 총리 연임이 불가능하자, 대통령 직선제로 개헌을 시도해 성공시켰는데요. 그는 튀르키예 역사상 최초의 직선제 대통령에 당선되며 집권을 이어갈 수 있었죠.

그는 기본적으로 이슬람 율법을 중요시하는 이슬람 원리주의와 권위주의를 표방하고 있습니다. 그는 튀르키예가 건국 당시부터 확립한 '세속주의'를 거부하는 스탠스를 취해왔죠. 2016년에는 이러한 기조에 반발한 군부가 군사쿠데타를 일으켰는데요. 러시아의 도움으로 가까스로 쿠데타를 진압하고 주동자와 연루된 세력을 대대적으로 숙청했습니다. 그리고 이 틈을 타 국민의 지지를 얻어 지지부진하던 제왕적 대통령제로의 개헌을 시도해 성공시킵니다.

그는 이렇듯 장기집권을 노리고 있지만 튀르키예의 경제와 내정 상황은 매우 좋지 못합니다. 그는 총리 시절에 비교적 튀르키예의 경제를 잘 이끌어 왔다고 평가받았습니다. 그가 2014년 직선제 개헌으로 대통령에 당선될 수 있었던 것도 국내총생산(GDP)을 집권 10년 사이 3배나 키운 공로를 인정받았기 때문입니다. 그러나 코로나19 팬데믹을 전후해 리라화 가치가 폭락하면서 튀르키예는 살인적인 물가상승에 허덕였죠. 게다가 2022년 발생한 대지진 당시에도 부실대응 논란이 터지면서 정치적 책임론이 불거졌는데요. 거기에 외교에서는 북대서양조약기구(나토, NATO) 소속임에도 친 러시아 기조에 나토 확장을 은근히 반대하는 움직임을 보이고 있어, 미국과 서방국가들의 골칫거리가 되고 있습니다. 그러나 이러한 악재에도 그는 재선에 성공했는데요. 이에 힘입어 그가 제왕적 대통령제 하의 권위주의 통치를 더욱 강화할 것이라는 예측이 지배적입니다.

🔍 **정치 · 경제** · 사회 · **국제** · 문화 · 미디어 · 과학 · IT · 스포츠 ⬆ 🗨 가 🖥

튀르키예, 에르도안 재선 후 기준금리 세 번째 인상

AP 통신에 따르면 튀르키예 중앙은행은 기준금리를 기존 17.5%에서 25%로 7.5%포인트 인상했다. 이는 **레제프 타이이프 에르도안** 대통령 재선 이후 3번째 기준금리 인상이다. 이 같은 조처는 지난 달 물가상승률이 전년 대비 47.83%에 달하는 등 그 전 월 39.5%에 비해 높아지면서 인플레이션 우려가 더욱 커진 데 따라 이뤄졌다. 에르도안 대통령은 이자받는 것을 죄악시하는 이슬람 교리에 따라 최근 수년간 살인적인 물가에도 금리를 인하하는 등 비정통적 경제정책을 고수했다. 이에 따라 리라화 가치는 30% 이상 하락했고, 여기에 대선을 앞두고 중앙은행이 리라화 방어에 나서면서 외환보유고 고갈현상이 더욱 심화했다.

출처 : 연합뉴스/일부인용

상식UP! Quiz

문제 **다음 중 국교가 이슬람교가 아닌 국가는?**
　　① 이란　　　　　　　　　② 예멘
　　③ 튀르키예　　　　　　　④ 파키스탄

해설 튀르키예에서는 이슬람교가 가장 영향력 있는 종교이기는 하나, 1928년부터 헌법상으로 국교를 정하고 있지 않다. 또한 정치와 종교를 분리하는 세속주의 중심의 국가로서 공식적인 이슬람 국가는 아니다.

 답 ③

올빼미파? 매파? 세계 경제대통령

미국의 대통령이 세계 대통령이라면 미국 연방준비제도(Fed)의 의장은 '세계 경제 대통령'이라고들 합니다. 미국의 달러 발행 권한, 지급 준비율 변경 권한, 기준 금리 변경 권한 등 세계 경제에 지대한 영향을 미칠 요소들에 대한 변경 권한을 갖고 있는 중책이기 때문입니다. 2018년 2월 연임에 실패한 재닛 옐런 전 의장에 이어서 트럼프 전 대통령에 의해 새롭게 임명된 인물은 바로 제롬 파월입니다. 조지 H. W. 부시 대통령 때 재무부 차관을 역임했고, 2011년 오바마 대통령 때 연준 이사로 선출된 인물입니다. 그는 공화당원이면서 민주당 정부 때 연준 이사직에 오른 특이한 케이스인데요. 당시 미국의 국가부채 한도 증액에 반대하는 공화당을 중간에서 잘 설득해 행정부에 동조하게 만든 공로가 있었기 때문입니다. 파월과 친분이 있는 리처드 피셔 전 댈러스 연방은행 총재는 그에 대해 "매파도 비둘기파도 아닌 현명한 올빼미파"라며 "양쪽의 의견을 끝까지 듣고 최선의 결론을 찾으려 한다"고 평가했습니다.

잠깐! 올빼미, 매, 비둘기… 뭘 말하는 건지 모르시겠다고요? 경제에 대해서 얘기할 때 이 새들은 각각의 경제정책을 선호하는 사람들에 자주 빗대어져 표현되는 동물입니다. 매파는 경기가 과열 조짐을 보이면 통화를 거둬들이고 물가를 안정시키려는 긴축정책을 선호하는 사람들을 말합니다. 반대로 비둘기파는 경기 부양을 위해 더욱 돈을 풀자는 완화정책을 선호하는 사람들이죠. 둘 사이에 있는 올빼미파는 두 방법 사이에서 중간적인 성향을 보이는 중도파들을 가리킵니다. 올빼미파 파월은 2021년 11월 바이든 대통령의 재신임을 받게 되었는데요. 인플레이션 우려가 커진 미국 경제를 안정적으로 회복시킬 수 있는 인물로서 다시 선택을 받았습니다. 그런데 2022년에 들어도 미국의 물가가 좀처럼 가라앉지 않자, 파월은 11월까지 무려 네 번의 '자이언트 스텝(기준 금리를 한 번에 0.75~1.00% 올리는 것)'을 감행하면서 매파 같은 행보를 보였습니다. 덕분에 우리나라를 비롯한 세계 각국도 강력한 긴축정책을 펼치게 되었죠.

파월 연준 의장 "연내 금리 인하 없다", 뉴욕 증시 출렁

제롬 파월 미국 연방준비제도 의장이 "시장이 금리인하를 예상하고 있다면 완전히 잘못된 것"이라며 연내 금리인하는 없을 것이라고 못 박았다. 파월 의장은 연방공개시장위원회 정례회의를 마친 뒤 기자회견에서 "우리는 계속 은행 시스템 여건을 긴밀히 모니터링할 것"이라며 "안전과 건전성을 유지하기 위해 필요한 모든 수단을 사용할 준비가 됐다"고 말했다. 실리콘밸리은행 파산으로 촉발된 중소 지역은행 위기설과 관련해선 "탄탄한 자본과 유동성을 보유한 우리 은행 시스템은 건전하고 강력하다"고 말했다. 파월 의장의 발언에 미국 증시는 출렁였다. 이날 뉴욕증시의 다우존스30 산업평균지수는 전장보다 530.49포인트 떨어진 3만 2,030.11에 거래를 마쳤다. 스탠더드앤드푸어스 500 지수는 65.90포인트 하락한 3,936.97에, 나스닥 지수는 190.15포인트 내린 1만 1,669.96에 장을 마감했다.

출처 : 경향신문/일부인용

상식UP! Quiz

문제 제롬 파월은 미국 오바마 대통령이 임명한 연방준비제도 의장이다. ○ / ✕

해설 제롬 파월은 미국 트럼프 대통령이 임명한 16대 연방준비제도 의장이다.

답 ✕

명실상부 현 세계 최고의 연예인

미국 시사주간지 〈타임〉은 '2023년 올해의 인물'로 팝스타 테일러 스위프트를 선정했습니다. 1927년부터 시작된 타임 올해의 인물에 연예계 인사가 자신의 본업으로 선정된 것은 처음이었는데요. 이전까지 선정된 다른 연예계 인물과는 달리 순수하게 팝스타로서 거둔 성공으로 선정된 겁니다. 〈타임〉은 그녀를 두고 "빛과 어둠으로 양분된 세계에 남은 유일한 단일 문화"이며 "지구상의 많은 사람들을 감동시켰다"고 평가했죠.

미국을 넘어 전 세계를 사로잡고 있는 테일러 스위프트는 이제 '하나의 현상'으로 자리 잡았습니다. 어린 나이답지 않게 컨트리 음악에 심취했던 스위프트는 2006년 데뷔 이후 금세 미국을 대표하는 정상급 싱어송라이터로 떠올랐습니다. 시간이 흐르며 컨트리에서 벗어나 팝의 영역까지 섭렵한 스위프트는 빌보드 앨범차트 역사상 가장 많은 연간 1위 자리에 올랐고, 앨범 판매량은 2억장을 돌파했습니다. 아울러 발표한 정규앨범 10장을 모두 성공시키는 등 전무후무한 기록들을 쓰고 있죠. 그래미 어워드, 빌보드 뮤직 어워드 등 미국의 주요 음악상도 쓸어 담고 있습니다.

스위프트를 하나의 현상이라고 이야기한 이유는 그녀가 팝을 넘어 국가경제 등 다양한 영역에 큰 영향력을 끼치고 있기 때문입니다. 미국 내 대학에서는 그녀의 이름을 딴 경제·심리학 강의가 개설되기도 했죠. 또한 그녀는 2023년 3월부터 '디 에라스 투어(The Eras Tour)'라고 이름 붙인 월드투어를 시작했는데요. 미국 도시 곳곳에서 공연을 열 때마다 수많은 팬들이 몰리면서 도시 지역경제가 일시적으로 활성화되고 물가가 상승하는 현상이 나타났죠. 이런 현상을 두고 스위프트(Swift)와 경제학(Economics)을 합친 '스위프트노믹스(Swiftonomics)'라는 신조어가 만들어졌습니다. 이 단어는 미국 연방준비제도의 경제동향 보고서인 '베이지북'에 등장하기도 했죠. 디 에라스 투어의 매출액은 대중음악 공연사상 최초로 10억달러를 넘어섰습니다.

미국뿐 아니라 영국에서는 스위프트의 투어가 일으킬 소비진작의 영향으로 영국 중앙은행이 기준금리를 인하하지 못할 수도 있다는 금융계 전망이 나왔습니다. 또 싱가포르에서는 정부에서 보조금까지 동원해 스위프트의 투어를 성사시킨 것으로 알려졌는데요. 스위프트의 공연으로 싱가포르의 1분기 국내총생산(GDP)이 0.2% 성장할 것으로도 기대됐습니다.

🔍 정치·**경제**·사회·**국제**·**문화**·미디어·과학·IT·스포츠

"영국 물가상승이 테일러 스위프트 때문?"

영국 소비자물가지수(CPI) 상승률에 미국 팝스타 **테일러 스위프트**가 영향을 끼쳤다는 분석이 나왔다. 영국 통계청(ONS)은 지난달 CPI 상승률이 연 2%로 집계됐다고 밝혔다. 이는 시장 전문가들이 예상한 1.9%보다 높은 수치다. 호텔 가격상승률은 전월 대비 8.8% 상승했다. 지난해 같은 기간 1.7%보다 5배 이상 높다. 이 때문에 서비스 부문 물가 상승률이 5.7%로 예상치(5.6%)를 웃돌게 됐다. 이를 두고 스위프트가 지난달 영국에서 '에라스 투어'를 진행한 것이 영향을 미쳤다는 해석이 나온다. 산제이 라자 도이체방크 영국 수석 경제학자는 "정확히 해석하긴 어렵지만 스위프트 효과가 일부 있었으나 다음 달에는 반전(하락)이 있을 것 같다"고 봤다. 그러나 스위프트 공연과 이번 물가상승이 무관하다는 지적도 나온다. ONS가 호텔 가격 데이터를 수집한 날짜를 전후해선 스위프트의 공연이 없었다. 또한 지난달 공연 부문 물가상승률은 7.3%로 전달(7.7%)보다 오히려 낮았다.

출처 : 매경이코노미/일부인용

상식UP! Quiz

문제 테일러 스위프트가 〈타임지〉의 올해의 인물로 선정된 것은 2023년이 처음이다.

ㅇ / ✕

해설 테일러 스위프트는 배우 애슐리 저드와 함께 '미투(Me Too)운동' 확산에 영향을 끼친 공로로 타임지 2017년 올해의 인물에 선정된 바 있다.

답 ✕

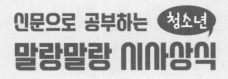

신문으로 공부하는 청소년
말랑말랑 시사상식

CHAPTER **09**

말랑말랑
토막상식

밥만 먹으면 꾸벅꾸벅

춘곤증과 식곤증

점심식사 후 맞는 오후의 첫 수업시간, 나른한 햇살과 적당한 포만감에 취한 몸이 선생님의 목소리를 자장가 삼아 책상과의 달갑지 않은 조우를 반복하던 일상. 성인이 되면 사라질까 했지만 노곤한 봄철이 되면 녹록치 않은 게 사실입니다. 한 취업 관련 포털사이트 조사에 따르면 직장인의 69.4%가 춘곤증을 고민하는 것으로 나타나기도 했죠. 때로는 우리를 괴롭게 만드는 이 졸음은 그저 우리가 정신력이 약하기 때문에 찾아오는 걸까요? 아니면 밥을 먹은 우리의 몸에 어떤 일이라도 일어나는 걸까요?

따뜻한 바람이 불어오는 봄날이 되면 자주 피곤해지고 오후만 되면 졸린다고 해서 춘곤증(春困症), 식사하고 나서 유독 몰려드는 졸음이라고 해서 식곤증(食困症)이라고도 불리는 달갑지 않은 졸음 증상을 우리는 으레 당연한 것, 누구나 그런 것이라고 가볍게 생각합니다. 건강한 사람의 경우에도 춘곤증이나 식곤증은 어김없이 겪는 일상이기 때문이기도 하지만, 졸음 자체를 나태하기 때문이라며 정신적인 문제로 치부해버리는 데 익숙하기 때문입니다.

식곤증의 원인은 여러 가지가 있는데, 먼저 음식에 들어 있는 트립토판이라고 하는 아미노산 때문입니다. 트립토판(Triptophane)이 인체에 흡수되면 세로토닌(Serotonin)으로 바뀌는데, 바로 이 세로토닌이 마음을 편안하게 해주고 긴장을 완화시킬 뿐만 아니라 일부가 행복호르몬이라 불리는 수면유도호르몬 멜라토닌(Melatonin)으로 바뀌면서 졸음을 불러오는 것이죠.

섭취한 음식을 소화하는 과정에서 졸음이 유발되기도 합니다. 음식물이 위에 들어가면 소화를 위해 위 근육으로 다량의 혈액이 몰려들면서 상대적으로 뇌로 가는 혈액량이 줄어드는데요. 이렇게 혈중 산소포화도가 낮아지면 뇌는 스스로 활동량을 줄이려고 하는데, 그 결과물이 잠입니다. 잠을 자 쉬려는 것인데요. 과식 후 하품이 쏟아지는 것도 같은 이유죠. 한숨 자고 나면 소화가 다 되어 버린 것처럼 느껴지는 것 또한 그냥 느낌이 아니라 뇌에 공급되었어야 할 혈액을 포식한 위가 열심히 제 역할을 했다는 증거입니다.

따라서 과식하거나 소화가 잘 안 될 때 잠이 온다고 지레 걱정할 필요는 없습니다. 걱정할 시간에 비타민과 무기질이 풍부한 채소와 과일들을 챙겨 먹으라고 의사들은 조언하는데요. 물론 과식이 아닌데도 2~3주 이상 증상이 계속된다면 병원을 찾는 게 좋습니다. 수면무호흡증·심한 코골이 등에서 오는 수면부족일 수도 있고, 간염·간질환·결핵 등에서 오는 만성피로일 수도 있기 때문입니다.

한편 식곤증은 춘곤증이란 명칭이 따로 생길 정도로 유독 봄철에 심합니다. 하지만 왜 그런지는 아직 정확하게 밝혀진 것이 없죠. 다만 의학계에서는 차갑고 건조하던 겨울 날씨가 갑자기 따뜻해지면서 외부의 온도와 습도에 큰 변화가 생기는 바람에 겨울에 적

응했던 신체가 새로운 환경에 적응하지 못해서 나타나는 자연스러운 증상으로 봅니다. 겨울보다 피부온도가 올라가면서 혈액순환의 양이 늘어나고 신진대사가 활발해지면서 비타민 B1을 비롯한 각종 비타민, 무기질 등 영양소의 필요량이 증가하는데 비타민이 상대적으로 결핍되었을 때 이러한 증상이 나타난다는 것입니다.

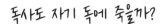

뱀독의 비밀

지구에는 사람이 사는 섬보다 살지 않는 섬이 더 많습니다. 그런 섬들 대부분은 식수로 쓸 물이 없거나 집을 짓고 살 만한 터전이 없을 정도로 척박하거나 작죠. 사방이 천애 절벽이어서 상륙 자체가 힘든 경우도 있습니다. 그런데 배를 댈 만한 해변도 있고, 작지만 샘도 있어 마실 물이 없지도 않음에도 무인도로 유지되는 섬이 있는데요. 1920년 부임해 온 등대지기와 그의 가족이 이주 일주일 만에 사망한 채 발견된 이후로 '살지 않는'이 아니라 '살 수 없는' 섬이 되어버린 곳입니다. 이들의 목숨을 앗아간 존재는 무엇일까요?

브라질 상파울로주 해변에서 약 33km 지점에 위치한 섬, '케이마다그란데'는 주인도 없지만 아무나 상륙할 수가 없습니다. 혹여 상륙한 사람이 있더라도 그를 맞는 건 '무단상륙을 강력히 금지한다'는 살벌한 팻말 뿐입니다. 섬주인 자리를 차지하고 있는 4,000여 마리의 보스롭스 인수랄리스라는 독사들 때문이죠. 섬의 1m³마다 서너 마리 꼴로 서식한다는 이 뱀의 길이는 7cm 정도밖에 되지 않지만, 그 독은 대륙의 뱀보다 무려 다섯 배나 강해서 사람의 피부를 녹여버릴 정돕니다. 설치류마저도 멸종해버린 섬에서 한 번의 공격으로 새들을 잡기 위해 독성이 강해졌다고 하는데요.

그런데 한정된 공간에 과밀한데다가 먹이마저 부족한 상황에 처한 생명체는 살기 위해 종족을 가리지 않고 공격하기 마련입니다. 인간도 다르지 않죠. 따라서 추운 지방의 동면하는 뱀을 제외하고는 대부분 단독생활을 하는 뱀의 특성을 고려할 때 1m³마다 서너 마리가 똬리를 튼 상황에서 먹이마저 부족하다는 것은 그야말로 극한상황입니다. 그런데도 여전히 그 개체수는 4,000마리가 넘는데요. 별난 종족애로 서로를 공격하지 않아서 일까요? 아닙니다. 그들의 독이 서로에게는 아무런 해가 되지 않기 때문이죠.

다른 종의 독사에게 물렸을 경우 해독에 어려움을 겪기도 하지만 죽기까지 하는 일은 드뭅니다. 면역력을 가지고 있기 때문인데, 이는 다른 뱀들도 마찬가지죠. 반면 성인을 15분 만에 사망에 이르게 하는 코브라는 오히려 남들 다 가진 그 면역력이 없어서 동종 간이라도 물리면 죽기도 합니다. 특이한 점은 혈관에 침투해 사망에 이르게 하는 뱀독이 위에서는 대부분 분해가 가능하다는 점인데요. 뱀독을 먹어서는 웬만하면 죽지 않는다는 말입니다. 뱀독의 유효성분인 펩타이드(단백질)가 여타의 단백질처럼 위와 장에서 분해되기 때문이죠. 분해, 즉 분자구조가 파괴되면서 독으로서의 위상을 잃고 일개 단백질 성분으로 전락하는 것입니다.

온종일 제 독을 삼키고, 또 제 독에 중독된 먹이를 먹으면서도 뱀이 독으로 인해 죽지 않는 이유도 이 때문인데요. 물론 충치라든가 구내염, 또는 입안에 상처가 있다면 독은 소화되기 전에 혈관으로 퍼져 본래 역할을 완벽하게 수행할 수 있습니다. 한편 뱀은 혀와 치아가 서로 맞물려 있는 구조여서 물 수도 없지만, 설사 제 독니에 찔린다고 해도 면역력 때문에 죽지 않습니다.

▲ 미켈란젤로의 〈아담과 이브〉(로마 바티칸의 시스티나 성당 천장화)

채소와 야채의 차이

우리가 쓰는 말 중에는 비슷한 뜻을 가진 것도 많고, 또 그런 말 가운데 잘못된 표현이라 착각하는 경우도 더러 있습니다. 특히나 한자어 문화권인 우리나라는 한자어로 된 단어와 순우리말인 단어들을 혼용하기 때문에 쓰임이 맞는지 틀린지 헷갈리는 때도 있죠. 예를 들어 야채와 채소, 남새 같은 단어가 있는데요. 자주 쓰는 친숙한 말이지만 어쩐지 상황에 따라서는 쓰임새가 다르게 느껴지기도 합니다. '야채'는 일본어에서 기원했다는 말도 있죠. 먹는 식물을 지칭하는 이런 단어들에는 어떤 차이가 있을까요?

상추, 아욱, 근대, 깻잎, 양배추, 오이, 가지, 호박, 셀러리 등을 아울러 이르는 우리말 푸성귀는 흔하게는 야채와 채소로, 더러는 남새로 저마다의 습관에 따라 다양하게 불립니다. 그 명칭들 사이에 특별한 구분은 없는데요. 의식적으로 다르다고 인식하고 있는 건 푸성귀와 남새와 달리 가장 널리 사용되는 야채나 채소가 한자어라는 것뿐입니다. 이들 넷 사이에 존재하는 미묘한 차이를 일상에서는 거의 구분하지 않기 때문이죠.

식물성 먹을거리 중에 굳이 나물로 구분하는 것도 있습니다. 그 이름에는 '재배하지 않는, 자연상태의 산이나 들에서 채취하는 것'이라는 의미가 내포되어 있는데요. 그런 의미에서 들(野)에서 나는 푸성귀(菜)라는 의미가 있는 야채와 동일한 것들을 가리키는 말로 이해할 수 있습니다. 과거 사람이 인위적으로 키우지 않았던 고사리니 달래니 냉이 같은 것들을 말합니다.

반면 채소(菜蔬)의 한자는 모두 '푸성귀'를 뜻합니다. 그래서 사람이 키워낸 농작물로 그 범위를 한정하기도 하죠. 문제는 이런 구분이 과거에는 몰라도 오늘날 상황과는 맞지 않는다는 것입니다. 과거에는 고사리나 취 등을 자

▲ 피터 에르센의 〈시장 풍경〉(1569)

연에서 얻었지만, 오늘날에는 대부분 경작을 통해 얻기 때문인데요. 따라서 이런 구분법에 따르면 마땅히 모두 채소여야 하지만 오랜 세월 굳어진 것을 바꾸기는 쉽지 않아 보입니다.

한편 야채(野菜)는 일본식 한자어라는 비판을 받기도 합니다. 결론부터 말하면 그렇게 보기는 어렵다고 할 수 있는데요. 일단 일본어의 야채를 뜻하는 '야사이(やさい)'가 우리의 야채와 같은 한자를 사용하기는 하지만 야채는 일본식 한자어가 아닙니다. 국립국어원도 야채의 어원자료가 없는데다가 일본식 한자어로 볼 만한 근거를 찾기 어렵다며 판단을 보류했고, 공식적으로 일본식 한자어로 규정하지 않았습니다. 무엇보다 〈조선왕조실록〉의 세종실록 55권 '세종 14년 3월 1일 경신' 첫 번째 기사에 이런 기록이 있습니다. "두루 군중에 타일러서 이름을 모르는 야채(野菜)를 먹지 못하게 했다(令 諭軍中 勿食野菜不知名者)." 독초를 먹고 죽은 병사에게 부의하고 부역·조세를 면제해준 후 잘 모르는 것(야채)은 먹지 말라고 했다는 것인데요. 결국 동북아 3국이 한자문화권이라는 것을 생각하면 한자가 같다는 것은 충분한 증거가 될 수 없습니다. '미운 놈 미운 짓한다'에 깔린 마음처럼 그냥 다 삐딱하게 보는 편견일 뿐….

▲ 〈채소밭〉 삽화(19세기)

황금보다 카카오!

우리가 즐겨먹는 초콜릿은 서양에서 온 것입니다. 그러나 초콜릿 또한 온전히 서양의 산물은 아닙니다. 중앙아메리카에서 기원한 것이죠. 초콜릿의 원료가 되는 카카오는 16세기 아즈테카 원주민들 사이에서는 화폐로도 사용됐다고 하는데요. 카카오는 평화롭게 살아가던 중미의 원주민 세계와 이들을 폭력으로 약탈한 서양 제국주의의 상징 중 하나입니다. 서양인들에게는 먹음직스러운 황금의 나라였던 아스테카. 그리고 이 아스테카에서 황금보다 귀했던 카카오는 어떻게 바다를 건너게 된 것일까요?

▲ 아스테카제국의 코코넛상인

16세기 중앙아메리카 대부분을 지배하고 있던 아스테카제국은 귀한 손님이 왔을 때 자신들이 생각하는 것 중 가장 귀한 것을 선물로 주었습니다. 1520년 에르난 코르테스가 이끄는 에스파냐군이 평화사절을 가장해 테노치티틀란에 왔을 때도 제국의 지배자 몬테수마 2세가 직접 나서서 두 팔을 벌려 환영하고 선물을 내주었습니다. 선물은 까맣고 작은 콩들이었죠. 한 달 후 코르테스들은 무기를 앞세워 제국을 집어삼킨 후 산처럼 쌓여 있을 황금을 고대하며 지하창고의 문을 열었습니다. 산처럼 쌓여 있는 자루들이 그들을 반겼죠. 그러나 지하창고 벽에 메아리치는 환희의 꼬리가 사라지기도 전에 그들은 절망했습니다. 그 자루 안에 있던 것은 2만 개에 달하는 예의 까만 콩이었습니다. 카카오콩이었죠.

▲ 코르테스에게 체포되는 몬테수마 2세

카카오콩은 카카오나무의 열매로 중앙아메리카가 원산지입니다. 3,000년 전부터 자생했는데, 원주민들에게 그것은 날개 달린 뱀 케찰코아틀이 땅에 내려와 사람들에게 준 신의 선물이었습니다. 그래서 그들은 출산 선물로, 성년식의 몸치장 염료로, 사후세계를 살아갈 망자의 무덤에 함께 넣어주는 중요한 부장품으로 귀하게 여겼는데요.

13세기에는 카카오콩으로 만든 음료에 바닐라향을 첨가해 황제와 귀족, 그리고 전사의 음료로 즐겼습니다. 이런 카카오가 유럽으로 건너간 건 몬테수마 2세 때로 잔인한 정복자 에르난 코르테스에 의해 제국이 몰락한 이후입니다. 하지만 대중적으로 알려진 것은 그로부터 100년이나 지난 뒤였죠. 설탕을 첨가한 카카오 음료, 즉 코코아의 달콤쌉싸름함에 매료된 아라곤왕국의 페란도 2세가 독점을 위해 카카오 공표를 법으로 막아버린 탓입니다. 이를 어길 시 대가는 사형이었죠. 결국 필리페 4세의 딸 마리아 테레사 공주가 루이 14세와 결혼하면서 프랑스로 코코아와 진득한 초콜릿을 가지고 간 1660년에야 유럽 전역에 알려지게 되었습니다. 그랬던 카카오콩이 코코아에서 벗어나 막대 형태의 딱딱한 초콜릿이 된 것은 1847년 영국 제과기업 '프라이 앤 선즈'가 코코아로 만든 버터에 초콜릿 용액을 섞어 만들어 출시하면서부터입니다.

▲ 카카오 열매

하이힐의 역사

17~18세기 프랑스 궁정을 묘사한 회화를 보면 그 화려함에 입이 떡 벌어집니다. 파리의 베르사유 궁전을 관람하다보면 지금도 콧대 높은 왕족이 살 듯 번쩍번쩍하게 살아 숨 쉼을 느끼죠. 그리고 그 시절 회화에 등장하는 왕족과 귀족 남성들은 대개 타이즈에 하이힐을 신고 있는데요. 일견 위엄 있고 화려해 보이지만, 한편 우리의 시각으로는 하이힐에 올라 탄 남성의 모습이 자못 우스꽝스럽게 보이기도 합니다. 이들은 왜 하이힐을 신었던 걸까요? 높은 신발을 통해 스스로의 지위도 드높음을 과시하고 싶었던 걸까요?

중세시대 유럽에는 위생에 대한 개념이 없어서 하수시설이 거의 없었고, 심지어 화장실도 따로 없었습니다. 그러다 보니 거리에는 사람이나 동물의 대소변이 흘러넘쳤고, 포장도로가 아니었던 탓에 비가 온 날의 흙길처럼 항상 대소변 진창이었죠. 없는 사람들이야 포기하고 살았지만, 귀족들은 옷을 버리지 않기 위해 특단의 조치를 생각해냈습니다. 바로 굽이 높은 신발이었는데요. 이런 신발은 귀족 남녀 모두에게 해당했는데, 신발 디자인에 더 까다로웠던 고객은 남성들이었습니다. 여성들은 드레스를 입어서 신발을 보이는 일이 적었기 때문이죠.

▲ 17세기 유럽의 귀족

굽이 높은 신발이 남성 귀족들에게 유용한 아이템이었다는 것은 패션에만 국한된 것은 아니었습니다. 말을 탈 때 굽을 등자에 걸치면 몸을 지탱하는 데 유용했던 것인데요. 미국 서부개척시대 카우보이들의 부츠굽이 중세 기사들의 굽에서 시작했다고 해도 과언이 아닙니다. 뒤굽이 높은 구두, 하이힐(High-heels)이 역사에 처음 등장한 것은 기원전 3500

년경으로 고대이집트 고위귀족들이 자신의 지위를 과시하기 위해 신었습니다. 반면 중세 때는 거리의 오물을 피하고 승마를 편하게 한다는 실용 때문에 신었죠. 이랬던 하이힐을 패션아이템으로 대중화시킨 공로는 프랑스의 태양왕 루이 14세에게 있습니다.

다섯 살에 왕이 된 루이 14세는 소년 시절 키가 유난히 작았고, 성인이 되어서도 160cm에 불과했습니다. 때문에 독일이나

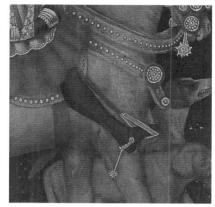
▲ 17세기 귀족들의 승마부츠

북유럽에서 온 키 큰 외국사절에게 느끼는 열등감을 30cm가 넘는 가발과 10cm가 넘는 하이힐로 만회하려 했죠. 그 후로 하이힐은 고위층만의 전유물로 부와 권력을 드러내고자 하는 욕망의 수단이 되어 유행을 이끌었습니다.

훗날 프랑스 대혁명 때 왕비 마리 앙투아네트는 단두대에 오르던 순간에도 하이힐을 신었습니다. 하지만 이 때문에 하이힐은 부패하고 타락한 왕실의 상징이 되었고, 혁명 이후 사람들은 대부분 하이힐에서 내려왔습니다. 그러나 자신을 과시하고 자존심을 세우고 싶어 하는 욕망은 여전해서 부유층 여성들의 드레스 속 패션으로 이어지게 되었는데요. 이런 이유로 근세 이후에는 육체노동을 할 필요가 없는 부유층 여성의 상징이 되기도 했습니다.

▲ 18세기 유럽 귀족의 하이힐

전기자동차

지금 세계 경제계의 화두는 단연 반도체와 전기자동차입니다. 특히 기후위기와 탄소배출저감과 맞물려 전기자동차는 하루가 다르게 각광받고 있고, 기업과 국가 간의 경쟁도 뜨겁죠. 그런데 얼핏 생각하면 전기자동차는 최첨단의 산물 같지만, 우리가 생각하는 것보다 꽤 이른 시기에 발명되었습니다. 마치 불을 피우는 '라이터'가 우리가 흔히 아는 '마찰식 성냥'보다 먼저 세상에 나왔던 것처럼 말입니다. 지금도 전기차의 반도체 수급문제와 배터리 안정성이 도마에 오르는 시대에 그 시절 전기차는 어떻게 도로를 달렸을까요?

▲ 1900년대 초 전기택시

최초의 자동차는 산업혁명의 주역인 증기를 동력으로 하는 차였습니다. 1769년 프랑스 장교 니콜라 조제프 퀴뇨(Nicolas-Joseph Cugnot, 1725~1804)가 군수물자를 운반하려고 개발한 것이 최초인데요. 그리고 우리가 지금 타고 있는 가솔린엔진을 장착한 자동차의 역사는 1886년 메르세데스-벤츠의 창업주 카를 프리드리히 벤츠가 개발한 삼륜차로부터 시작되었고, 요소수대란을 이끌었던 디젤차는 1897년 루돌프 디젤이 실용화하면서 세상에 등장했습니다. 물론 디젤엔진을 단 자동차가 상용화된 것은 그로부터 25년여가 지난 1923년으로 벤츠사가 디젤엔진을 장착한 트럭을 선보이면서였죠. 가솔린보다 열효율이 높아서 대형차량이나 선박 등 다양하게 활용할 수 있다는 점에서 인기를 끌었고, 결국 이런 인기는 1936년 일반 대중을 겨냥한 디젤승용차를 탄생시켰습니다.

그 후로 디젤자동차는 가솔린자동차와 함께 내연기관자동차의 전성시대를 이루며 발전해왔습니다. 그런데 '전기차는 자동차의 미래이자 과거다'라는 말이 있죠. 미래인 것은 그렇다고 해도 왜 과거인 걸까요? 그것은 전기차의 역사가 가솔린차보다 30년이나 먼저 시작되었기 때문입니다. 전기차는 1834년 스코틀랜드의 로버트 앤더슨이 발명한 '원유전기마차'로 시작되어 1886년에 토마스 파커에 의해 상용화되었고, 1882년엔 영국의 윌리엄 아일턴과 존 페리의 전기삼륜차로 발전해 급속하게 보급되었습니다. 그 중간쯤인 1865년 G.플랑테가 축전지를 발명해준 덕분이었죠.

▲ 최초의 전기차 '원유전기마차'

가솔린차가 개발된 이후에도 배터리의 성능이 부족하고 비쌌지만 전기차의 수요는 여전했습니다. 기술적인 결함으로 가솔린차의 폭발사고가 빈번했기 때문입니다. 여기에 전기차는 악취나 연기가 없고 운전과 조작이 비교적 쉽다는 이유까지 더해져 여성을 위한 차로 1920년경까지 제작됐죠. 하지만 사람들의 생활반경이 확대되면서 저용량 배터리라는 한계에 발목이 잡혔고, 내연기관차가 악취와 연기, 폭발의 위험성에서 벗어나게 되자 마침내 자리를 내주고 시장에서 완전히 사라졌습니다.

오늘의 전기자동차는 미래 아닌 현재의 자동차로 도로를 점유해가고 있습니다. 하지만 이는 근래의 연구 성과가 아닌데요. 환경문제가 인류의 과제로 떠올랐던 1950년대부터 시작된 무려 70년짜리 결과물입니다.

귀차니즘으로 탄생해 모략으로 이용되다

샌드위치의 탄생

우리가 알고 있는 흔한 통념이 있습니다. 이 통념은 사람들 사이에서 자연스레 형성되기도 하지만, 특정한 세력 혹은 누군가에 의해 왜곡되어 전파되는 경우도 있죠. 우리는 흔히 '샌드위치'라는 음식이 카드놀이에 정신이 팔려 끼니를 자주 거르던 '샌드위치 백작'이라는 사람이 카드놀이 중에도 식사를 하기 위해 만든 음식이라는 이야기를 들어봤습니다. 도박에 빠진 한 서양의 귀족 때문에 탄생한 간편식이라는 인식이 있죠. 하지만 알고 보면 샌드위치는 그런 단순하고 세속적인 이유로 탄생하지는 않았습니다.

한 손으로 먹기도 좋고, 좋아하는 것들만 먹기에도 좋다. 탄수화물은 물론이고 단백질, 무기질 등 다양한 영양소까지 채울 수 있는 음식, 바로 샌드위치입니다. 간식으로도 좋고, 한 끼 식사여도 부족하지 않죠. 인류는 이런 음식을 오래전부터 먹어왔습니다. 기원전 2000년 소아시아의 히타이트제국 병사들은 전쟁할 때 빵 사이에 고기를 넣어 먹었고, 고대 로마사람들은 점심과 저녁 사이에 빵 사이에 다양한 재료를 넣어 먹었으며, 기원전 1세기 유대인들은 누룩을 넣지 않은 빵에 양고기와 허브를 얹어 먹었습니다. 하지만 '샌드위치'를 먹었다는 기록은 없죠. 샌드위치는 18세기의 산물이니까요.

▲ 존 몬테규

샌드위치의 탄생, 그 중심에는 존 몬테규(John Montagu, 1718~1792)라는 영국사람이 있습니다. 그는 정치인이자 군인이었는데, 지나치게 성실해서 한번 일에 빠지면 시간 가는 줄 몰라 매번 끼니를 놓쳤습니다. 그에게는 여행 중에 이동하면서도, 또 일하면서도 먹을 수 있는 간편한 음식이 필요했고, 그래서 고안해낸 것이 빵 사이에 고기와 각종 채소를 끼워 먹는 샌드위치였습니다. 물론 처음부터 샌드위치라고 한 것은 아니었는데요. 그가 샌드위치를 먹는 것을 본 남성 귀족들이 파티나 모임에 간단한 요

깃거리로 즐기게 되면서 '샌드위치'로 불리게 되었습니다. "샌드위치 백작이 먹는 거"라는 의미였죠. 몬테규가 켄트주에 위치한 샌드위치 지역을 영지로 가진 '샌드위치 백작'이었던 것입니다. 하지만 정작 샌드위치를 유명하게 한 건 소문이었죠. 몬테규가 식사도 마다할 정도로 도박에 빠졌고, 이를 안타깝게 여긴 그의 하인이 샌드위치를 만들었다는 악의적인 소문이었습니다.

그런데 그 소문의 중심에는 토리당(보수당)이 있었습니다. 몬테규는 영국 해군성 사람이었고, 쿡 선장의 하와이 개척을 추진케 도와준 인물입니다. 유능한 인재였지만, 판단실수로 영국함대의 몰락과 나라의 위기를 자초해서 정치권과 시민들에게 강력한 비판을 받게 되었죠. 이런 때에 영국 의회를 양분하고 있던 토리당이 앞장서서 휘그당(현재의 자유당) 소속의 몬테규를 중상모략하고 나섰습니다. 즉, 몬테규를 모략함으로써 그가 속한 휘그당이 국민에게 밉보이도록 심리전술을 쓴 것인데요. 이렇게 해서 탄생한 것이 "샌드위치는 도박중독자가 만든 음식"이라는 오명이었습니다.

▲ 18세기 귀족사회 남성들의 저녁모임

좋은 책을 만드는 길, 독자님과 함께 하겠습니다.

신문으로 공부하는 말랑말랑 시사상식 - 청소년

개정11판1쇄 발행	2025년 01월 05일 (인쇄 2024년 08월 28일)
초 판 발 행	2016년 01월 15일 (인쇄 2015년 11월 30일)
발 행 인	박영일
책 임 편 집	이해욱
편 저	시사상식연구소
편 집 진 행	김준일 · 이보영 · 남민우
표지디자인	김지수
편집디자인	윤아영 · 남수영
발 행 처	(주)시대고시기획
출 판 등 록	제10-1521호
주 소	서울시 마포구 큰우물로 75 [도화동 538 성지 B/D] 9F
전 화	1600-3600
팩 스	02-701-8823
홈 페 이 지	www.sdedu.co.kr

I S B N	979-11-383-7740-9(13030)
정 가	18,000원